… mit Säbel und Koran

Der Aufstieg
der Königsfamilie Saud
und der Wahabiten

Jörg-Dieter Brandes

... mit Säbel und Koran

Der Aufstieg
der Königsfamilie Saud
und der Wahabiten

Jan Thorbecke Verlag Stuttgart

Die Deutsche Bibliothek – CIP-Einheitsaufnahmne

Brandes, Jörg-Dieter: ... mit Säbel und Koran : der Aufstieg der Königsfamilie Saud und der Wahabiten / Jörg-Dieter Brandes. – Stuttgart : Thorbecke, 1999

ISBN 3-7995-0094-4

© 1999 by Jan Thorbecke Verlag GmbH & Co., Stuttgart

Dieses Buch ist aus alterungsbeständigem Papier nach DIN-ISO 9706 hergestellt.

Satz und Layout: DOPPELPUNKT Auch & Grätzbach GbR, Leonberg
Druck und Bindearbeiten: Druckhaus Köthen
Karten: Kartographie C. Peh & G. Schefcik, Eppelheim

Printed in Germany • ISBN 3-7995-0094-4

Inhalt

Vorbemerkungen

»Allahu akbar. Allahu akbar.
Gott ist größer. Gott ist größer.
Ashhadu 'an la illaha illa Allah.
Ich bezeuge, es gibt keinen Gott außer Gott.
Ashhadu 'an Muhammad rasul Allah.
Ich bezeuge, Mohammed ist der Gesandte Gottes.
Haiya ala-s-salat!
Auf zum Gebet!
Haiya ala-l-falah!
Auf zum Glück!
Allahu akbar. Allahu akbar.
Gott ist größer. Gott ist größer.
La illaha illa Allah.
Es gibt keinen Gott außer Gott.«

»Allahu akbar« hallen die Eingangsworte des »Asan«, des muslimischen Gebetsrufs, vom Minarett – genaugenommen aus dem von einem Lautsprecher verstärkten Tonbandgerät. Und zu den festgelegten Zeiten erbeben die islamischen Großstädte fast unter der Wucht der geballten Phonstärke gebieterischer Kaskaden des islamischen Herrschaftsanspruchs. Die Vielzahl und Lautstärke der Gebetsrufe, von denen der erste und jeder für sich alleine ein melodischer Genuß ist, summieren sich, gelegentlich noch durch technische Unzulänglichkeiten angereichert, zu einem sphärischen, mißtönenden Gejaule, das aber nach einigen Minuten jäh abebbt und schließlich mit dem herrischen Knurren eines verspätet auf sein Minarett geeilten Muezzin beziehungsweise zu spät in Funktion getretenen Tonbandgeräts in wiedergewonnener, einsamer Schönheit erstirbt.

»Allahu Akbar« durchzieht als Feldgeschrei frommer, muslimischer Glaubenskämpfer auch das vorliegende Buch. Es ist der herrische Schlachtruf, der auf der Verbindung von Säbel und Koran beruht. »Allahu Akbar« sind überdies zwei Worte, die in fast jedem der publizistischen Machwerke selbsternannter »Nahostexperten« erscheinen und regelmäßig falsch mit »Gott ist groß« übersetzt werden. Denn tatsächlich lautet die richtige Übersetzung, so unvollständig es in unseren Ohren auch klingen mag, »Gott ist größer«, während »Gott ist groß« sich nur mit »Allahu kbir« rückübersetzen ließe. (Es ist dabei ein ziemlich müßiger, akademischer Disput, ob man »Gott ist größer« gedanklich »...als die Götter der Juden oder Christen«, deren Religionsgemeinschaften Mohammed vergeblich umworben hatte, ergänzt, durch »...alles andere, was man sich vorstellen kann« oder durch »... die Menschen«).

Die Verbindung von Säbel und Koran hat den Aufstieg der Familie Saud, der Al Saud (richtig Ah'l Saud), und des Wahabitentums von Anfang an begleitet und verdeutlicht die Verkettung der Entstehungsgeschichte der Dynastie mit dem Aufbruch der Religionsgemeinschaft.

Diese Historie ist in der verbreiteten Literatur über den Nahen Osten, die lieber aus der saudischen Gegenwart, bestimmten sozialen Erscheinungsformen und angeblichen Skandalen um das saudische Herrscherhaus gewagte Schlüsse zieht und Prognosen macht, vernachlässigt. Eine der Ursachen für diesen Mangel ist, daß sich im Saud-Reich kein Ausländer frei bewegen kann, so daß wahre Kenntnisse über dieses geheimnisvolle Land nur schwer nach außen gelangen; genau davon geht aber einige Faszination aus. Die Folge davon ist, daß bestimmte hemmungslose Publizisten, obwohl sie den gleichen Restriktionen wie andere Ausländer unterliegen, Informationslücken füllen, indem sie, meist ohne sauberen Quellennachweis, aus den »Geheimnissen Saudi-Arabiens« schöpfen. Und es sind dann deren publizistische Erzeugnisse, in denen sie beispielsweise, obwohl sie als Christen niemals Mekka gesehen haben, schon im Buchtitel die törichte Frage stellen, wem Mekka gehöre, und im Stil reißerischer TV-Moderation schwadronieren, König Hussein von Jordanien habe sich anläßlich des zweiten Golfkriegs extra Bartstoppeln wachsen lassen, um als Scherif Mekka zu erobern. Zugleich lassen sie Saudi-Arabien sensationsbeflissen in Aufruhr versinken, und es ist ihnen gelungen in ihren »historischen« Aufreißern aus einer Mischung von Plagiat und »Tausendundeiner Nacht« das Bild von Saudi-Arabien und seine Geschichte im Westen bis zur Schnulze zu verzerren.

Der zweite Grund ist, daß es so gut wie keine saudische Geschichtsschreibung gibt und fast alle Ereignisse der Machtergreifung der Al Saud anfangs nur mündlich überliefert und später ausschließlich von ausländischen Beobachtern schriftlich festgehalten worden sind. Dabei handelt es sich vor allem um Diplomaten, Offiziere und Reisende des Landes, das als erstes europäisches Land auf der Arabischen Halbinsel und am Persischen Golf politisch präsent war: England. Überwiegend die Mitteilungen von Engländern hat der Autor deshalb in dem vorliegenden Buch verwendet – ergänzt durch seine mehrjährige Landeskenntnis, die er als Militärattaché gewinnen konnte, als er relativ ungehindert im Lande und in den Nachbarstaaten reiste und Gespräche mit Saudi-Arabern und Angehörigen der Familie Saud führen konnte.

Um das richtige Verständnis für die 200 Jahre nachweisbarer Geschichte der Al Saud und der Wahabiten zu wecken, beschreibt der Autor im ersten Teil des Buches die Geschichte der arabischen Stämme und geht in den folgenden Teilen auf die Entstehungsgeschichte der drei aufeinanderfolgenden wahabitischen beziehungsweise saudischen Reiche über. Vor dem Beginn der in zahlreichen anderen Büchern beschriebenen Gegenwart Saudi-Arabiens bricht das Buch, um den Leser nicht mit Bekanntem zu langweilen, ab und beschränkt sich abschließend statt dessen auf eine kurze Beurteilung der äußeren und inneren Sicherheit des Königreichs sowie seiner (in der Anlage ergänzten) Verfassung und Verfassungsgeschichte.

Als wertvollste Quellen haben sich für diese Arbeit die Werke einiger Autoren erwiesen, die hier genannt und gewürdigt sein sollen:
Gertrude Bell, eine englische Schriftstellerin, die es als abenteuerliche Reisende und Nahost-Diplomatin zur Zeit des Ersten Weltkriegs verstanden hat, die Achtung der arabischen Männerwelt, darunter König Faisals vom Irak, zu erringen,

David Holden und *Richard Johns*, zwei englische Journalisten, die die Geschichte der Al Saud und des modernen Saudi-Arabien gründlich recherchiert und beschrieben haben,

9

T. E. Lawrence, »Lawrence of Arabia«, der in seinen berühmten »Sieben Säulen der Weisheit« den feindlichen Gegenpol des saudischen Nedjd, das scherifische Königreich Hedjas, anschaulich gezeichnet hat und mitwirkender Zeitzeuge des arabischen Aufstands im Ersten Weltkrieg war,

Max Freiherr v. Oppenheim, ein deutscher Nahost-Diplomat und Hobby-Orientalist und -Archäologe, der in jahrzehntelanger Arbeit vor und nach dem Ersten Weltkrieg die arabischen Wüstenstämme erforscht und in vier Bänden beschrieben hat,

H. St. J. Philby, ein Freund und Berater des Königs Abdul Asis Al Saud, der in zahlreichen Büchern, bisweilen etwas ungenau und nicht immer ohne eine gewisse Eitelkeit und Rechthaberei – insgesamt aber farbig und sehr informativ – die Geschichte, die Landschaften und Menschen Saudi-Arabiens geschildert hat,

G. Troeller, ein Engländer, der in seinem Buch »The Birth of Saudi Arabia« das gesamte Aktenmaterial der britischen und britisch-indischen Orient-Bürokratie präzise und zuverlässig ausgewertet hat,

William Popper, ein amerikanischer Wissenschaftler, der in einer Arbeit über die ägyptisch-syrischen Mameluken wertvolle Hinweise zur arabischen Stammesgeschichte gegeben hat und

»Who is who in Saudi-Arabia«; eine saudische Veröffentlichung mit zahlreichen Kurzbiographien und einer knappen, übersichtlichen historischen Zusammenfassung der saudischen Geschichte.

Vor allem Philbys Buch »Sa'udi Arabia« und die deutsche Übersetzung einiger seiner Reiseberichte aus dem Jahre 1925 mit dem Titel »Das geheimnisvolle Arabien« bildeten wertvolle Quellen, die ihrerseits wieder auf einige arabische Autoren, vor allem Husain ibn Ghannam, Ibrahim ibn Isa und Osman ibn Bischr beruhen. In ähnlicher Weise fußen die von Popper vermittelten Angaben über die arabischen Stämme im 15. Jahrhundert auf Mitteilungen des ägyptischen Historikers Ibn Taghri Birdi, und auch Oppenheim war in seinen ausführlichen Beschreibungen der Herkunft der Beduinenstämme auf die Überlieferung zahlreicher arabischer Autoren angewiesen, ohne daß eine historisch genaue Verifizierung immer möglich wäre. Allerdings führt er als Quellen auch die zuverlässigen europäischen Reisenden Carsten Niebuhr und Johann Ludwig Burckhardt an. Letzterer ist auch eine Primärquelle dieses Buches.

Die am Ende des Buches und in der Anlage enthaltenen Angaben zur Verfassung und Verfassungsgeschichte beruhen auf der wissenschaftlichen Auswertung »Die Verfassungen der Mitgliedsländer der Liga der Arabischen Staaten« von Herbert Baumann und Matthias Ebert. Die sicherheitspolitischen Bemerkungen zur Gegenwart geben die Lagebeurteilung des Autors als ehemaliger Militärattaché in der Region wider.

Die beigefügten Genealogien stützen sich auf Angaben der verschiedenen Werke Philbys, auf Oppenheim (Die Beduinen), Taeschner (Geschichte der Arabischen Welt), Immel publ. (Oman in History), Kabasci/Franzisky (Oman) sowie Unterlagen des Nationalarchivs von Abu Dhabi.

Abschließend noch einige Bemerkungen zur Schreibweise der oftmals verwirrenden Eigennamen in diesem Buch: Arabische Namen stellen oft die väterlichen Linien ganzer Stammbäume dar, weil sie mit der Bezeichnung »ibn« (Sohn von ...) immer auf den jeweils nächsten Vater hinweisen. – z. B. »Ali ibn Ahmed ibn Hafis ibn ...« usw. Aufgrund der arabischen Lautsprache, die über mehr Buchstaben, vor allem Rachen- und Kehllaute, als unsere abendländischen Sprachen verfügt, ist eine phonetisch korrekte Wiedergabe dieser Namen oft unmöglich – im Rahmen eines historischen Sachbuchs aber auch unerheblich. Wichtig für das Verständnis der geschichtlichen Zusammenhänge ist dagegen, die Träger gleicher Namen auseinanderzuhalten. Um dies zu erleichtern, wurden im folgenden bisweilen für namensgleiche Personen verschiedene zulässige Schreibweisen, wie z. B. »Abdullah« und »Abdallah« oder »Abd el Asis« und »Abdul Asis« verwendet. Der mit der Bezeichnung »Al« beginnende Familien- oder Stammesname wird, arabischem Brauche folgend, dabei nur gelegentlich benutzt. Es empfiehlt sich deshalb, immer wieder einen Blick auf die Familienstammbäume im Anhang zu werfen – im übrigen wird das Verständnis der arabischen Namen aber auch noch an den entsprechenden Stellen des Buches vertieft.

Die Beduinenstämme

Die Welt der Araber

Wer sind die Araber? – Das Wort »arabisch« stammt von dem arabischen Attribut »'arib« oder auch »a'rib« ab, das sowohl »verwandt« wie auch »nahe« heißt. Wer die arabische Welt auf ihre Entstehung und ihre Identität untersucht, wird sich rasch in dem Wortspiel, wie nahe sich die arabischen Verwandten eigentlich stehen, beziehungsweise wie verwandt die Araber untereinander sind, verheddern. Denn nicht einmal die Araber vermögen auf die Frage, was die Kriterien der Arabischen Nation, der »Umma« (wörtlich: Mutter) sind, eine schlüssige Antwort zu geben.

Ihr äußeres Erscheinungsbild ist zweifellos kein Kriterium der Araber, wie schon die unterschiedlichen Physiognomien beispielsweise zwischen den hellhäutigen Bewohnern der Levante und den negroiden ostmarokkanischen Haratins (Nachkommen von Negersklaven), zwischen den Südarabern mit indonesischen und/oder afrikanischen Vorfahren und den hamitischen Nilfellachen, zwischen den Berbern Algeriens und den dunklen Einwohnern Somalias zeigen. Die ethnischen Wurzeln der Völker, die für sich in Anspruch nehmen, Araber zu sein, sind sowohl semitischen wie auch hamitischen und negroiden Ursprungs und liegen damit weiter auseinander als etwa die Wurzeln der untereinander verfeindeten Palästinenser und Juden, die beide semitischen Ursprungs sind!

Beredt, wie die Araber sind, verweisen sie, wenn die Rassentheorie widerlegt ist, auf das angeblich einigende Band der arabischen Sprache. Indessen: Ein Iraker, der das in seinem heimischen Dialekt tut, hat wenig Chancen, einen Tunesier, der nur sein maghrebinisches Arabisch oder einen berberischen Dialekt versteht, zu überzeugen. Ein Europäer, der Hocharabisch, also die Schriftsprache des Korans, erlernt hat, könnte leichter zwischen ihnen dolmetschen, als daß sie sich untereinander problemlos verstehen. Andererseits kann aber auch das Hocharabische kaum mit größerer Berechtigung als Erkennungsmerkmal des Arabertums bezeichnet werden als etwa das Lateinische als Erkennungsmerkmal des Europäertums dienen könnte.

Noch problematischer ist es, die Geschichte zur Definition des Arabertums heranzuziehen, da es keine gemeinsame arabische Geschichte gibt: Erst seit 1918 gibt es eine Geschichte der verschiedenen Staaten, die sich als »arabisch« bezeichnen. Unmittelbar zuvor gab es im Vorderen Orient nur die Geschichte des Osmanischen Reiches mit seinen nahöstlichen Provinzen, in Ägypten die Geschichte der Herrschaft der Mameluken und der Khediven, in Tunesien die Geschichte der Beys von Tunis, in Algerien die Geschichte der Deys von Algier und so fort, und in ganz Nordafrika die alles überwölbende Kolonialgeschichte Englands, Frankreichs und Spaniens. Zuvor war die Region nur von der Geschichte der islamischen Glaubensgemeinschaft geprägt, die aber auch Nichtaraber wie Türken, Südrussen, Nigerer, Pakistaner, Iraner, Malayen, Afghanen und andere Völker umfaßt.

Ganz ähnlich verhält es sich mit der Kunst und Kultur: Es gibt zwar Grenzen des islamischen Kulturkreises mit entsprechender Kunstausrichtung, kaum aber einen abgrenzbaren arabischen Kulturkreis. Was also ist unter der »Arabischen Welt« zu verstehen?

Bemühen wir zur Beantwortung der Frage noch einmal die Geschichte:
Im Grunde handelt es sich danach nur um die, überwiegend aus der kolonialen Vergangenheit herrührende, geographische Abgrenzung einer Region. Darüber hinaus vielleicht auch noch um das Selbstbekenntnis der darin lebenden Menschen zu einem vagen, undefinierbaren »Arabertum«, das sich am ehesten noch in der Losung »... mit meinen Brüdern gegen meine Vettern, mit meinen Vettern gegen den Clan, mit dem Clan gegen den Stamm, mit dem Stamm gegen die Welt der Araber, mit den Arabern gegen den Rest der Welt« findet und damit beduinischer Denkweise entspricht.

Wir sind damit bei der einzigen Gemeinsamkeit, die die Araber heute haben: der Berufung auf die Abstammung von den Stämmen der Arabischen Halbinsel, die alle, und sei es in noch so weit zurückliegender Vergangenheit, irgendwann einmal Beduinenstämme waren, die in den Steppen am Rande der großen Wüsten ihre Schaf- und Kamelherden von Brunnen zu Brunnen, von Weidegrund zu Weidegrund trieben – stets vom Hunger verfolgt, von Stärkeren vertrieben und Schwächere vertreibend – dem Gesetz der Wüste folgend. Läßt

16

man es gelten, daß die Arabische Liga der Zusammenschluß aller Völker, die sich zum Arabertum bekennen, ist, so berufen sich heute mit den darin enthalten 22 Völkern etwa 4 Prozent der Weltbevölkerung auf diese gemeinsame beduinische Vergangenheit. Sie machen etwa 2 Prozent der Bevölkerung Asiens und 28 Prozent der Bevölkerung Afrikas aus. Ihre Länder bedecken 10,3 Prozent der Erdoberfläche, 13,9 Prozent der Fläche Asiens und 33,6 Prozent der Fläche Afrikas. Reines Arabertum hat sich dabei eigentlich in früheren Jahrhunderten nur bei den Beduinenstämmen der Arabischen Halbinsel und deren nördlichen Nachbarn bis nach Syrien erhalten. In den Wüsten Ägyptens wurden die Stämme unter der Herrschaft der Mameluken bis zur Bedeutungslosigkeit ausgerottet, während in Kairo und im Nildelta eine starke Vermischung mit den teilweise griechisch geprägten Kopten und den von der ägyptischen Urbevölkerung abstammenden Fellachen stattfand. In Syrien und im Zweistromland herrscht ein levantinischer Einschlag vor, und es leben dort die Kurden, die nur teilweise arabisch geprägt sind. Im Sudan liegt ein starker nubischer Einschlag vor, während im Maghreb die Berber, auf die später noch einmal eigens eingegangen werden soll, anzutreffen sind. Und auf der Arabischen Halbinsel gibt es in den Städten und Oasen deutliche negroide Einflüsse, die auf die frühere Sklavenhaltung zurückzuführen sind. – Das also ist die »Arabische Nation« wirklich! Wo aber liegen ihre Ursprünge?

Der Ursprung und die Ausbreitung
der Wüstenstämme

Nach Noahs drei Söhnen, Japhet, Sem und Ham, zählt man drei ursprüngliche Völkerstämme: die Japhetiten, die sogenannte »arische« (treffliche) Völkerfamilie; die Hamiten, das heißt die Völker Afrikas, und die Semiten, die Völker in Westasien, das heißt neben den Israeliten, Syrern (Aramäern), Assyrern, Babyloniern (Chaldäern) und Lydern die Araber. Unter den noch umfassender gezählten fünf Menschenrassen gehören die Araber zur kaukasischen oder iranischen Rasse und unter den acht Sprachfamilien, also den »Ursprachen« gehört Arabisch neben Hebräisch, Aramäisch und Chaldäisch zum semitischen Sprachkreis.

Diese kurze Übersicht sagt noch nichts über den Ursprung der Beduinen aus, denn deren Herkunft verliert sich in der Mythologie. Doch weiß man, daß die Arabische Halbinsel, die überwiegend aus sonnenverbrannten Gebirgen, menschenfeindlichen, heißen Sand-, Stein- und Lavawüsten sowie dürren, hitzeflimmernden Steppen besteht, früher weitgehend unbewohnt und nur am Südwestzipfel, im heutigen Jemen, völlig übervölkert war. Dort war die Bevölkerungsdichte so groß, daß der Lebensraum nicht für alle reichte und die stärksten und mächtigsten Familien und Stämme die schwächeren aus den wasserreichen Hochtälern des Gebirges, den wenigstens zeitweise Wasser führenden Wadis und von den seit altersher kunstvoll terrassierten Westhängen der Berge fortdrängten.

Der Bevölkerungsdruck fand nur nach Osten ein Ventil, da dort die schwächeren Stämme die Gebirgshänge heruntergedrängt wurden, entlang dem trockenen Wadi el Qadim bis zum Ramlat Dahm und weiter südlich nach Marib am Ostrand des Ramlat Sabatayn. »Ramlat« waren »Sande«, das heißt Sandwüsten – die westlichen Ausläufer des riesigen Rub al Khali, des »Leeren Viertels«, das zusammen mit der weiter nördlich gelegenen Wüste Nefud etwa 40 Prozent der Arabischen Halbinsel bedeckt. Angesichts der lebensfeindlichen, immer höher ansteigenden Sanddünen gab es kein Weiterkommen und die vom Gebirge herabgestiegenen Stämme mußten sich, den Druck anderer Stämme im Rücken, entscheiden, ob sie das »leere Viertel« nördlich oder südlich umgehen wollten. Hier fand die erste große Trennung der Stämme statt, die noch nach Hunderten von Jahren zur Unterscheidung von Nordarabern (Adnan) und Südarabern (Kahtan) führte. Eine Unterscheidung, die für die späteren Stammesgenealogien von großer Bedeutung wurde, auf die späteren Wanderbewegungen und den Verbleib der Stämme aber keine Schlüsse zuläßt, weil später auch die Südaraber teilweise nach Norden zogen und dabei die Nordaraber überholten, während es vereinzelt auch wieder Rückbewegungen der Nordaraber in den Süden geben sollte. Und noch viel später, während der Islamisierung Mesopotamiens, Syriens und Nordafrikas sowie der Eroberung von Spanien, mußten sich die Adnan- und Kahtan-Stämme natürlich noch mehr vermischen. Auch in diesen Regionen blieb die Unterscheidung jedoch erhalten, wobei die südarabischen Kahtan stets den Anspruch erhoben, reineres arabisches Blut zu haben als die Adnan.

Nach Potter führen die Araber ihre Unterteilung in Nord- und Südaraber auf die Söhne Abrahams (arab.: Ibrahim), Ismail und Joksan, zurück. Aus Joksan oder Joktan entstand die Bezeichnung »Kahtan«, während Potter für die Nordaraber nur die arabische Bezeichnung »muta ʿariba« (»angepaßte Araber«) verwendet. Zu diesen Muta'ariba gehörte übrigens der Stamm der »Kuraisch«, der einmal den Propheten Mohammed hervorbringen sollte.

So zogen also die ersten Kahtan durch die Ramlat Sabatayn, eine anmutige, nichtsdestotrotz aber vegetationslose Wüste, in der sie nicht bleiben konnten, in das fruchtbare Wadi Hadramaut. Aber andere, stärkere Stämme folgten und drängten die vorausgegangenen Stämme aus dem Tal heraus. Diese zogen mit ihren Herden, stets auf der Suche nach Brunnen und Weideplätzen, nach Südosten an den Ozean, wo sie sich teilweise niederließen, teilweise aber auch weiterzogen nach Osten. Es war ein stetes Suchen, Drängen und Stoßen, und so umrundeten die Kahtan die riesigen Sandmeere der Rub el Khali im Süden und gelangten zu den östlichen Meeresteilen, die später die Bezeichnungen Golf von Oman und Persischer bzw. Arabischer Golf tragen sollten. Noch weiträumiger und nicht minder dramatisch war die andere Wanderbewegung, die der Adnan-Stämme, aus denen viel später einmal die Al Saud hervorgehen sollten, deren Familie also, ebenso wie die des Propheten, »nur« von Nordarabern abstammt! Doch war dies nicht von allzu großer Bedeutung, da sich auch bei den Adnan schon in der Frühzeit der Wanderbewegung und später erst recht im Laufe der Islamisierung Stämme von höchstem Adel und größtem Ansehen herausbilden sollten, die bisweilen auf arme und bedeutungslose Kahtan-Stämme geringschätzig herabsahen – etwa so, wie früher einmal bei uns reiche bürgerliche Industrielle verarmte Adlige betrachteten.

»Jemen ist die Wiege der Araber, Irak ihr Grab« sagt ein arabisches Sprichwort. – Auch die Adnan-Stämme waren von den Bergen des Jemen vertrieben und in das Wadi Aflaj oder aus dem Küstengebirge Asirs entlang dem Wadi Bischa und Wadi Turaba nach Nordosten geschoben worden. Es war der gleiche Vorgang wie bei den Kahtan-Stämmen: Die schwächeren Stämme mußten fruchtbares Land immer wieder verlassen und lebenswichtige Brunnen aufgeben, bis sie schließlich in Gegenden gelangten, in denen Ackerbau nicht mehr möglich war. Hier begannen sie, Schafe und Kamele zu züchten, die sie über die kargen Steppen trieben und denen sie hinterherzogen. So wurden sie zu Nomaden, und es begann die Geschichte der arabischen Beduinen.

Der Druck im Rücken hielt an und der Strom nach Norden setzte sich fort. Einige Stammesangehörige widersetzten sich dem Druck, blieben, wo sie waren und wechselten nur noch zwischen den Sommer- und Winterweidegebieten. Andere zogen weiter und sahen sich bald im Norden neuen Barrieren gegenübergestellt: der Wüste Nefud und dem Schammargebirge (Djebel Schammar), das die Arabische Halbinsel nach Norden abschließt und sich dabei von Westen nach Osten erstreckt.

Die Beduinenstämme standen wieder an einem Scheideweg. Zurück konnten und wollten sie nicht mehr und nach Westen, wo die Gebirge des Jemen und Asirs in das Küstengebirge des Hedjas übergehen, konnten sie nicht, denn auch dieses Gebirge war schon besiedelt: Dort lebten die Nabatäer in der Gegend der hochentwickelten Stadt Madain Saleh, aus dem Norden eingewanderte Juden und die schon früher aus Südarabien eingewanderten und von Kaiser Justinian von Byzanz zu Fürsten über alle in Arabien lebenden Nomaden eingesetzten Ghassaniden. Sie alle waren in den Bergen des Hedjas unbezwingbar und ließen sich dort nicht verdrängen. Auch andere Südaraber waren früher schon hier im Norden aufgetaucht. So im 3. Jh. v. Chr. Stammesangehörige der Lachm, die hier unter dem Namen Tanuch unter dem Perserkönig Schapur I. (241-272) in der Nachbarschaft von Babylon eine arabische Herrschaft errichteten, und der Asad, die später noch, wie so viele andere Stämme, weiterwandern sollten; es scheint deshalb durchaus gerechtfertigt zu sein, auch bei den Arabern von einer »Völkerwanderung« zu sprechen. Im Nedjd hatten Angehörige des aus Hadramaut kommenden Stammes der Kinda ebenfalls eine arabische Herrschaft errichtet und schon seit längerer Zeit hauste auf dem Djebel Schammar der Stamm der Tai, auf den später noch zurückzukommen sein wird.

Trotz dieser vorausgegangenen Besiedlungen, die immer eine Gefahr darstellten, blieben einige der Neuankömmlinge aus dem Süden hier und Anfang des 7. Jahrhunderts fand man neben den Tai des Djebel Schammar im Osten die Asad; in Zentralarabien Beni Hilal, deren Stammesbezeichnung später, wie noch zu sehen sein wird, sogar im fernen Maghreb auftauchen sollte; in den Harras (Lavawüsten) zwischen Nedjd und Rotem Meer Sulaim und an einigen anderen Stellen Teile des Stammes der Bekr. Es waren Stämme, die unter gleichen Namen die Jahrhunderte überdauern oder unter immer wieder neuen Namen in anderen Stämmen aufgehen sollten. Die Geschichte der Beduinen ist eine Geschichte wechselvoller Stammesgenealogien und ständig wechselnder Orte des Geschehens.

Aber nicht für alle Neuankömmlinge war Platz. Also zogen manche Stämme auch weiter. Sie waren ja keine Schwächlinge mehr. – Sicher, sie waren immer vor Stärkeren ausgewichen. Aber die Starken waren stets gefolgt und hatten sich im Laufe der jahrzehnte- oder auch jahrhundertelangen Wanderung mit den zuerst Verdrängten vermischt und die Entbehrungen der langen Wanderung hatte die Stämme abgehärtet: Nur die härtesten Beduinen konnten überleben und nur die Ausdauerndsten hatten die Energie, immer wieder weiterzuziehen und neues Land zu suchen, während die Schwächeren sich dort, wo sie gerade waren, irgendwie arrangierten.

Der Strom der Stämme kanalisierte sich nun in zwei Richtungen: Im Westen führte eine Wanderbewegung zwischen dem Hedjasgebirge und dem Schammargebirge (Djebel Schammar) in das breite Trokkental (Wadi) Sirhan und von dort über Hochebenen und die Syrische Wüste bis an die südlichen Ausläufer des kleinasiatischen Taurus-Gebirges. Und im Osten wanderten andere Stämme zwischen dem Djebel Schammar und dem Golf zur Mündung von Euphrat und Tigris und zogen in das Zweistromland. An den Ufern des nördlichen Euphrat trafen sich die beiden Beduinenströme wieder.

Aber es waren nicht mehr die vollzähligen alten Wanderstämme: Viele Beduinen und ganze Stämme von Nomaden waren, stets vom Hunger getrieben, immer wieder an die Grenzen des bebaubaren Landes gestoßen – am Rande des Hedjas, in Mesopotamien, am Jordanbecken, an den Ufern des Euphrat und im Norden Syriens und des Zweistromlandes, dem sogenannten »Fruchtbaren Halbmond«. Hier hatten die Beduinen gesehen, daß man mit Seßhaftigkeit und Ackerbau mehr Wohlstand erringen und dem ewigen Hunger des Nomadenlebens entgehen konnte und viele von ihnen hatten sich angesiedelt. So entstanden auch im Norden die ersten arabischen Siedlungsgebiete, ohne daß die Siedler ihre alte Stammeszugehörigkeit verleugneten. In den Oasen entstanden Dörfer, die zunehmend von Arabern besiedelt waren und das gesamte flache Land zwischen dem Indischen Ozean und dem Taurusgebirge, zwischen dem Mittelmeer und dem Tigris, war in Stammesgebiete eingeteilt, in denen es Seßhafte und Beduinen gab; Stämme, die sich gegenseitig schoben und drängten, sich den knappen Lebensraum streitig machten, deren Namen es schon im Jemen gegeben hatte und die man nun hoch oben im Norden und überall auf dem Wege dorthin in bunter Mischung wiederfand. Stämme, deren Blutsbande über große Entfernungen hinweg hielten, andererseits aber auch die Ursache erbitterter Blutfehden waren. Und zwar nicht nur zwischen den verschiedenen Stämmen, sondern auch innerhalb der Stämme zwischen den umherstreifenden und bisweilen räuberischen Beduinen und den seßhaft gewordenen Bauern und Städtern. Kleine Sippen herrschten vor und mächtige Stammesverbände mit abhängigen Unterstämmen; Stämme, die zusammenhielten und Stämme, zwischen denen bis in die dritte Generation gültige Blutrache herrschte. Stämme, die seit der Abwanderung aus dem Jemen immer Beduinen gewesen waren und Stämme, die nach Generationen des Beduinendaseins wieder, wie im Jemen, seßhaft geworden waren und sich in ihrer Lebensauffassung nun immer mehr von den nomadischen Brüdern entfernten. Dies war der Boden für gegenseitiges Mißtrauen und für Zwietracht; der Boden, auf dem Gemeinsinn nie über das Stammesdenken hinausging. – So war die Lage der Arabischen Welt am Ende der ersten Ausbreitung der arabischen Stämme. Es war aber auch die Lage in Zentralarabien, südlich der Wüste Nefud im Nedjd, in Hasa und in Kasim; dort, wo vermutlich die Al Saud lebten.

In dieser Situation, die bis zum ersten halben Jahrtausend unserer Zeitrechnung anhielt, in der sich am Mittelmeer die eingewanderten Araber mit den Nachkommen zahlreicher früherer Durchgangsvölker vermischt und den Typus des Levantiners hervorgebracht hatten, die Araber Syriens unter byzantinischer Herrschaft das Christentum angenommen hatten und sich reines Arabertum nur noch in den Beduinenstämmen sowie auf der Arabischen Halbinsel erhalten hatte, brach das Arabertum von dort aus noch einmal hervor und überflutete den Orient und Nordafrika. Und wieder waren es vor allem die Söhne der Wüste, die Beduinenstämme, die im Mittelpunkt der Expansion standen.

Die zweite Ausbreitung der Stämme –
der Siegeszug des Islam

»Salam alek« grüßt der Moslem und »Alek is salam« lautet die Erwiderung (»Friede sei mit Dir« und »Mit Dir sei der Friede«). Ist es denkbar, daß Menschen, die sich schon im alltäglichen Gruß stets Frieden wünschen, vor allem zur Gewaltanwendung neigen?

Es ist nicht nur eine Modeerscheinung unserer Zeit, daß der Islam im Westen als gewalttätig verteufelt und als allgemeines Sinnbild für Fanatismus, Intoleranz und Terror betrachtet wird. Schon immer wurden im Abendland die anderen Weltreligionen moralisch höher gewertet als der Islam, wurden Buddhismus und Hinduismus mit »fernöstlicher Weisheit« und »asiatischer Duldsamkeit« und das angeblich so friedvolle Christentum mit Pazifismus gleichgesetzt.

Dies ist nun nicht der rechte Ort, um sich mit der unhaltbaren Gleichsetzung der Auswüchse radikaler Islamisten mit der vom Koran vorgegebenen Friedfertigkeit und Toleranz der Masse gläubiger Moslems auseinanderzusetzen. Es kann aber nicht verschwiegen werden, daß es, ähnlich wie bei den Kreuzzügen der Christenheit, auch bei den Arabern einmal eine Zeit gegeben hat, in der sie, einem vermeintlichen göttlichen Ruf folgend, fremde Länder eroberten und unterwarfen. Das war die zweite Welle der Arabisierung, die über die erste, inzwischen verebbte Welle, hinwegschwappen sollte. Sie brandete empor, als die arabische Welt auf dem Höhepunkt ihrer Zerrissenheit stand und die Stämme im Begriffe waren, sich gegenseitig restlos auszubluten. So waren die Verhältnisse, als Mohammed aus der großen Familie Kuraisch in Mekka, inspiriert durch das seit dem 4. Jahrhundert sich in Arabien ausbreitende Christentum, mit seiner neuen Verkündung auftrat.

Aber es gelang ihm nicht, sich bei seinen Mitbürgern durchzusetzen, und als er sich mit seiner kleinen Gemeinde schließlich völlig unbeliebt gemacht hatte, verließ er im Jahr 622 fluchtartig Mekka und folgte einer Einladung zweier verfeindeter Stämme der Nachbarstadt

Medina, der Kasradj und der Aus, um zwischen ihnen Frieden zu stiften und die Ruhe in der Stadt wiederherzustellen. Mohammed enttäuschte die Bürger von Medina nicht: Innerhalb eines Jahres organisierte er in Medina einen Staat, dessen Kern die mit ihm aus Mekka gekommenen Auswanderer und die zu seiner Lehre sich bekennenden Medinaer, die »Ansar« (Helfer) bildeten. Gestützt auf diese Gefolgschaft, begann er, eine Art Handelskrieg gegen seine Vaterstadt zu führen, und im Jahr 624 rückte er mit einigen hundert Mann aus, um eine aus Syrien kommende Karawane, die für Mekka bestimmt war, abzufangen. Rachsucht und Beutelust waren sicher die Motive.

Die Karawane entging Mohammed zwar; aber bei dem Ort Bedr kam es zur Schlacht zwischen den Medinaern und den von der Familie Kuraisch geführten Mekkanern, die dreifach überlegen waren. Mohammed gewann die Schlacht, und dieser Sieg machte ihn, den Abtrünnigen der Kuraisch, zum Helden im Hedjas. Und als es ihm danach auch noch gelang, eine Koalition der Kuraisch mit einem anderen Stamm, den Ghatafan, die Medina belagerten, zu sprengen, war seine Stellung nach außen gesichert und die Stämme wurden auf ihn aufmerksam.

Aber inzwischen hatte sich im Inneren eine Opposition gegen ihn gebildet und diese stützte sich vor allem auf die Juden der Stadt. Von diesen hatte Mohammed ursprünglich Unterstützung erwartet, war aber, wie auch von den Christen, nur verlacht und verhöhnt worden. Mohammed war aber ein Araber und nichts konnte er schlechter ertragen, als der Lächerlichkeit preisgegeben zu werden. So wurde er zum Todfeind der Juden und vertrieb sie aus der Stadt. Ein Stamm der Juden ging nach Syrien, ein zweiter flüchtete in die jüdische Stadt Kaibar (heute Asch Schuraif, eine unbedeutende Stadt in der Lavawüste nördlich von Medina), während ein dritter in Medina blieb und während der Belagerung der Stadt mit den Kuraisch sympathisierte, woraufhin Mohammed mit dem Stamm kurzen Prozeß machte: die Männer wurden hingerichtet, die Frauen und Kinder als Sklaven verkauft. Später eroberte er auch noch Kaibar, wodurch der jüdische Einfluß im Hedjas vollends gebrochen wurde.

Inzwischen hatte Mekka unter dem Druck eines tausend Mann starken Heeres, mit dem sich Mohammed seiner Vaterstadt im Jahre 628 näherte, in einen zehnjährigen Waffenstillstand eingewilligt, in dem die Mekkaner den verlorenen Sohn der Kuraisch zwar noch nicht als Propheten, wohl aber als Haupt eines anderen Staates anerkannten. Seine Gefolgsleute hätten zwar lieber die Eroberung und Zerschlagung des Gegners gesehen, aber für Mohammed war der milde Waffenstillstand oder Friede viel bedeutsamer. Denn jetzt fielen ihm die Stämme des Hedjas scharenweise zu und erlaubten es ihm, im Jahre 630 triumphierend in Mekka einzuziehen. Kaum jemand leistete Widerstand und die Aristokratie der Kuraisch hatte sich offensichtlich mit dem Phänomen Mohammed abgefunden. In der folgenden Schlacht von Hunain (südlich von Mekka) verteidigte er seine bisherigen Erfolge gegen die verbündeten heidnischen Stämme des Hinterlandes und ein Jahr darauf unternahm er einen Feldzug nach Tabuk, mit dem er sich die Stämme im Nordwesten der Arabischen Halbinsel unterwarf. Als sich schließlich auch noch die südlich von Mekka gelegene Gebirgsstadt Taif unterwarf, war der Prophet Herr des gesamten Hedjas. In den übrigen Teilen der Arabischen Halbinsel, die durch Öden und Wüsten vom Hedjas getrennt waren, scheint die Islamisierung erst später zögerlich erfolgt zu sein.

Unter den ersten drei Kalifen, den Nachfolgern des Propheten, blieb der Hedjas das Kernland und Medina die Hauptstadt des arabischen Reichs; unter dem vierten, Mohammeds Vetter und Schwiegersohn Ali, verlor die Region diese Stellung, da Ali im Jahre 656 nach Kufa im Irak übersiedelte. Dort hatte der Islam inzwischen eine starke Militärbasis errichtet. Damit war der Hedjas in den Schatten der weiteren Geschichte des Islam zurückgetreten. Der Versuch Abdullah ibn el Zubairs, des Sohnes eines der ältesten Gefährten Mohammeds, den Omaiyaden von Damaskus das Kalifat, das diese inzwischen an sich gerissen hatten, zu entreißen und die Welt der Araber wieder von Mekka aus zu beherrschen, scheiterte. Er wurde 692 in Mekka eingeschlossen und fand im Kampf den Tod. Medina war schon 683 in einer Schlacht auf den Lavafeldern nördlich der Stadt vernichtend geschlagen worden.

Diese Schlacht hatte die Blüte der Ansar und der Kuraisch hinweggerafft. An ihre Stelle traten in Mekka und Medina allmählich die zahlreichen Nachkommen Alis von Mohammeds Tochter Fatima und seines Bruders Djafar. Vor allem die ersteren, die Nachkommen von Ali und Fatima, sollten, nach dem gemeinsamen Urgroßvater von Mohammed und Ali, Haschim, als Haschimiten noch in der Geschichte Arabiens bis in die Gegenwart eine Rolle spielen. Zuletzt und gegenwärtig als Könige von Jordanien (z. Zt. Abdullah ibn Hussein) – zuvor aber als erbitterte Gegner der Al Saud in der Position der Scherifen von Mekka. Das aber ist nun schon weit vorausgegriffen, und deshalb wenden wir uns nun wieder der frühen arabischen Stammesgeschichte zu, die sich im »Djihäd«, im Heiligen Krieg, zur Unterwerfung der Welt unter den Islam fortsetzte.

Nach Oppenheim war die »gesamte Jugend der Stämme ... dem Aufgebot zum Heiligen Kriege gefolgt. Die nördlichen Stämme Lachm und Djudam, die bereits früher große Teile nach Transjordanien und Palästina abgegeben hatten, schoben sich in dieser Richtung und nach Ägypten weiter. Teile der Beli und Djuhaina folgten ihnen, manche auf Anordnung der Regierung, manche aus eigenem Willen. Lachm und Udra sind auf diese Weise allmählich ganz aus dem Hedjas verschwunden. Auch zwischen Mekka und Medina schrumpfte die ursprüngliche Bevölkerung zusammen: Chuza'a und Kinana wurden teils in den neuen Siedlungen seßhaft, teils zerstreuten sie sich über die ganze islamische Welt; nur eine kleine Gruppe von Kinana hat sich ... an der Küste von Asir erhalten. – Langsam und weniger merklich vollzog sich die Entwicklung unter den der großen Heerstraße nach Syrien ferner wohnenden Stämmen am Ostrande des Hedjas: Die Ghatafan hatten Truppen zum syrischen Heer gestellt, die sich später großenteils im Hauran niederließen. ... Die große Entfernung ermunterte die Zurückgebliebenen nicht zum Nachzug. Dagegen folgte ein Teil der Sulaim und ihrer südlichen Nachbarn in der ersten Hälfte des 8. Jahrhunderts einer Aufforderung der Regierung, sich in Ägypten niederzulassen.«

Auch bei dieser zweiten arabischen Expansion vermischten sich die Stämme der Adnan und der Südaraber wieder miteinander: Nach dem arabischen Historiker Birdi (15. Jh.) waren z. B. von den oben und schon früher genannten Stämmen in Ägypten und Syrien die Djudam, Lachm, Beli und Djuhaina Kahtan, während die Asad, Kinana, Bekr, Ghatafan und Sulaim den Nordarabern zugehörten. Oppenheim fährt fort: »Diese Auswanderer, unter denen sich auch Beni Hilal, einem ursprünglich im Hinterlande von Taif hausenden Stamme zugehörig, befanden ..., haben eine denkwürdige Rolle in der Geschichte gespielt. Um die Mitte des 11. Jahrhunderts brachen sie, in den beiden Stammverbänden der Beni Hilal und Sulaim vereint, in Nordwestafrika ein, überschwemmten Barka, Tripolitanien und Tunisien und drangen im 12. Jahrhundert in Algerien und Marokko ein. Diese Invasion hat Nordafrika zu einem Beduinenland gemacht, aber auch zu einem arabischen Lande; denn das berberische Element ist dort erst seit dieser Zeit in den Hintergrund getreten.« Wer waren diese Berber, die heute noch einen starken Anteil an der Bevölkerung des Maghreb darstellen und deren Dialekte auch heute noch gesprochen werden?

Ihre Herkunft ist nicht bekannt und arabische Quellen behaupten, daß sie ebenfalls einmal aus Arabien eingewandert seien und den Nordosten Afrikas besetzt hätten. Sollte dies wahr sein, so muß es schon lange vor der ersten arabischen Stammesausbreitung gewesen sein. Denn das Wort »Berber« stammt von »Barbaren« ab, womit die Römer die einstige Bevölkerung im Hinterland ihrer nordafrikanischen Kolonien bezeichneten. Später wurden als »Barbaresken« auch die nordwestafrikanischen Piratenstaaten des Mittelalters bezeichnet. Auch die Berber, ob sie nun von den Arabern abstammten oder nicht, wurden nach der Islamisierung Nordafrikas teilweise arabisiert bzw. erneut arabisiert, denn wieder vermischten sich die arabischen Eroberer mit der unterworfenen Bevölkerung und weiterhin blieb reines Arabertum nur auf der Arabischen Halbinsel und bei den Beduinen der eroberten Gebiete erhalten. Die Genealogien und Traditionen der arabischen Stämme wurden aber trotz dieser Vermischung auch in den eroberten Gebieten, zu denen später bekanntlich zeitweise auch noch Spanien gehören sollte, fortgesetzt. Stammesnamen der Arabischen Halbinsel sind heute noch in fast allen arabischen Staaten zu finden. Sie beginnen häufig mit der Bezeichnung »Ahl...« (Familie...), »Aulad« (Kinder von...) oder »Banu« bzw. »Beni« (Söhne von ...).

Am reinsten erhalten blieben die Stammestraditionen und das gesamte Stammesgefüge natürlich auf der Arabischen Halbinsel. Auch hier gab es aber permanente Verschiebungen. Die Stämme zogen ständig auf der Suche nach immer neuen und besseren Weideplätzen umher. Sie splitterten sich auf und schlossen sich zusammen. Sie starben aus, und gelegentlich entstand aus einer einzigen kinderreichen Familie von möglichst guter Abstammung ein neuer Stamm, dessen Oberhaupt sich als »Scheich« bezeichnen konnte. Es entstanden auch

Stammesverbände und regelrechte, mächtige Stammeskonföderationen, an deren Spitze »Emire« (Fürsten) standen. Ja, sogar der Titel »Sultan« fand auf der Arabischen Halbinsel, wie später noch zu sehen sein wird, Verwendung. Besonders freigebig zeigten sich viel später auch die verschiedenen Vormächte der Araber bei der Vergabe von Titeln – sie kosteten ja nichts und erbrachten oft Loyalität: Das Osmanische Reich vergab an Stammesscheichs Pascha- und Bey-Titel, England adelte loyale Scheichs mit »Sir« und sogar das republikanische Frankreich sollte als Mandatsmacht in Syrien nach dem Ersten Weltkrieg den Oberscheich des Ruwalastammes zum Emir ernennen.

Doch zurück in die Zeit der großen Wanderbewegung der Stämme im Rahmen der Islamisierung: Es ist nicht das Ziel dieses Buches, über die großen religiösen und in deren Gefolge dynastischen Umwälzungen in der Welt des Islam, die zum Schisma, der Unterscheidung zwischen Schiiten und Sunniten, sowie zum Entstehen zahlreicher Glaubensabweichungen führten, zu berichten. Die Beduinen der Arabischen Halbinsel waren davon kaum berührt. Sie waren überwiegend sunnitisch und nur im Nordosten der Region, in der späteren Provinz Hasa, gab es Schiiten. Aber im 10. Jahrhundert sollte es noch einmal eine religiöse Bewegung geben, die die Stämme durcheinanderwirbeln sollte: die Karmatische Bewegung, die ihren Namen von ihrem Begründer, einem Mann namens Hamdan Qarmat, herleitete. Es handelte sich dabei um den Abkömmling einer radikalen religiösen Sekte, der Ismailiten, die nahezu kommunistische Ziele verfolgte und dabei in ihrer Radikalität vor keiner Gewalt zurückschreckte. Im Irak, wo sie entstanden war, blutig unterdrückt, konnte sich die Karmatische Bewegung in der Provinz el Hasa ein Bollwerk schaffen, von dem aus sie das Kalifat in Bagdad in Schrecken setzte. Der Irak wurde verwüstet, die Pilgerstraßen nach Mekka wurden abgeschnitten und 930 wurde Mekka gar erobert und der »Schwarze Stein«, eines der größten Heiligtümer des Islam, nach el Hasa entführt. Er kam später zwar wieder an seinen alten Platz zurück, das terroristische Regime der Bewegung hielt sich aber noch Jahrhunderte in el Hasa und hatte Stützpunkte in vielen anderen arabischen Ländern, um eine Herrschaft der den Sunniten feindlichen Ismailiya aufzurichten. Besonders grausam verfolgte die Bewegung die schlichten Beduinen, die fromm an der Sunna festhielten und deren Stämme vor der Verfolgung flüchteten; dies hatte erneut erhebliche Stammesverschiebungen zur Folge.

Die Beduinen der Arabischen Halbinsel

Fast jeder Nahost-Reiseunternehmer organisiert für seine erlebnishungrigen Pauschalreisenden den Besuch in einem Beduinenzelt und gegen Bezahlung bieten geschäftstüchtige »Vertragsbeduinen« Pfefferminztee und Bauchtanz sowie als Souvenirs echt beduinische Handarbeiten »made in Taiwan«. Die großen Zeltlager mächtiger Stämme mit Hunderten von Kamelen gibt es nicht mehr – nur im Tourismus-feindlichen Saudi-Arabien findet man gelegentlich noch kleinere Ansammlungen der typischen schwarzen Ziegenhaarzelte, deren Bewohner noch nicht von Zivilisation und Tourismus berührt sind. Bei Lawrence und Philby kann man noch etwas von der alten Beduinenromantik nachlesen. Die Zeit der Beduinen ist vorüber. Wie aber sah das Leben der Beduinen früher auf der Arabischen Halbinsel aus?

Über das Leben innerhalb der Stämme, die Macht der Scheichs, das Recht der Nomaden, über Hochzeits- und Ehebräuche, das langsam erlöschende Sklavenwesen, über Pferde und Kamele, Jagd und Raubzüge, über das Gast- und Asylrecht, die Blutrache und vieles andere mehr hat man bei uns nur sehr verschwommene Vorstellungen. Das Gleiche gilt für die zahlenmäßige Erfassung der Beduinen zur Zeit der Entstehung der wahabitischen Reiche, denn genaugenommen wurden damals nur die Zelte gezählt oder bestenfalls die Lanzen, die die Männer vor den Zelten in den Boden zu rammen pflegten.

Die beste Beschreibung vom Leben der Beduinen hat der langjährige Beduinenforscher Oppenheim hinterlassen. Nach ihm waren die eigentlichen Beduinen die »Asil«, die vollblütigen Nomaden – Kamelzüchter, die von einem Weideplatz und Brunnen zum anderen wanderten, sobald Futter oder Wasser versiegt waren. Beduine hieß Wüstenbewohner. Unter »Wüste« war aber nicht nur die völlig vegetationslose Sandwüste zu verstehen, die auch die Beduinen mieden, sondern Steinwüsten (Hamada), Kieselwüsten und Steppen mit meist hartem Boden, der sich, wo nicht Gips oder Lavagestein den Grund bildete, im Frühjahr mit Gräsern und Kräutern bedeckte.

Diese spärliche Vegetation, die später sehr schnell vertrocknete, diente den Herden als Futter.

Wenn im März das Futter in der Wüste knapp wurde, zogen die Beduinen an den Rand der Steppe, dorthin, wo diese allmählich in Kulturland überging. Hier befanden sich ihre Sommersitze, wo die Nahrung für die Tiere wieder reichlicher war und wo sie bis zum Einsetzen der spärlichen Herbstregen blieben. Sowohl auf den Sommer- wie auf den Winterweideplätzen waren die Beduinen innerhalb ihrer gegenseitig meist respektierten Weidegebiete ständig unterwegs. Trotz des gegenseitigen Einvernehmens gab es aber an den nie genau definierten Grenzen oder wegen gemeinsam benutzter Brunnen nur allzu oft Reibereien, die in Kämpfe und Raubzüge ausarteten.

Außer den reinen Nomaden gab es am Rande der Halbwüsten und Steppen auch Stämme, die aus ehemaligen Vollnomaden bestanden, die von stärkeren Stämmen allmählich von den knappen Weideplätzen der Wüsten verdrängt worden waren und damit begonnen hatten, am Rande des Kulturlandes Ackerbau zu treiben. Diese Halbnomaden blieben während der Bestellungs- und Erntezeit bei ihren Äckern, während sie in der übrigen Zeit des Jahres mit ihren Schafherden nomadisierten, ohne jedoch so tief in die Wüste zu ziehen, wie sie es früher als echte Beduinen getan hatten. Auch diese halbnomadischen Beduinen hatten ihre Stammestraditionen behalten und in gewissem Maße ihr kriegerisches Wesen bewahrt. Sie standen aber oft in einer Art Abhängigkeit von den großen Nomadenstämmen, denen sie ein Bruderschaftsgeld zahlten und dafür einen gewissen Schutz der großen Bruderstämme genossen.

Die Beduinen waren stets sehr stolz auf ihre Abstammung und auf den Adel ihrer Stämme und Familien. Verwandtschaft bedeutete bei ihnen in hohem Maße Verpflichtung. Dennoch war bei ihnen Brudermord nicht ausgeschlossen; vor allem, wenn es unter Halbbrüdern um die Nachfolge einer Scheichwürde ging. Die Reinblütigkeit spielte bei der Heiratspolitik vor allem der Scheichfamilien natürlich immer eine besondere Rolle. Die die Rassenunterschiede verwischende Heiratspraxis des Islam, die dazu geführt hat, daß es heute in vielen angesehenen saudischen Familien dunkelhäutige Nachkommen afrikanischer Sklavinnen gibt, hat sich bei den rassebewußten Beduinen nie durchgesetzt.

In dem ungebundenen Beduinenleben galten Überfall und Raub als Heldentaten, die in zahllosen Liedern und Gedichten verherrlicht wurden. Sie wurden als »Ghasu« (Überfall; Plur. = Ghasawat) bezeichnet. Diese Ghasawat galten den Beduinen als ein uraltes Recht – sie erfolgten nach ungeschriebenen Gesetzen und entbehrten nicht einer gewissen Ritterlichkeit, die an das Raubrittertum des Mittelalters erinnert.

So pflegten Beduinen bei Überfällen auf Karawanen deren Angehörige bis auf das Hemd auszurauben, aber selten töteten sie sie, nur um des Tötens willen oder in einer Art von Blutrausch. Im Gegenteil, sie gaben den Überfallenen Brot und Wasser und wiesen ihnen den Weg zum nächsten Brunnen. Und wenn sie ein feindliches Zeltlager überfielen und die überfallenen Männer in der Flucht ihr Heil suchten, konnten sie ihre Frauen und Kinder getrost zurücklassen, denn sie wußten, daß die Angreifer sich niemals an ihnen vergehen würden, sondern sie mit Wasser und Verpflegung versorgen würden und ihnen sogar Reittiere überlassen würden, damit sie sich in Sicherheit bringen könnten. Die Ghasawat wurden meistens von den Scheichs oder einem der Scheichsöhne angeführt, gelegentlich aber auch von einem anderen bewährten Krieger, der dann »Akid« genannt wurde (heute in den meisten arabischen Armeen die Bezeichnung für »Oberst«).

Diese Ghasawat stellten an ihre Teilnehmer die allerhöchsten Ansprüche. Sie reichten oft tief in feindliche Stammesgebiete, die meistens den Angreifern völlig unbekannt waren und in denen sie sich verirren konnten. Sie durften nicht vorzeitig entdeckt werden, denn dann war ihnen im feindlichen Stammesgebiet leicht der Rückzug abzuschneiden. Sie konnten nur wenig Verpflegung mitführen und wußten nie, ob ihre Wasservorräte ausreichen würden. Das eigene Überleben hing oft genug davon ab, daß der Überfall auf einen anderen Stamm, der sich um den einzigen Brunnen der Gegend gruppiert hatte, von Erfolg gekrönt war. Und schließlich mußten sie in mühsamem Rückmarsch auch die Beute, die oft aus den eroberten Herden der Überfallenen bestand, zurückführen und dabei aufpassen, daß ihnen nicht alles wieder von Verwandten des überfallenen Stammes oder anderen Beduinen auf Ghasawat abgejagt wurde. Denn der Raub war eines der Lebenselemente der Beduinen und schon die Jungen wurden in ihrer Kindheit zur Dieberei, allerdings nur außerhalb des Stammes, angehalten – die Langeweile des öden Wüstendaseins mag da eine Rolle gespielt haben!

Neben der Räuberei war die Blutrache, die in derselben Weise wie in vorislamischer Zeit ausgeübt wurde, eines der Motive der Ghasawat: Für einen Getöteten mußte ein anderer getötet werden, sofern die Verwandten des Getöteten sich nicht mit einem mühsam ausgehandelten »Blutgeld« zufrieden gaben – was noch heute z. B. für Opfer von Verkehrsunfällen üblich ist. Das Gesetz der Blutrache verpflichtete nicht nur die Familie eines Getöteten, sondern, wenn z. B. der Getötete ein Scheich war, den ganzen Stamm. Man kann sich vorstellen, welche Folgen die Blutrache hatte und daß daraus langjährige Fehden und Kriege entstanden, die ihrerseits wieder neue Blutrache-Verpflichtungen auslösten. Umgekehrt hatte das Gesetz der Blutrache aber auch eine verbrechensverhindernde Wirkung, denn jedermann hütete sich, leichtfertig einen anderen zu töten und auch die Scheichs achteten darauf, daß ihre Stämme nicht wegen irgendwelcher Händel junger Leute in die Blutrache hineingezogen wurden. Denn war dies erst einmal der Fall, das wußte jeder, war die Verpflichtung zur Blutrache unerbittlich. Niemand konnte sich ihr entziehen, wollte er nicht der Verachtung anheimfallen. Und nichts fürchtete ein Beduine so sehr als den Verlust seines Ansehens, weil er gegen das Brauchtum der Wüste verstoßen hatte.

Überhaupt regelte sich in der Wüste alles nach dem überlieferten Brauchtum, und noch heute kleiden viele Araber die Ablehnung irgendeines Ansinnens oder einer Bitte in die einfache Begründung »...es ist nicht Brauch«. Neben der Macht des Brauchtums spielten die Gesetze des Islam eigentlich bei aller Frömmigkeit nur eine geringe Rolle. Die Beduinen führten zwar in fast jedem Satz den Namen Gottes im Munde, wie »Bismillah« (im Namen Gottes), »Inscha'allah« (... so Gott will) oder »il hamdullillah« (gepriesen sei Gott), hingen aber auch noch vielen heidnischen Sitten und Gebräuchen an und hatten von den Geboten des Korans und den Überlieferungen der Religion herzlich wenig Ahnung. Dafür waren sie aber gegenüber Andersgläubigen wesentlich toleranter und standen damit dem Urislam viel näher als die Städter und Dörfler Arabiens.

Bei aller Ignoranz der Beduinen gegenüber den Gesetzen des Islam muß man allerdings sagen, daß die islamische Rechtsordnung des

Mittelalters insgesamt der des Abendlandes weit überlegen war. Denn während in Europa jeder kleinste Landesherr sich seine eigenen Gesetze und Strafen schuf und willkürlich Richter ernannte, war im gesamten Wirkungsbereich des Islam ein Minimum an Rechtssicherheit alleine schon dadurch sichergestellt, daß es ein einheitliches kodifiziertes Recht in Form der Scharia gab, über die sich kein Landesherr, Scheich oder die geistliche Ulema all zu leichtfertig und willkürlich hinwegsetzen konnte, und an das die Qadis (Richter) fest gebunden waren.

Ein Blick noch in die Haushalte der Beduinen und vor allem der Scheichs: Diese waren meist die einzigen, die sich, dem Koran folgend, bis zu vier Frauen leisten konnten und die entsprechende Anzahl von Kindern hatten. Das war für die Erhaltung und den Aufbau der Stämme wichtig, und es sei an dieser Stelle noch einmal an die Stammesbezeichnungen »Söhne von…« oder »Kinder von…« erinnert, was sagen soll, daß fast alle Stämme immer nur einen einzigen Scheich als Stammvater hatten. So waren alle Stammesmitglieder miteinander verwandt. Die nächsten Verwandten aber stellten, gemeinsam mit den Sklaven, die sich auch wiederum meistens nur die Scheichs leisten konnten, die Leibwache des Stammesführers und seiner engeren Familie. Die Sklaven und auch die Freigelassenen konnten, wie schon erwähnt wurde, nicht in die reinrassigen und blutsbewußten Stämme hineinheiraten. Dies schloß jedoch nicht aus, daß die Scheichs oder andere vermögende Beduinen auch zahlreiche Kinder von jungen Sklavinnen hatten, ohne daß diesen irgendwelche Ansprüche auf Anerkennung als Beduinen entstanden. Sonst aber gehörten die Sklaven und deren Kinder zu den Familien ihrer Herren, und es gab von beiden Seiten meist ein hohes Maß an Loyalität und Vertrauen.

So also sah das Leben der Beduinenstämme nach den Verwerfungen, die durch die karmatische Bewegung hervorgerufen worden waren, auf der Arabischen Halbinsel aus. Wobei noch hinzugefügt werden muß, daß die vom Propheten erzwungene Einheit der Araber im Laufe der Jahrhunderte schnell wieder zerbröselt war und an die Stelle der Reinheit des Islam alte heidnische Gebräuche, Stammesegoismus, gegenseitiges Mißtrauen, Neid und Mißgunst, Streitsucht und Blutvergießen getreten waren. Arabien war von Stammesfehden zerrissen und an die Stelle der monotheistischen Lehre von dem einen, unmittelbaren Gott wurden Götzen und alle möglichen Heiligen und Symbole, über die die Beduinen sich Zugang zu Gott erhofften, verehrt.

Dies war die Zeit, in der sich die letzten großen Stammesverbände zu entwickeln begannen, die den Aufstieg der Wahabiten und der Al Saud begleiten sollten. Bevor deren Entstehung im Einzelnen beschrieben wird, sei aber noch einmal ein kurzer Blick auf die Geschichte der Region geworfen, aus der die arabischen Stämme sich aufgemacht hatten und fortlaufend ergänzt wurden – der Jemen:

Die Islamisierung des Südwestens der Arabischen Halbinsel begann schon 628 n. Chr. Mit der schnellen Verbreitung des neuen Glaubens verlor das islamische Kernland jedoch rasch an Bedeutung und verkam zu einer abgelegenen Provinz der aufeinander folgenden Kalifate von Damaskus und Bagdad.

Erst Anfang des 9. Jahrhunderts entstand nach einer Revolte gegen die Bagdader Abbasiden ein selbständiges Reich unter der Dynastie der Ziyaditen, das bis Anfang des 11. Jahrhunderts existierte. Das Reichsgebiet umfaßte damals die Gegend um die Hauptstadt Zabid in der südlichen Tihama, der Küstenebene am Roten Meer.

Daneben gab es weiter nördlich seit dem Ende des 9. Jahrhunderts noch die Herrschaft der Zaiditen, Nachkommen des Propheten Mohammed, mit der Hauptstadt Sa'da. Diese Dynastie, die dem Norden die Glaubensrichtung der Schia brachte, sollte mit ihren 65 geistlich-weltlichen Herrschern, den Imamen, bis zur Revolution von 1962 die Geschicke des Landes mitgestalten.

Weiter im Süden entstanden Anfang des 11. Jahrhunderts parallel zur nördlichen Zaiditenherrschaft mehrere Reiche äthiopischer und einheimischer ismailitischer Herrscher, die ihr Einflußgebiet im Laufe der Zeit nach Norden bis Sana'a ausdehnten. Ihnen folgten die Aiyubiden, Nachkommen des arabischen Nationalhelden Saladin.

Anfang des 13. Jahrhunderts machte sich ein aiyubidischer Statthalter selbständig und begründete die Dynastie der Rasuliden. Deren Hauptstadt wurde Ta'iz im Süden des Landes, sein Herrschaftsgebiet dehnte sich zeitweise im Norden bis nach Mekka, im Osten bis ins

Wadi Hadramaut aus. Diese Machtausdehnung war jedoch nicht unangefochten, denn in dem unzugänglichen Gebirge um Sa'da saßen immer noch die Zaiditen, die 1324 Sana'a eroberten und von dort aus die Rasuliden zurückdrängten.

Zugleich übernahmen im Süden und Südosten einheimische sunnitische Stammesfürsten die Macht. Um 1500 herrschten im Norden demnach die Zaiditen, im Süden, in Lahaj, Stammesfürsten der Tahiri und im Wadi Hadramaut der Kathiri, deren Dynastie bis 1967 an der Macht bleiben sollte.

In der Zwischenzeit bemächtigten sich wieder ausländische Mächte des Landes: Bis 1517 herrschten in der Tihama ägyptische Mameluken, danach die türkischen Osmanen. 1636 wurden diese von den immer noch ungebrochenen Zaiditen vertrieben, und es entstand erstmalig ein Staatsgebiet, das mit dem heutigen Jemen identisch war, im Norden sogar bis nach Asir im heutigen Saudi-Arabien hineinreichte.

Aber schon 1723 fiel der Sultan von Lahej vom Zaiditen-Imam ab und dehnte seinen Machtbereich bis nach Aden und den östlich davon gelegenen Küstenabschnitt aus. Darüber hinaus drangen wenig später aus dem Inneren der Arabischen Halbinsel strenggläubige Wahabiten in die Tihama ein und stießen nach Süden vor.

Nach dieser kurzen Beschreibung des Geschehens im Südwesten sei der Blick auch noch auf den Südosten der Arabischen Halbinsel gerichtet, der in der Geschichte der späteren saudisch-wahabitischen Reiche ebenfalls noch eine Rolle spielen sollte. Dorthin war mit der Wanderung der Kahtan der große Stamm der Azd aus dem Jemen gelangt, der die an der Küste ansässigen Perser ab etwa 200 n. Chr. vertrieben hatte und von dort nach Norden bis in das Mündungsgebiet des Euphrat und Tigris bei Basra vorgestoßen war.
Die an der Küste im Südosten bleibenden Azd nahmen ab 630 n. Chr. den Islam an und wählten 751 einen Imam zu ihrem Herrscher, der der ibaditischen Lehre, einem Ableger der Khariyiten, die neben den Sunniten und Schiiten die dritte Spielart des Islam darstellten, angehörte. Die Küstenregion erlebte im 10. Jahrhundert durch den Seehandel einen rasanten Aufschwung und die Stadt Sohar besaß zeitweise den wichtigsten Hafen des islamischen Herrschaftsberei-

ches. Diese Glanzzeit endete, als Anfang des 16. Jahrhunderts die Portugiesen in Oman einfielen und von hier aus den gesamten Seehandel der Region kontrollierten. Aber ab 1624 verdrängte sie der aus dem von den Portugiesen nicht kontrollierten Landesinneren vordringende Imam Nasir, der die nach seiner Familie benannte Al Ya'aruba-Dynastie begründete. Die Nachfolger dieses Herrscherhauses vertrieben die Portugiesen auch aus dem Ostafrikanischen Sansibar und verleibten diese Insel Oman ein. Aber es kam in der Familie auch bald zu Nachfolge- und Machtkämpfen, an deren Ende Mitte des 18. Jahrhunderts sich zwei rivalisierende Imame und die wichtigsten zwei Stammesföderationen, die aus den Azd hervorgegangen waren, die Beni Hina und die Beni Ghaferi, gegenüberstanden. Aus all diesen Turbulenzen gingen schließlich an der Küste die heute noch herrschende Dynastie der Bu Said (Al Bu Said), deren Herrscher sich anfangs Saiyid (Herr) nannten und später von den Briten zu Sultanen erhoben wurden, und im Landesinneren ein Imamat hervor, das erst 1959 zu bestehen aufhören sollte.

An der Küste herrschte ab 1804 der größte Herrscher Omans, ein Enkel des Dynastiebegründers Said ibn Sultan Al Bu Said, unter dem Oman mit dem Besitz eines Teils der Gegenküste des Golfs (Bender Abbas, Bender Lingeh und Gwadur), Teilen der ostafrikanischen Küste und der Insel Sansibar seine größte Ausdehnung haben sollte. Damit ist das Geschehen im Süden Arabiens der Entstehungsgeschichte der wahabitischen und saudischen Reiche aber schon wieder weit voraus geeilt. Später werden wir noch einmal darauf zurückkommen, doch der Blick sei nun erst einmal auf die Stämme des Nedjd und des Hedjas gerichtet:

Die Stämme des Hedjas
und die Scherifen von Mekka

Die Überschrift ist eigentlich nicht korrekt, denn »Scherifen« gibt es nicht – der Plural von Scherif heißt im Arabischen »Aschraf« und folglich handelt dieses Kapitel vom Stamm der Aschraf des Hedjas.

Das Hedjas ist vermutlich eine der grandiosesten Landschaften der Erde. Nicht nur wegen seiner wüstenhaften Erhabenheit, sondern auch wegen seiner überwältigenden Stille, der Leere des Raumes an Lebewesen und der unendlichen Weite der verschiedenen Landschaften. Diese durchmißt man, von Norden kommend, in Richtung Djidda in folgender Reihenfolge: zunächst das Wadi Rum, in dem eigentlich nichts an ein Wadi (Trockental) erinnert, sondern aus dem Sand steigen jäh und steil, senkrecht und ohne Übergang, majestätische Felswände empor, die sich erst in einigen hundert Meter Höhe zu glatten, rund abgeschliffenen Kuppeln verjüngen. Mit dem Wechsel des Tageslichts wechselt die Farbe der Felsen zwischen ockergelb und rosarot, während die fernen Gebirge sich in bläulichem Dunst aufzulösen scheinen.

Weiter nach Süden, der Trasse, den teilweise noch erhaltenen Schienen und von dem Engländer Lawrence im Ersten Weltkrieg gesprengten Brücken der Hedjasbahn folgend, schließen sich rechts hellsandige Wüsten und Hochebenen an, deren aus dem Sand ragende, zylindrische Felszacken bei Nacht und Mondlicht wie eine Geisterarmee wirken, während links düstere, unpassierbare Geröllwüsten mit vereinzelten, gelbrötlichen Sanddünen, Ausläufern der riesigen Wüste Nefud, abwechseln.

Rechts folgen die bizarren Berge und hochgelegenen Lavawüsten des unbewohnbaren Hedjasgebirges – kahl, schroff und völlig vegetationslos; links endlose Stein-, Sand- und Kieselwüsten, über deren Kimm in weiter Ferne die dunstverschleierten Silhouetten von Gebirgen auftauchen, deren untere Hänge aufgrund der großen Entfernungen durch die Erdkrümmung dem Blick verborgen sind. Dazwischen eine Kette von uralten Brunnen und kleinen menschlichen Ansiedlungen, die sich von Norden nach Süden hinzieht und zu denen auch die nabatäische Felsenstadt Madain Saleh und der alte, in einer Schlucht und am Rande eines großen Palmenhains gelegene Karawanenknotenpunkt Ola gehören. Überall dazwischen ragen Felsen aus dem Sand hervor, deren untere weiche Gesteinsschichten von der Erosion fortgetragen wurden, so daß sie bisweilen riesigen Pilzen ähneln oder gewaltigen Sockeln mit daraufgelegten steinernen Tischplatten. Dort, wo Büschel kargen Gestrüpps sich aus Sand und Gestein emporgearbeitet haben, unterbrechen Ziegenherden mit einem Araberjungen als Hirten die Leblosigkeit der dramatisch anmutenden Landschaft, und gelegentlich kreuzt eine freilaufende Kamelstute mit ihrem Jungen, souverän den spärlichen Verkehr mißachtend, die Fahrstraße. Allah wird es fügen, daß ihr Besitzer sie wiederfindet.

Südlich der teilweise wieder von archaischen Lavawüsten umgebenen heiligen Stadt Medina öffnen sich breite Gebirgsdurchlässe, das Wadi es Safra, zum Roten Meer, die in der Beschreibung von Lawrence während des Ersten Weltkriegs noch besiedelt waren, heute aber verlassen sind und nur noch romantisch anzuschauende Ruinen enthalten. Diese breiten Wadis führen in die Tihama hinunter, eine breite und dichter besiedelte Küstenebene zwischen dem Roten Meer und dem Gebirge, das ab der Linie Mekka-Djidda in das Asirgebirge übergeht, das, rechts begleitet von der Tihama, bis an den Südzipfel des Jemen herunterführt.

In der Tihama liegt auch die heiße und schwüle Hafenstadt Djidda, eine Stadt äußerster Kontraste. Denn neben modernsten und avantgardistischen Hochhäusern erstreckt sich (wie lange noch?) die Altstadt mit ihren typischen vier und fünf Stockwerke hohen, reich verzierten mittelalterlichen Handels- und Kaufherrenhäusern in einem Stil, den man nirgendwo sonst in der arabischen Welt findet. Und östlich von Djidda und südlich von der von Bergen eingeschlossenen und von nirgendwo her durch »Ungläubige« einsehbaren heiligen Stadt Mekka liegt hoch oben an den Westhängen des Asirgebirges die Stadt Taif – einstmals Sommersitz der Großscherifen von Mekka, jetzt der Königsfamilie Al Saud.

Zwei alte Handels- und Pilgerrouten durchquerten früher das Land von Norden nach Süden. Die eine stieg südlich von Ma'an (im heutigen Jordanien) in die Ebene, die sich über Tabuk östlich des Hedjasgebirges bis nach Ola erstreckte und von dort in die Ebene von Medina führte. Die andere, die von Ägypten kam, führte von Aqaba am Golf entlang bis zu dem heutigen Ort Haql und von dort auf mehreren möglichen Wegen südlich von Ola auf die oben genannte Route nach Medina. Von Medina gingen dann mehrere Routen weiter nach Mekka, die meisten über Rabegh in der Tihama. Und von Mekka wiederum führten zwei Wege herauf in den Jemen – der eine durch die Tihama, der andere über Taif und die Hochebenen östlich des Asirgebirges. Während diese Wege als Handelsrouten schon seit uralten Zeiten begangen worden waren, eröffneten sich mit dem Aufkommen des Islam und der Pilgerreisen, den »Hadj«, noch Anreisen über See; vor allem Djidda und das weit im Norden gelegene Yanbu al Bahr waren die Anlaufhäfen für Mekka. Von diesen beiden Häfen mußten die Pilger dann zu Lande weiterreisen.

Von großer Bedeutung für die Pilgerreisen war stets die Sicherheit der Pilgerwege, und für diese Sicherheit hatten die Stämme, durch deren Gebiete die Pilgerwege führten, zu sorgen. Dafür waren deren Scheichs den Oberherren über das Hedjas, sei es den Mamelukensultanen von Ägypten, den osmanischen Sultanen oder den Khediven von Ägypten, verantwortlich – in der näheren Umgebung von Mekka auch den Großscherifen. Die Beduinen begleiteten die Pilgerkarawanen und kassierten für die bewaffnete Eskortierung Schutzgeld, die sogenannte »Surre«. Was sie aber nicht daran hinderte, im Rahmen ihrer beliebten Ghasawat in anderen Stammesgebieten dieselben Pilger, die sie im eigenen Bereich todesmutig beschützt hatten, zu überfallen und gründlich auszuplündern – »ilhamdulillah (gepriesen sei Allah), der Allmächtige, der Barmherzige, der alles Verzeihende«.

Fast alle Stämme des nördlichen Arabien, also auch des Hedjas, stammten in der einen oder anderen Weise von den bereits erwähnten Tai ab, die sich auf den Höhen des Djebel Schammar niedergelassen hatten; auf sie wird im nächsten Kapitel noch eingegangen. Im Hedjasgebiet aber spielte später erst einmal die Stammesbewegung der Aneze eine größere Rolle, ebenso, wie später noch dargestellt werden wird, im Zusammenhang mit den Al Saud, in Zentralarabien. Wer waren die Aneze?

Vor etwa 250 Jahren brach ein Beduinenstamm aus einem der unwirtlichsten Landstriche Arabiens, der schon früher erwähnten Lavawüste, die sich von Medina über Kaibar nach Norden erstreckt, in die reicheren Weidegründe ein, die sich jenseits der großen Wüste Nefud öffnen und nach Syrien und in das Zweistromland führen. Die Neuankömmlinge waren die Aneze, die der großen Stammesfamilie der Rabi'a angehörten und damit Nordaraber waren. Die Aneze waren ein typischer Wanderstamm, der sich auf zwei Gebiete verteilte. Das eine Gebiet lag an der Grenze zum Euphratgebiet; dort handelte es sich um echte Nomaden. Der andere Stammesteil hatte sich teilweise seßhaft gemacht und lebte südlich von Riadh zwischen den Oasen el Kharj und el Hariq im Djebel Tuwayq. Von dort zog ein Zweig, die Beni Okba, an die Ostküste, wo aus ihm die Herrscherhäuser von Kuwait (As Sabah) und Bahrain (Al Khalifa) hervorgingen. Auch im Wadi Hanifa siedelten Aneze.

Währenddessen fristeten die Aneze, die in der Lavawüste von Kaibar zurückgeblieben waren, ein kümmerliches Leben. Denn fruchtbaren Boden gab es nur in der Oase Kaibar, in der die Beduinen sich Besitz- und Nutzungsrechte sicherten. Das sah so aus, daß jeder Palmenbesitzer einen Beduinen zum Teilhaber hatte und diesem die Hälfte seines Ertrages abführen mußte. Für die jüdischen Palmenbesitzer, die später von dort vertrieben wurden, hatte der Prophet nach der Eroberung von Kaibar die Anordnung erlassen, daß diese ihm die Hälfte des Ertrages abzugeben hätten. Unter osmanischer Herrschaft erhielten die Aneze der Harra von Kaibar aber auch das Recht auf Pilger-Surre. Blieb diese einmal aus, pflegten die Aneze die von Mekka zurückkehrenden Pilgerkarawanen kurzerhand auszuplündern, was zum Beispiel im Jahr 1700 geschah. Daraufhin ließ der Großscherif von Mekka eine Anzahl Aneze einsperren, die im Kerker dann umkamen – »bismillah« (in Gottes Namen).

Während die Aneze vor allem in Syrien den Kern des Beduinentums ausmachen sollten, waren sie außer im Hedjas und im Gebiet um Kharj nur noch südlich des Djebel Schammar anzutreffen, wo sie, wie später noch zu sehen sein wird, erbitterte Feinde des dort ansässigen Hauptstammes, der Ruwalla, waren.

Ein anderer Stamm des Hedjas, der an dieser Stelle erwähnt werden muß, ist der der Kuraisch. In der Geschichte der Al Saud spielt er eigentlich keine Rolle und auch für die neuere Geschichte des Hedjas ist er bedeutungslos. Philby hat nach dem Ersten Weltkrieg in der Gegend von Taif Angehörige dieses Stammes getroffen und schildert sie als ziemlich primitiv im Aussehen. Weshalb sie trotzdem hier erwähnt werden, liegt daran, daß der Prophet Mohammed von den Kuraisch abstammte und der Urgroßvater des Propheten, Haschim aus der Familie Kuraisch, der Ahnherr der Aschraf von Mekka und damit der verschiedenen Dynastien der Haschimiten war. Die Kuraisch bildeten deshalb die Spitze der arabisch-islamischen Aristokratie, und wenn so herablassend über sie geurteilt wurde, so liegt das daran, daß Philby und alle Stammesgenealogen unter den Kuraisch nur Nachkommen aus anderen Stammeszweigen als dem Haschims meinten. Nur die Nachfahren von Haschim gelten aber als der arabische Hochadel und das sind bzw. waren lediglich die Abbasiden von Bagdad, die Fatimiden von Kairo, die Idrisiden von Marokko, die zaiditischen Imame des Jemen und die haschimitischen Aschraf von Mekka. Letztere sind der Hedjas-Stamm, der nun im folgenden beschrieben wird:

Wer jemals den charmanten König Hussein von Jordanien und seinen stets zu Schalk aufgelegten Bruder, Kronprinz Hassan, im persönlichen Gespräch erlebt hat, kann sich kaum vorstellen, daß diese beiden liebenswürdigen Herren, die die angenehmsten Tugenden der Araber verkörpern, einem Geschlecht entstammen, das seine knapp tausend Jahre während Macht nicht nur Größe und Edelmut verdankt, sondern auch blutigen Machtkämpfen und bösartiger Intrige – den Haschimiten des Hedjas. Wer war dieses Geschlecht?

Zu Beginn der zweiten Hälfte des 10. Jahrhunderts hatten zwei einheimische Familien die Herrschaft in den »Haramein«, den zwei heiligen Städten Mekka und Medina, an sich gerissen – die Hassaniden in Mekka und die Husseiniden in Medina. Die einen waren die Nachkommen von Hassan, einem Sohn der Prophetentochter Fatima und des Vetters des Propheten Ali – vereinfacht dargestellt, die dynastische Verkörperung der sunnitischen Glaubensrichtung des Islam. Die anderen waren die Nachkommen von Hassans Bruder Hussein, den die Schiiten verehren. Die Hassaniden sollten im Hedjas bis 1925 regieren, die Husseiniden bis zum Beginn der osmanischen Herrschaft über das Hedjas im Jahr 1517. Beide Geschlechter bezeichneten sich, da sie über Mohammed und Ali von deren gemeinsamem Urgroßvater Haschim abstammten, als Haschimiten. Beide Familien vermehrten sich sehr stark und wuchsen zu Stämmen an, deren Angehörige unterschiedliche Bezeichnungen erhielten: Jeder Nachkomme Husseins wurde »Sayid« (wörtl.: Herr, davon abgeleitet das geläufigere »Sidi«) genannt – eine Stammesbezeichnung, die heute noch im Jemen für eine klerikale Kaste der zaiditischen Glaubensgemeinschaft gültig ist, während jeder Nachkomme Hassans »Scherif« (wörtl.: Adliger) genannt wurde bzw. dem Stamm der Aschraf angehörte. Die Titel haben heute noch Gültigkeit: Marokko führt heute noch die offizielle Staatsbezeichnung »Scherifisches Königreich« und einer der letzten jordanischen Ministerpräsidenten, ein Verwandter des Königs, heißt mit vollem Namen Scherif Said ben Schakr.

Die Aschraf spalteten sich im Laufe der Zeit in mehrere selbständige Stämme auf, von denen der Mekka-Stamm aber der wichtigste blieb. Sein Scheich wurde Emir (Fürst) genannt oder auch Nakib el Aschraf (Großscherif).

Husseiniden und Hassaniden verdankten ihre langen Herrschaftszeiten dem Ansehen ihrer Abstammung vom Propheten, mit der sich kein anderer Stamm messen konnte, sowie dem Solidaritätsgefühl innerhalb ihrer Familien. Mekka und Medina, vor allem aber die Pilger zu den heiligen Stätten, waren für beide Sippen über Jahrhunderte lohnende Objekte der Ausbeutung und Ausplünderung. Ein im Laufe der Zeit entwickeltes und kontinuierlich verbessertes System regelte die Verteilung der Beute, und wenn es auch oft genug blutige Händel um den Anteil an der Beute gab, so sind diese doch nie zu richtigen Kriegen zwischen den beiden Stämmen ausgeartet.

Auch mit ihren verschiedenen Oberherren pflegten die beiden Stämme und ihre Fürsten sich nach der Devise »leben und leben lassen« ganz zweckmäßig zu arrangieren, wobei es stets von allen Seiten als selbstverständlich erachtet wurde, daß die Oberherren einen angemessenen Anteil an der Pilgerbeute erhielten. Solange sie die beiden Kalifate von Bagdad und Kairo gegeneinander ausspielen konnten, pflegten die Herren von Mekka und Medina das Herrschaftsrecht des Meistbietenden anzuerkennen. Aber seit dem Niedergang der Fatimiden in Kairo fand diese Regelung ein Ende. Unter den Aiyubiden (1171–1250) und Mameluken (1250–1517) wurde Ägypten Schutzmacht und blieb es zeitweise auch noch unter der osmanischen Herrschaft über Ägypten.

Beide Stämme waren für die Sicherheit der Pilgerwege verantwortlich, d. h. sie kontrollierten andere Stämme, die den Schutz übernahmen. Im Sinne ihrer Beutelust erpreßten sie aber die Pilger, nahmen von ihnen Schutzgeld und ließen zahlungsunwillige Pilgerkarawanen auch einmal ausplündern.

Der Übergang der Souveränität über das Hedjas an die Osmanen ist dank der Klugheit des Emirs von Mekka, Barakat II., reibungslos vor sich gegangen. Die neuen Herren haben an die Einrichtungen der Mameluken angeknüpft, sind aber in mancher Beziehung darüber hinausgegangen. Djiddah wurde der Sitz eines Sandjak-Bej's (Wali's), ab 1646 übernahm der Träger dieser Würde auch das Amt des Wächters über die Heiligtümer in Mekka. Es gab also nun zwei Herren in der Heiligen Stadt, und wenn auch der Emir stets der mächtigere blieb, so war doch damit der Anspruch der Osmanen auf direkte Herrschaft erhoben. Medina, das 1482 den Emiren von Mekka unterstellt worden war, wurde schließlich auch diesen von den Türken entzogen, die Stadt erhielt eine ständige, starke türkische Besatzung und als Scheich der heiligen Stätten (Scheich el Haram) und Zivilgouverneur wurde ein aus Istambul entsandter Eunuch eingesetzt.

Die Husseiniden, also die schiitischen Aschraf, haben ihre Laufbahn im Hedjas als ländliche Grundbesitzer begonnen. Ihre Güter, teils aus Erbschaft, teils aus Schenkungen der Kalifen herrührend, lagen bei Medina; dort waren auch andere scherifische Sippen begütert. An politischem Einfluß standen sie zunächst hinter den Nachkommen der Mitkämpfer des Propheten zurück. Erst als diese Schicht durch die Schlacht an der Harra (683) und die Kämpfe um Mekka (692) vernichtet worden waren, konnten die Husseiniden auch hier ihren politischen Zielen nachgehen. Aber sie mußten erfahren, daß sich große Politik nicht mehr von ihrer Heimat aus machen ließ, seitdem der Schwerpunkt des Reiches nach dem Irak gerückt war. So verloren sie allmählich an Einfluß. Unter den Mameluken wurden sie den Aschraf von Mekka untergeordnet; unter den Osmanen mußten sie ihre Macht gänzlich an die hassanidischen, sunnitischen Großscherifen von Mekka abgeben.

Die Aufmerksamkeit sei damit auf die Aschraf von Mekka gerichtet: Dort hatte im 10. Jahrhundert der Scherif Abu Mohammed Dja'far aus der Familie der Aschraf von Janbu eine Herrschaft aufgerichtet, die nach sechs Generationen auf den Scherif Katada überging. Diesem Katada gelang es nach Ausschaltung anderer Zweige der Aschraf eine Dynastie zu etablieren, die bis 1924/25 im Hedjas herrschen sollte. Seine Söhne und Enkel waren zwar auf dem besten Wege, das Erbe in Familienkämpfen zu verspielen, die Schutzmächte, zuerst Jemen, dann Ägypten, gewannen einen bedenklichen Einfluß im Hedjas, aber Katada's Urenkel Mohammed Abu Numai I. befestigte die Macht des Hauses wieder in einer langjährigen Regierung (1254–1301). Unter Abu Numai's Nachkommen begann der Familienstreit aber von neuem; erst sein Urenkel Hasan ibn Adjlan (1396–1426) blieb in seiner Herrschaft unangefochten. In den nächsten fünf Generationen vererbte sich die Regierung, von kleineren Unterbrechungen abgesehen, sogar in direkter Linie.

Als Sultan Selïm im Jahre 1517 der Herrschaft der Mameluken über Ägypten – der einzigen Schutzmacht des Hedjas seit der Ausschaltung Jemens – ein Ende machte, befand sich zufällig ein ehemaliger Oberrichter von Mekka in Kairo. Von dem türkischen Sultan hochgeehrt, begab er sich sofort nach Mekka und muß dem damaligen Emir, Barakat II., entsprechend berichtet haben; denn dieser sandte sofort seinen Sohn, Mohammed Abu Numai II., nach Kairo zur Huldigung. So vollzog sich der Wechsel der Schutzmacht reibungslos, und der Respekt, den die Feldzüge Selim's den Aschraf von Mekka eingeflößt hatten, sorgte dafür, daß sie untereinander Ruhe hielten. Erst Anfang des 17. Jahrhunderts, als sich der türkische Griff zu lockern begann, setzte ein wütender Familienstreit unter den Aschraf ein. Drei Familien, die Abadele, Dewi Zed und Dewi Barakat, alles Nachkommen Mohammed Abu Numais II., setzten sich in diesem Kampfe zeitweilig durch. Von ihnen haben die Dewi Zed die meisten Herrscher gestellt und am Ausgang des 18. Jahrhunderts schien dieser Familie die Macht gesichert. Am Ende, bis 1924/25 und dann in den haschimitischen Königreichen Syrien, Irak und Jordanien, sollten aber die Abadele (so genannt nach dem Vorfahren Abdallah) obsiegen. Aber bevor auf die sich aus den Machtkämpfen der drei Sippen ergebende, verwirrende Herrscherfolge im Hedjas eingegangen wird, seien die Bedeutung und die Aufgaben sowie der Einfluß ihrer Oberhäupter erst noch kurz umrissen:

Die Großscherifen waren eigentlich, ohne daß dies rechtlich irgendwo niedergelegt war, nur »Wächter der Heiligen Stätten« von Mekka und Medina. Unter ihren ägyptischen und türkischen Oberherren waren sie aber auch eine Art fürstlicher Vasallen in einem Territorium, das mit ständig sich verändernder Ausdehnung Mekka und Medina sowie an der Küste zum Roten Meer Djidda und im Norden Janbu umfaßte. Im Süden reichte der scherifische Einflußbereich bis etwa nach Al Lith. Aber im Osten war der Grenzverlauf völlig unbestimmt und die Großscherifen erkauften bzw. erzwangen sich den Gehorsam der Stämme abwechselnd durch Bestechung oder indem sie die Stämme zu gegenseitigen Ghasawat aufhetzten oder sie dafür kauften. Meist lag die umstrittene Grenzlinie dabei auf der Höhe der Orte Kurmah – Turaba, die später noch historische Bedeutung erlangen sollten.

In ihrem Einflußgebiet waren den Großscherifen auch die Beduinenstämme untertan. Ihre Macht war im Mittelalter fast vollkommen – unter den Osmanen bröckelte sie mehr und mehr ab und ging auf türkische Verwaltungsbeamte über, deren Verantwortungsebenen, da sie später immer wieder genannt werden müssen, hier schon kurz erläutert werden sollen: Dem Machtbereich des Großscherifen über das Hedjas entsprach der türkische Verwaltungsbereich eines Vilayet (Provinz) mit einem Wali (Provinzgouverneur) an der Spitze. Darunter gab es die Sandjaks (Bezirke) mit den Mutassarifs (Distriktgouverneure). Dann folgten die Qadas (Kreise) mit den Kaimakams (eine Art Landräte), die sich aus den kleinsten Verwaltungseinheiten, den Nahiye (wörtlich: Gegend) und größeren Ortschaften unter meist einheimischen Mudiren zusammensetzten.

Aber die osmanische Einflußnahme im Hedjas setzte, wie später noch zu sehen sein wird, viel zögerlicher als im Norden und Nordosten der Arabischen Halbinsel ein und erlaubte es den Großscherifen, ihren Machtanspruch bis zum Golf fühlbar werden zu lassen. Denn die Großscherifen betrachteten Zentralarabien als ihr natürliches, zur Botmäßigkeit verpflichtetes Hinterland.

Aber leider, dem Propheten sei es geklagt, hatte sich das bei den Fürsten und Stammesscheichs des Nedjd, im Kasim und an der Golfküste noch nicht so recht herumgesprochen und deshalb waren gelegentliche Strafaktionen unumgänglich – nebenbei natürlich auch zur

Auffüllung der scherifischen Kassen. Ein solcher Strafzug, bei dem Großscherif Hassan Abu Nami (wörtl.: Hassan, Vater von Nami; ähnlich wie … ibn …, … Sohn von …) aus dem Aschrafzweig der Dewi Zed mit angeblich 50000 Mann Riadh heimsuchte, fand im Jahr 1578 statt und hatte die Plünderung der Stadt und unsägliche Grausamkeiten zur Folge.

Mag die Zahl von 50000 auch übertrieben sein, so lohnt es doch, sich einen solchen Heerzug, der sich oft über ein Jahr oder länger hinzog, und den dafür erforderlichen Aufwand vorzustellen:

Die Planungen mußten lange vor dem Beginn erfolgen, denn überwiegend mußte ein solcher Krieg ja mit Stammeskontingenten geführt werden. Das aber setzte zäh ausgehandelte Beuteversprechungen bei den Stämmen voraus, was alleine schon monatelange Verhandlungen erforderlich machen konnte. Ebenso mußten all die Streitigkeiten, die stets zwischen den Stämmen schwelten und im Mittelalter fast schon den Daseinsinhalt der Beduinen ausmachten, rechtzeitig geschlichtet werden. Und diese Feindschaften waren oft so tief verwurzelt, daß der Heerführer auch bei einer befristeten Einigung die Stämme auf dem Marsch weit auseinander halten mußte, um möglichst jede Berührung zu vermeiden. Daraus ergaben sich natürlich erhebliche logistische Probleme, wenn man vor allem an die Wasserversorgung, die wenigen Brunnen in den Wüsten und Halbwüsten und die langen Tränkzeiten der Kamele denkt: Denn 50000 Männer bedeuteten, auch wenn oft zwei Männer, ein Beduine und sein Sklave, auf einem Tier saßen, immerhin etwa 30000 Kamele, die sich auf verschiedenen Routen als breiter Heerwurm durch die Wüste bewegten – ein prächtiger Anblick: Tausende von vermummten Kamelreitern, jeweils um ein Stammesbanner geschart, in ungezählten Gruppen über die Wüste verteilt, im wiegenden Schritt der Kamele unter riesigen Staubwolken gleichmäßig nach Osten strebend.

Es war ein ständiges Kommen und Gehen an den einsamen Brunnen und in den wenigen Oasen. Argwöhnisch belauerten sich die Stämme gegenseitig und es mußte streng darauf geachtet werden, daß kein Stamm durstig über eine Wasserstelle herfiel, wenn sie von einem anderen Stamm noch nicht geräumt war. Das alles verlangsamte die Marschgeschwindigkeit des Heeres und nur der Herrscher, in diesem Fall also der Großscherif, konnte mit seinem persönlichen Gefolge auf schnellen Rennkamelen von Lager zu Lager vorauseilen. Die dadurch gewonnene Zeit benötigte er aber auch, um seinen normalen Herrscherpflichten nachkommen zu können. Denn wie stets mußte er auch auf einem Kriegszug mit Hilfe seiner Qadis Recht sprechen, und dazu gab es bei den zahlreichen Händeln und Diebereien der Stämme untereinander wahrlich Anlaß genug. Wie stets mußte er mit den Scheichs im Rat der Ältesten, dem »Majlis«, zusammensitzen. Wie stets mußte er, traditionellem Brauch folgend, jedem, der dies begehrte, vor seinem Herrscherzelt sitzend, Gehör schenken und mit den Stammesoberhäuptern, deren Gebiete sein Heer durchzog und deren Brunnen er benutzte, zähe Verhandlungen führen und Bestechungsgeschenke aushandeln.

Die Ausbeute des Kriegszuges nach Riadh lohnte sich aber offenbar, und Hassan war auf den Geschmack gekommen: Aus dieser Art, für Recht und Ordnung zu sorgen, ließ sich durchaus eine feste Einrichtung machen – inschallah (»so Gott will«). Drei Jahre später, als seine Kassen wieder leer waren, fiel Hassan erneut in Zentralarabien ein und suchte diesmal die Oase el Kharj heim. Dies war der Auftakt zu einer Kette von Raubkriegen, die sich bis in die Mitte des 17. Jahrhunderts hinzogen und von Mal zu Mal grausamer wurden. Das machte auch bei anderen Herrschern und Stammesführern Schule: Die Großscherifen fielen immer wieder in Nedjd ein, während die Fürsten von Ayaina im östlichen Zentralarabien das Herrschaftsgebiet der Sudairi angriffen. Ganz Arabien geriet in einen fortwährenden Aufruhr. Dazu kam, daß die Türken, die bereits Anfang des 16. Jahrhunderts Bagdad besetzt hatten, nun von dort zum Arabischen Golf und nach Zentralarabien drängten.

Weit kamen sie allerdings nicht, weil der persische Herrscher Abbas I. mit einer starken Armee heranrückte und der türkische Wali Bekr Pascha, offenbar mehr auf die Sicherung seiner Position als auf die Wünsche der Hohen Pforte bedacht, ihm die Stadt gegen die Zusicherung, in seinem Amt bleiben zu dürfen, übergab. Was die radikalen persischen Schiiten aber nicht hinderte, ihn wie alle anderen Sunniten umzubringen. Erst 1638 konnten die Türken die Stadt wieder zurückerobern.

Schon seit längerem waren sie auch im Besitz der Provinz Hasa am Golf gewesen. Unter ihnen und von ihnen eingesetzt, herrschte dort der arabische Stamm der Muntafik, der aber gemeinsam mit seinen türkischen Gönnern von den Al Humaid aus der mächtigen Stammesföderation der Beni Khaled vertrieben wurde. Deren Fürsten waren als Scheichs der Beni Khaled und Emire von Hasa so mächtig, daß sie, wie später noch geschildert wird, Anfang des 18. Jahrhunderts ihre Macht auf das Fürstentum der Al Saud Dariya ausdehnen konnten. Das allerdings ist in der Zeit schon weit vorausgegriffen, und der Blick sei wieder zurückgerichtet auf den Expansionismus der Großscherifen von Mekka im 17. Jahrhundert: 1646 hatte Großscherif Zed, der Stammvater und Namensgeber des scherifischen Stammeszweiges der Dewi Zed den in Zentralarabien ansässigen Stamm der Ayaina zu Tributzahlungen verpflichten können. Von 1666 an herrschte im Hedjas sein Sohn Sa'ad, der seinen Onkel, den Scherif Hamud, 1669 die Stämme der Aneze, Mutair und Harb im Nedjd, später die Awasim in Kuwait und die Dhafir im Schatt el Arab blutig hatte verfolgen lassen. Einige Jahre später zog ein anderer Scherif, Barakat vom Zweig der Dewi Barakat, erneut gegen die Harb zu Felde, und 1684 wurden die Aneze des Kasim von einem weiteren Heer des Großscherifen gejagt. Erst danach setzten die Türken in Mekka Walis ein, die die Großscherifen ernannten und bei Bedarf wieder absetzten und damit der Unternehmungslust der Aschraf Grenzen setzten. Innerhalb des Stammes tobte der Machtkampf um den größten Einfluß zwischen den Zweigen der Aschraf allerdings hemmungslos weiter, und es ist heute auch aus arabischen Quellen nicht mehr gesichert feststellbar und oft widersprüchlich, wer, manchmal nur für wenige Wochen, Inhaber der tatsächlichen Macht und der Großscherifenwürde war.

Man mag dabei der Ansicht sein, daß es historisch uninteressant und für das Osmanische Reich politisch bedeutungslos war, wer das Amt des Großscherifen bekleidete. Man unterschätzt dabei aber, daß dem Großscherifen von Mekka und seinem Wort in der ganzen islamischen Welt, und das bedeutete damals vor allem im Osmanischen Reich und auf dem indischen Subkontinent, herausragende Bedeutung zukam. Eine Bedeutung, die nur noch von der der türkischen Sultane, die seit der Zerschlagung des ägyptisch-syrischen Mamelukenreichs sich auch die Kalifenwürde angemaßt hatten, übertroffen wurde – allerdings ohne vollständig zu überzeugen. Denn im Gegensatz zu den Haschimiten und allen früheren Kalifen stammten die Osmanen ja nicht vom Propheten ab.

Die Türken sicherten sich die Loyalität der Großscherifen, indem sie nahe Verwandte von ihnen in Istambul als »geehrte Gäste« gewissermaßen in Geiselhaft hielten. Vornehmlich handelte es sich dabei um Söhne der Großscherifen, die am Bosporus im Sinne der Hohen Pforte fürstlich erzogen und auf ihre späteren Aufgaben im Hedjas vorbereitet wurden. Wohl dabei den Großscherifen, die dort nur als junge Prinzen ihre Jugend verbringen mußten und sich nicht als Rentner und »geehrte Gäste« dort wieder einfanden, nachdem die Türken sie im Hedjas als unbotmäßige oder gar aufsässige Amtsinhaber wieder aus dem Verkehr gezogen hatten. Ihr Gästehaus war dann manchmal auch ein Kerker.

Zunehmend schränkte die türkische Verwaltung auch die Rechtsprechung der Scherifen ein. Früher hatte es nur das islamische Recht, die Scharia, gegeben. Aber zunehmend traten neben die scherifischen Gerichte türkische Qadis, so daß die Einwohner des Hedjas bald zweierlei Recht, deren Vertreter miteinander wetteiferten, unterlagen.

Den türkischen Beamten, die meist nur kurze Zeit als Paschas und Beys im Lande blieben und, liebgewordenem osmanischen Schlendrian folgend, das Land verwahrlosen ließen, es hingebungsvoll ausplünderten und sich vor allem persönlich dabei bereicherten, standen osmanische Truppen zur Seite, die die Städte und Stämme kontrollierten. Aber auch die Großscherifen verfügten über Truppen: Vor der Zeit Katadas hatte es eine Sklavengarde gegeben und später gab es eine Söldnertruppe, die sich vor allem aus Jemeniten und Schwarzen rekrutierte. Für die Familienkämpfe und die Ghasawat konnten die Großscherifen außerdem auf einheimische Stammeskontingente zurückgreifen. All diese schlecht bewaffneten und ausgebildeten Kräfte reichten natürlich nur aus, um interne Schwierigkeiten im Hedjas zu lösen, aber niemals für eine Erhebung gegen die Interessen der Hohen Pforte. Sie reichten auch nicht aus, um in Fragen der Machtnachfolge rivalisierende Aschraf-Guppierungen auszuschalten. Nachfolgefragen für das Amt der Großscherifen behielten sich die Schutzmächte, erst die Ägypter, dann die Türken, grundsätzlich selber vor und die folgende Aufzählung zeigt, wie virtuos sie damit umzugehen verstanden:

Einer der bedeutendsten Großscherifen in der neueren Geschichte war Ghaleb aus dem scherifischen Zweig der Dewi Zed, der von 1788 bis 1813 herrschte. Als jedoch Mohammed Ali, der Khedive von Ägypten, 1813 in türkischem Auftrag im Hedjas erschien, verhaftete er Ghaleb und ersetzte ihn durch seinen Neffen Jahja. Diesem folgte 1827 sein Vetter 6. Grades Mohammed ibn Abd el Muin aus dem Zweig der Abadele.

Als die Türken nach dem Zusammenbruch der Großmachtpolitik Mohammed Alis den Hedjas wieder übernahmen, beließen sie Mohammed ibn Abd el Muin in seinem Amt. 1824 begab er sich nach Kairo und weilte dort noch, als im Jahr 1827 in Mekka Unruhen ausbrachen. Dort hatte mittlerweile der türkische Gouverneur Abd el Muttalib, einen Sohn des früheren Großscherifen Ghaleb, eingesetzt. Aber Mohammed Ali entschloß sich, mit den nun schon seit über 50 Jahren regierenden und ihm viel zu selbständigen Dewi Zed zu brechen und schickte 1827 seinen Schützling Mohammed ibn Abd el Muin nach Mekka zurück. Aufgrund seiner guten Beziehungen zu Mohammed Ali, der auch jetzt noch immer einen gewissen Einfluß im Hedjas und auf die türkische Besatzungsmacht ausübte, konnte er sich bis 1851 halten. Dann jedoch mußte er den Intrigen der Dewi Zed weichen, und der seit zwanzig Jahren in Istambul weilende frühere Herrscher Abd el Muttalib übernahm erneut die Macht in Mekka. Dort aber bereitete er den Türken so große Schwierigkeiten, daß diese 1856 den Abadele-Emir Mohammed Abd el Muin zur Macht zurückriefen. Dieser starb 1858 und ihm folgte, von den Türken eingesetzt, sein Sohn Abdallah, der sich bis dahin in Istambul aufgehalten hatte.

Auf Abdallah folgte 1877 dessen Bruder El Hussein, der 1880 einem Mord zum Opfer fiel. Auch er war in Istambul als »geehrter Gast« aufgenommen worden, ebenso, wie nach ihm sein Bruder Aun el Refik, der aber noch nicht gleich Husseins Nachfolger wurde.

Nachfolger wurde erst einmal der inzwischen schon betagte Abd el Muttalib, der von Istambul nach Mekka geschickt wurde und damit seine dritte Herrschaft antrat. Offenbar aber doch nicht zur Zufriedenheit der Hohen Pforte, denn schon nach zwei Jahren, 1882, wurde er von den Türken verhaftet.

Der Personalersatz aus Istambul funktionierte aber immer noch vorzüglich: nun wurde der schon genannte Aun el Refik, ein Vetter

7. Grades und zur Abwechslung wieder einmal ein Abadele, nach Mekka in Marsch gesetzt. Anfangs durch einen energischen osmanischen Wali an kurzem Zügel geführt, konnte Aun el Refik neben dessen Nachfolger seiner Willkür freien Lauf lassen, die Pilger ausbeuten und Pilgerkarawanen überfallen lassen. Er starb 1905, bevor die türkische Schutzmacht gegen ihn vorgehen konnte.

Aber auch unter seinem Nachfolger und Neffen Ali, der bis 1908 herrschen sollte, änderten sich die Verhältnisse nicht zum Besseren. Im Gegenteil: 1908 wurde die ägyptische Pilgerkarawane erneut zwischen Medina und Janbu überfallen.

Ali fiel aber vor allem der jungtürkischen Revolution zum Opfer, deren Wahl auf einen weiteren Neffen von Aun el Refik, nämlich Hussein ibn Ali gefallen war, der seit 1893 in Istanbul lebte und dem Leser später als bedeutender Widersacher der Al Saud noch begegnen wird. Bevor diese in den Blickpunkt rücken, sei das Interesse aber noch auf die Geschichte weiterer Gegner der Saud gerichtet.

Nedjd und die Ibn Raschid

Die Nedjd-Araber sind anders als die Bewohner des Hedjas. Das ist heute so und war früher nicht anders. Waren die Beduinen des Hedjas stolz, so waren die Nedjd-Araber hochmütig. Waren die Bewohner des Hedjas starrsinnig, so waren die Einwohner des Nedjd bis zur Selbstzerstörung kompromißlos. Waren die Stämme des Hedjas tapfer, so waren die des Nedjd todesverachtend und verwegen. Waren die Araber des Hedjas gewinnsüchtig, so waren die Beduinen des Nedjd habgierig. Waren die Nomaden des Hedjas schicksalergeben, so waren die Nedjd-Bewohner fatalistisch. Schlangen hungrige Hedjas-Beduinen ihr Essen rasch herunter, so waren die Nomaden des Nedjd in ihrem Heißhunger wahre Hochgeschwindigkeitsesser. Waren die Moslems des Hedjas fromm, so gaben sich die Wüstenbewohner des Nedjd einem blindwütigen religiösen Fanatismus hin. Kurz: Die überwiegend tribalen Nedjd-Bewohner waren, geprägt durch ein hartes Wüstendasein, in allem radikaler und deutlicher als die eher urbanen Menschen des Hedjas, die durch die heiligen Städte, durch die Seeverbindungen, durch die Berührung mit den Heerscharen ausländischer Pilger und durch den Zustrom von Menschen aus Afrika und aus dem Jemen geformt waren.

Mehr oder weniger stammten die Stämme des Nedjd von den Tai ab und waren somit Kahtan, die sich in der allerersten Phase der arabischen Stammeswanderungen aus dem nördlichen Jemen auf den langen Weg durch die Wüsten Zentralarabiens gemacht hatten. Alten arabischen Sagen nach kamen die Tai sogar noch weiter aus dem Süden, nämlich aus dem legendären Reich der Königin von Saba, also aus der Gegend von Marib, die sie aufgegeben hatten, als dort das berühmte Bewässerungssystem zusammenbrach. Aber wo auch immer sie herkamen – sie ließen sich teilweise nördlich der Nefudwüste nieder; einige von ihnen zogen am Schammargebirge vorbei nach Mesopotamien; andere überrollten im Westen das Nabatäerreich und zogen westlich des Schammargebirges bis nach Syrien weiter oder wandten sich nach Ägypten, wo sie schließlich den Beduinenmassakern der Mameluken zum Opfer fielen.

Ein anderer Stamm, der in der Geschichte der Al Saud noch eine Rolle spielen sollte, waren die Harb, die ebenfalls aus Südarabien stammten und im Laufe der Jahrhunderte wie die Tai bis nach Syrien zogen. Auf der Arabischen Halbinsel hatten viele der Zurückbleibenden ihr Stammesgebiet im Hedjas zwischen Mekka und Medina und von dort sind sie im Gefolge der Strafaktionen des ägyptischen Khediven in den Nedjd gezogen. Dort sollten sie später zu einer der zuverlässigsten Stützen der Al Saud werden.

Den Süden des Nedjd schloß das Stammesgebiet der Murra ab – Beduinen, deren Streifgebiete bis tief in die Sandwüste des »Leeren Viertels«, der Rub el Khali, reichten und die entsprechend abgehärtet und bedürfnislos waren. Sie sollten erst verhältnismäßig spät mit den Al Saud und den Wahabiten in Berührung kommen. Und zwar, als sie im Jahr 1776 mit den Al Saud um die südlich von Riadh gelegene Großoase el Kharj, die zeitweise zu ihrem Stammesgebiet gehörte, zeitweise aber auch von Rabi'a, Nachkommen der Bekr, bewohnt war, kämpften.

Die wichtigsten Gegner der Al Saud im Nedjd waren aber die Schammar, die nördlich der Wüste Nefud in dem Gebirge, das nach ihnen benannt wurde, lebten. Hier, im Djebel Schammar, waren auch sie aus den Tai hervorgegangen und hier hatten sie dem Schammar-Reich mit der Hauptstadt Hail, das zeitweise den gesamten Norden der Arabischen Halbinsel und Zentralarabien umfaßte, seinen Namen gegeben. Ihr Ahnherr war vielleicht ein Scheich mit dem Namen Kais ibn Schammar, der schon Anfang des 6. Jahrhunderts von arabischen Dichtern besungen und verherrlicht wurde. Das Streif- und Wandergebiet dieses alten und sehr zähen Stammes reichte über den Djebel Schammar bis an den Euphrat. Wer beherrschte diesen mächtigen Stammesverband?

Das Schammar-Reich und die Schammar-Stämme wurden von der Familie der Ibn Ali, später der Ibn Raschid zusammengehalten, deren Häupter das Amt eines von den Osmanen eingesetzten Emirs des Djebel Schammar mit der ererbten Stellung eines Oberscheichs der Schammar-Stämme verband. Beide Familien waren miteinander verwandt, aber von ihrem Herkommen weiß man nur, daß die Ibn Ali vom Djafar-Zweig der Abde-Stammesföderation abstammten und damit den Kahtan zuzurechnen waren. Sie herrschten zeitweise, wie im folgenden noch im einzelnen zu sehen sein wird, als Statthalter der Al Saud und später als Vasallen der Turko-Ägypter. Dann wurden sie wieder vom Wahabitenreich zur Heeresfolge gezwungen, schließlich von den Al Saud abgesetzt und durch die Seitenlinie der Ibn Raschid ersetzt. Deren blutige Familiengeschichte soll später noch dargestellt werden; zunächst sei die Stellung dieses arabischen Fürstenhauses, soweit es die Quellenzeugnisse erlauben, beschrieben:

Die Stellung der Ibn Raschid unterschied sich ganz wesentlich von der anderer arabischer Stammesfürsten. Ähnlich wie die Beni Khaled von Hasa waren auch die Raschid nicht nur einfache Oasenherrscher, die auf die unsichere Loyalität wankelmütiger Beduinen angewiesen waren, sondern auch Oberscheichs eines Stammesverbandes, auf den sie sich unbedingt verlassen konnten. Diese Tatsache macht es begreiflich, daß die Raschid, wie vor ihnen schon die Ibn Ali, als Fürsten eines kleinen, kargen und dünn besiedelten Landstrichs zeitweise die Herren der reichen und dichter besiedelten Gegenden im Süden bezwingen konnten und zeitweise die mächtigsten Fürsten der Arabischen Halbinsel waren: Konkurrenten der langsam aber stetig an Einfluß verlierenden Großscherifen von Mekka; mächtiger als die Beni Khaled von Hasa, die es Sabah von Kuwait, die el Khalifa von Bahrain, die Ibn Mu'ammar von Aiyaina, die Al Bu Said in Muskat, die Idris in Asir und die Ibn Dauaß in Riadh. Vergleichbar den zaiditischen Imamen des Jemen und weit überlegen den vielen kleinen Emiraten und Scheichtümern im Osten und Südosten des Nedjd, zu denen auch das Emirat der Al Saud in Dariya gehörte.

Die Häupter der Familie Raschid führten den Titel eines Emirs und zeitweise auch eines Sultans. Wie bei den mächtigsten Herrschern Arabiens üblich, schützten sie ihre Person durch eine Leibgarde, die aus freigelassenen Negersklaven und später aus türkisch-ägyptischen Deserteuren bestand. Später wurden diese durch junge, freiwillige Landeskinder ersetzt. Im Heer bildeten die Bewohner von Hail und der umliegenden Dörfer die Hauptmacht. Wenn ein Kriegszug bevorstand, wurden sie zuerst aufgerufen und mußten sich selber ausrüsten, während die Beduinen von dem Fürsten mit Waffen, Reittieren und mit Verpflegung versorgt wurden. 400 Freiwillige und die gleiche Anzahl von Beduinen waren das Aufgebot für die Ghasawat, während bei richtigen Kriegen insgesamt 3000–4000 Mann unter Waffen standen.

Die Ibn Raschid residierten im Palast Bersan, der sich Mitte des 18. Jahrhunderts nur durch seine Größe von den anderen Häusern ihrer Residenzstadt Hail unterschied und erst später zu einer weitläufigen Festung ausgebaut wurde.

Der Fürst und der von ihm eingesetzte Qadi waren die obersten Richter. Aber natürlich hatte auch die Ulema, die hohe Geistlichkeit, ein Wort in der Rechtsprechung mitzureden, da weitgehend nach der islamischen Scharia gerichtet wurde.

Die Einnahmen des Reiches beruhten vor allem auf den Abgaben der Landbevölkerung an Getreide und Datteln. Einen größeren Gewinn warfen auch die Karawanen ab, die alljährlich die Pilger im Nedjd vereinigten und über Hail nach Mekka und wieder zurück brachten und dabei natürlich auch dem Transport von Handelsgütern dienten. Ihnen wurde so große Bedeutung beigemessen, daß sie stets von einem Prinzen des Hauses Ibn Raschid geführt wurden. Dazu kam der Privatbesitz der Emire – mehrere Dörfer, von denen sie, wie andere Grundherren und Scheichs auch, ein Viertel oder ein Fünftel der Erträge erhielten. Erheblichen Gewinn brachte auch der Verkauf von hochgezüchteten Vollblutpferden – bis Mitte des 19. Jahrhunderts nach Ägypten, danach für die britischen Truppen in Indien.

Den größten Teil der Einnahmen des Herrschers verschlangen der private Haushalt, die Verwaltung der Besitztümer, der Unterhalt der Sklaven und Hirten sowie der Leibwache. Die Schammar liebten ihr Herrscherhaus und nahmen offenbar keinen Anstoß an dessen innerer Zerrüttung, dem Haß und den blutigen Machtkämpfen innerhalb der Familie: Das Haus der Ibn Raschid war nämlich ausgesprochen blutgierig und neigte zur Selbstzerfleischung, denn die einzelnen Familienmitglieder brachten sich häufiger als in jedem anderen arabischen Fürstenhaus gegenseitig um. Gertrude Bell, die wagemutige Engländerin, die vor dem Ersten Weltkrieg mit einer Karawane nach Hail reiste und dort erst einmal, obwohl sie unter türkischem Schutz stand, eingesperrt wurde, schrieb in einem ihrer Briefe: »...Hail hat einen finsteren Eindruck auf mich gemacht. Ich mag die Herrschaft der Frauen und Eunuchen nicht ... Ich glaube, die Raschids gehen ihrem Ende entgegen. Nicht ein erwachsener Mann ihres Hauses ist am Leben geblieben – der Emir ist erst sechzehn oder siebzehn; und alle anderen sind kleine Kinder, so grausam ist die Familienfehde...«

Im Vorgriff auf die später noch zu schildernden geschichtlichen Ereignisse sei hier schon ein kurzer Abriß der grausamen Familienkämpfe, die auch Berührungspunkte zur Familiengeschichte der Al Saud aufweisen, gegeben:

Im Jahr 1827 mußte der Schammar-Herrscher Isa ibn Mohammad aus dem Hause der ibn Ali, dessen Vater und Vorgänger Mohammed von den Ägyptern getötet worden war, die Oberhoheit der Al Saud über das Schammar-Reich anerkennen. Aus Gram darüber verzichtete er zugunsten seines Onkels Salih und ging ins Exil nach Ägypten. Aber Salih wurde 1834 von den Al Saud abgesetzt, von Abdallah ibn Raschid, einem Verwandten aus einer Nebenlinie der Ibn Ali und Schwager des ehemaligen Herrschers Isa, vertrieben und auf der Flucht nach Ägypten getötet. Damit begann die Herrschaft der Raschids und der sie bis ans Ende dieser Herrschaft begleitende Reigen von grausigen Gewalttaten.

Denn Isa kehrte bald darauf im Gefolge der Truppen des Khediven von Ägypten nach Hail zurück und Abdallah mußte das Land verlassen. Er gelangte nach mancherlei Irrfahrten nach Riadh, wo der Herrscher Turki aus der Familie Al Saud gerade versuchte, das Reich seiner Väter wieder aufzubauen. 1834 verhalf Abdallah Turkis Sohn Faisal zum Thron, indem er Turkis Mörder, den Usurpator Mischari, tötete. Zum Dank ernannte Faisal Abdallah zu seinem Statthalter über das Schammar-Reich, ein Amt, das Abdallah sich allerdings erst noch gegen den amtierenden Herrscher Isa erkämpfen mußte. Er war zwar erfolgreich, schüttelte dabei aber zugleich auch die Vorherrschaft seiner saudischen Gönner sowie der türkischen Oberherren ab und machte das Schammar-Reich weitgehend unabhängig. Als er nach einem bewegten Leben schließlich starb, versuchte sein ehrgeiziger Bruder Obeid, obwohl Abdallah genügend regierungsfähige Söhne hinterließ, in einer Art Staatsstreich die Macht an sich zu reißen, was eine der Ursachen für die nun folgende Serie von Herrschermorden in der Familie war. Denn in dem nun folgenden Machtkampf setzte sich erst einmal Abdallahs Sohn Talal durch, der aber an einer unheilbaren Krankheit litt und 1868 in einem Anfall von Schwermut durch Selbstmord endete.

Ihm folgte sein Bruder Met'eb, der 1869 durch seine Neffen Bender und Bedr, beide Söhne von Talal, in einer öffentlichen Versammlung erschossen wurde. Nun bestieg der neunzehnjährige Bender den Thron von Hail. Aber bald darauf ließ dessen Onkel Mohammed, der dritte Sohn Abdallahs, von einer Karawanenreise zurückkehrend, die Mörder seines Bruders vor den Toren von Hail erschlagen – eine Tat, der blutige Kämpfe aller gegen alle folgte, denn jeder fühlte sich nun zur Parteinahme und zur Blutrache verpflichtet und fürchtete das Erbübel arabischer Herrscherhäuser, den Bruderkampf um die Macht. Einer der wenigen Überlebenden, Hamud, ein Vetter Mohammeds, und dessen Akid (Truppenführer) nahm sich als einziger die Verbrechen der Familie so zu Herzen, daß er zum Großscherifen von Mekka floh und sich in Medina niederließ. Er konnte von den noch bevorstehenden Verbrechen seiner Söhne zu diesem Zeitpunkt nichts wissen – vielleicht wäre er sonst noch weiter fortgezogen.

Zunächst aber schien bei den Ibn Raschids Frieden eingekehrt zu sein. Denn unter Mohammed, der von 1869 bis 1897 herrschte, wurde das Schammar-Reich wieder zur stärksten Macht Innerarabiens. Hatten Mohammeds Vorgänger noch teilweise die Vorherrschaft der Al Saud anerkannt, indem sie ihnen gelegentlich Heerfolge leisteten, ihnen einen kleinen Teil vom Pilgerzoll oder von der Beute der Ghasawat abgaben und gelegentlich einige Pferde zum Geschenk machten, so sah sich Mohammed als Folge von Machtkämpfen bei den Al Saud bald jeder Rücksichtnahme auf die Herrscher von Dariya und Riadh entbunden. Es kam zum Krieg und der Schammarfürst besetzte sogar die Saud-Metropole Riadh.

Auf Mohammed, der keine Söhne hatte, folgte dessen Neffe Abdul Asis, ein Sohn des ermordeten Met'eb, der aber 1906 in einer Schlacht gegen die Al Saud fiel, während seine Truppen in die Flucht geschlagen wurden. Als die ersten Flüchtenden in Hail eintrafen und den Tod des Fürsten meldeten, ergriff sofort Prinz Sultan, der Sohn des früheren Akid Hamud, die Macht, ließ die Söhne seines gefallenen Vetters 2. Grades Abdul Asis, die jungen Prinzen Met'eb (nicht zu verwechseln mit dessen gleichnamigem Großvater), Misch'al und Mohammed (nicht zu verwechseln mit dessen Großonkel gleichen Namens) ergreifen und, um seinen Machtanspruch nicht anfechten zu lassen, kurzerhand töten.

Aber den Mörder ereilte bald sein Schicksal, er wurde selbst ermordet und auf ihm folgte sein jüngerer Bruder Saud, der aber auch nach nur zwei Jahren von Meuchelmördern niedergestreckt wurde. Zumindest dieser letzte Mord geschah aufgrund einer Verschwörung des einflußreichen Stammes der Sebhan, deren Ziel es war, die Nachkommen des Abdallah wieder an die Macht zu bringen. Sie ließen den schon entthronten Saud, der sich ergeben hatte, im Gefängnis durch einen Sklaven töten, worauf ein weiterer Sohn des Abd el Asis, der auch wieder Saud hieß, als Herrscher in Hail einzog. Da Saud aber erst elf Jahre alt war, übernahm Hamud ibn Sebhan, ein Onkel mütterlicherseits und Schwager des jungen Prinzen, die Regentschaft, die später ein Vetter, Zamil ibn Sebhan, übernahm, der allerdings zusammen mit anderen Mitgliedern seiner Familie 1914 ermordet wurde.

Die illustre Chronik all dieser Morde ist damit allerdings noch nicht beendet, denn der inzwischen zum jungen Mann herangewachsene Saud ibn Abd el Asis (offiziell genannt: Saud ibn Raschid) wurde, gängiger Familientradition folgend, noch von einem Angehörigen des Talal-Zweiges der Abdallah-Nachkommen, nämlich Abdallah ibn Talal, bei einem gemeinsamen Reitausflug erschossen. Der Mörder wurde daraufhin von den Sklaven Sauds getötet.

Von den am Ende der Mordepidemie überlebenden beiden großjährigen Mitgliedern des Hauses Raschid übernahm nun der eine, Abdallah ibn Met'eb, die Regierung; den anderen, Mohammed, ein Bruder des Mörders von Saud, warf er sicherheitshalber erst einmal ins Gefängnis. Bahnte sich damit bei den sonst so mordbesessenen Raschids eine Humanisierung ihrer Umgangsformen an? Waren Dynastie und Reich jetzt noch zu retten?

Wohl kaum. Denn all die blutigen und grausigen Ereignisse und die Selbstzerstörung dieser einstmals so mächtigen Fürstenfamilie bildeten zum Schluß nur noch das passende Szenario für das Entstehen eines Machtvakuums und damit für den Aufstieg eines neuen Machtzentrums in Zentralarabien. Denn es ist ja eine geschichtliche Erfahrung: Ein Raum mag noch so unwirtlich und lebensfeindlich sein – er mag dann zwar menschenleer bleiben, doch niemals wird er für längere Zeit ohne eine ordnende, beherrschende Macht bleiben. Das Bedürfnis der Menschen auf Machtausübung richtet sich nämlich nicht nur auf andere Menschen als Objekte, sondern stets auch auf Räume. Und so ging der allmähliche Untergang der Raschid mit dem

Aufstieg eines anderen Fürstenhauses in der Region einher. Eines Geschlechts, das in seiner Rücksichtslosigkeit den Raschids nicht nachstand, diese aber nicht zum Machtverfall mißbrauchte, sondern zur Machterringung einsetzte. Dieses Geschlecht räumte mit den morbiden Raschids auf.

Fürst Abdallah war der sich daraus ergebenden Lage nicht gewachsen und wurde durch eine starke Partei gezwungen, zunächst einmal seinen Vetter 3. Grades Mohammed freizulassen. Bald darauf floh er, für sein Leben fürchtend, zu den Gegnern des Schammar-Reichs und überließ Mohammed die Macht. Aber nur noch für kurze Zeit, denn am 2. November 1921 mußte Mohammed das Schammar-Reich in aussichtsloser Lage an eben diesen Gegner übergeben.

Riadh und die ersten Al Saud

Es war das Jahr 1446 – 824 Jahre nach der »Hedschra«, dem Auszug des Propheten Mohammed aus Mekka nach Medina; dem Jahr, das den Beginn der muslimischen Zeitrechnung markiert. Islam und Arabertum waren auf der Höhe ihrer Machtentfaltung: Im fernen Maghreb ging die Macht von den Meriniden (ursprünglich der Nomadenstamm der Beni Merin) auf die Dynastie der Idrisiden über. Weiter nördlich herrschten um diese Zeit die in Tunis residierenden Hafsiden. Spanien war zwar bis auf das kleine Granada der christlichen Reconquista anheimgefallen. Dafür hatte der osmanische Islam aber, von Anatolien ausgehend, Makedonien und Bulgarien unterworfen und sich die Walachei abhängig gemacht. Von Ägypten aus schoben die Mameluken ihren Einfluß bis tief in den Sudan herunter vor.

Nur auf der Arabischen Halbinsel, der Ausgangsbasis all der weltweiten Eroberungen, war die Zeit stehengeblieben – dort wußte man nichts von den vergangenen schweren Auseinandersetzungen zwischen Christentum und Islam in Palästina und Syrien, von der Mongolengefahr, dem Untergang des Kalifats von Bagdad, dem Entstehen der mamelukischen Sklavendespotie in Kairo und den Eroberungen rabiater turkmenischer Stammeshäuptlinge aus dem Hause eines gewissen Osman in Anatolien.

In Zentralarabien erschöpfte sich Weltpolitik im gut durchdachten Überfall auf ein Nachbardorf, im mühsamen Verbergen einiger gestohlener Kamele, in der Stammesverbrüderung anläßlich des Festes der qualvollen Beschneidung einer Scheichtochter und im dumpfen Sinnen über die Blutrache für einen vor drei Generationen geschehenen Mord.

In diesem Jahr 1446 war ein unbekannter Araber aus dem Weiler Dariya, der zur Oase Katif bei Bahrain am Arabischen Golf gehörte, auf Besuch zu seinem Vetter Ibn Dira, der in Manfuha nahe Riadh wohnte, gekommen. Dieser Ibn Dira, Scheich der Duru, belehnte seinen Besucher mit zwei Dörfern im Wadi Hanifa. Der Besucher hieß Mani el Muraidi und gehörte dem Stamm der Duhl ibn Schaiban an, der in Katif die einzige seßhafte von insgesamt vier Herrschaften ausgemacht hatte und der großen Stammesgruppierung der Rabi'a zuzurechnen war. In getreulicher Erinnerung an seinen Heimatweiler gab Mani oder sein Sohn Rabi'a auch dem neuen Besitz im Wadi Hanifa den Namen Dariya.

Das ganze Wadi, das mit einer Länge von 120 Kilometer weit nördlich von Riadh begann und im Süden bis zur Oase von Kharj reichte, hatte einstmals dem Stamm der Al Yasid gehört, die früher schon einen Teil ihrer Besitzungen an Ibn Dira verkauft hatten und jetzt, ebenfalls im Jahr 1446, einen weiteren Teil, die Oase el Aiyaina, an einen gewissen Hassan ibn Tauq veräußerten.

Inzwischen hatte bei den Zuwanderern aus Katif der Enkel von Mani, Musa die Initiative ergriffen und versucht, seinen Vater zu beseitigen. An sich nichts besonders Aufregendes in diesen Zeiten und Gegenden – aufregend war eigentlich nur, daß Musa nur halbe Arbeit leistete und Vater Rabi'a noch schwer verletzt in die Oase von Aiyaina flüchten konnte, wo Hamad, der Sohn des inzwischen verstorbenen Hassan ibn Tauq, ihn aufnahm. Nun mochte es zwar auch in Zentralarabien als edel gelten, einem verletzten Flüchtling Asyl zu gewähren, es war aber nicht immer besonders vorteilhaft. Nach dem Grundsatz »Die Freunde meiner Feinde sind auch meine Feinde« stürzte sich nämlich nun der erboste Musa mit seinen Stammeskriegern auf Hamad ibn Hassan ibn Tauq und seine Anhänger und diese wurden unter Zurücklassung von neunzig Toten aus ihren Siedlungen vertrieben. Damit hatten die Einwanderer aus Katif, die anfangs offenbar gerne die Gastfreundschaft der Bewohner des Wadi Hanifa in Anspruch nahmen, es aber mit dem Gebot der Dankbarkeit nicht so genau nahmen, sich schlagartig zu Herren des Tals gemacht und Musas Sohn Ibrahim beherrschte Anfang des 16. Jahrhunderts bereits einen Landstrich, der beiderseits von Jubaylah (40 km nordöstlich von Riadh) das Wadi Hanifa umfaßte. Eingerahmt von zwei Südausläufern der Wüste Nefud war die damit entstandene Herrschaft neben der Aiyaina-Dynastie, die jetzt Mu'ammar ibn Tauq folgte und in den Djebel Tuwayk südwestlich von Riadh ausgewichen war, sowie einigen Stadtherrschaften wie Riadh und Yamamah (in der Oase El Kharj) eine der ganz wenigen selbständigen zentralarabischen Herrschaften zwischen dem Djebel Schammar, wo es zu dieser Zeit noch keine Ibn Ali und Ibn Raschid gab, der Gegend von Hasa, in der ab Ende des 16. Jahrhunderts die Türken die Macht übernehmen sollten, und der Wüste Rub el Khali.

Ibrahim war unangefochten als Herrscher seines kleinen Fürstentums und in der Tradition seiner unternehmungslustigen Vorfahren war sein einziges Kümmernis, daß er einmal irgendeine Chance zur Erweiterung seines Reiches verpassen könnte. Der älteste seiner Söhne, Abdul Rahman, errichtete 50 Kilometer westlich von Riadh in Durma ein eigenes Scheichtum. Ein anderer Sohn, Saif, ließ sich zum Stammeschef einer Stammesgruppe nördlich von Dariya wählen. Ein dritter, Abdullah, wurde Scheich und Ahnherr der Al Watib, während Markhan, der vierte Sohn, am Stammsitz der Familie in Dariya blieb und die Herrschaft an seinen Enkel Rabi'a, Sohn von Mikrin, weitergab. Rabi'a war es dann, der erstmalig den Titel eines Emir von Dariya führte – ein Fürstentitel, der später automatisch auf die Al Saud überging.

Bevor es dazu kam, gab es in der Familie aber erst einmal einige der in arabischen Herrscherfamilien unumgänglichen Familienfehden. Das fing damit an, daß die Urenkel des Abdul Rahman den Urenkel von Saif umbrachten und dann, um der Blutrache zu entgehen, das Land verließen. Möglicherweise sind noch einige weitere Morde begangen worden, denn beide Familienzweige erloschen in der dritten Generation, was bei der Vielehe und dem normalen Kinderreichtum arabischer Herrscherfamilien ungewöhnlich war. Was den dritten Familienzweig anbelangt, so blieben die Nachkommen von Abdullah ohne historische Bedeutung. Kommen wir deshalb auf den Familienzweig in Dariya zurück:

Es gab in dieser Zeit kaum eine Herrscherfamilie, die nicht innerhalb einer Generation unter Verwandten ersten und zweiten Grades mindestens eine Mordtat in der Familie aufzuweisen hatte, und das Gesetz der Blutrache tobte nicht mehr nur zwischen den Stämmen, sondern zunehmend innerhalb der führenden Familien Arabiens. Es gibt aus dieser Zeit nur wenig Überlieferungen von den Vorfahren der Al Saud, aber man kann annehmen, daß auch diese Familie und ihr kleines Reich von den Strudeln der Zeit vollständig erfaßt waren. Das Emirat lag viel zu zentral, um ungeschoren davonzukommen, und war durch die vergangenen Bluttaten viel zu zerrissen, um vor internen Racheakten und Vergeltungsaktionen gewappnet zu sein. Der Palast in Dariya und die Paläste der Brüder und Vettern, gelbe Lehmhäuser, die sich von den anderen Häusern nur durch ihre Größe und die Anzahl ihrer Stockwerke unterschieden, waren vermutlich Schauplatz ständiger Komplotte.

Rabi'a hatte zwei Brüder, von denen der eine wieder Mikrin und der andere Mohammed hieß. Alle drei hatten Söhne, und unter diesen entbrannte ein blutiger Machtkampf, dessen erster Akt war, daß Mikrins Sohn, der wieder Markhan hieß, nach Rabi'as Tod versuchte, die Macht an sich zu reißen; woraufhin Rabi'as Sohn Watban seinen Vetter kurzerhand ermordete und die Macht übernahm. Aber wegen des Vetternmordes konnte er sich in Dariya nicht behaupten und mußte fliehen. Sein Nachfolger hätte nun nach den normalen dynastisch-genealogischen Regeln sein Sohn Mohammed werden müssen, doch war dieser aus politischen Gründen in Basra von den Türken umgebracht worden. Deshalb wurde sein Onkel, der schon früher genannte Bruder von Rabi'a, der ja ebenfalls Mohammed (ibn Mikrin) hieß, Emir von Dariya. Dieser Mohammed wurde abgesetzt oder dankte freiwillig ab, denn 1654 folgte ihm sein ältester Sohn Nasir, der aber, gemeinsam mit seinem Neffen Ahmed ibn Watban von Verwandten aus der Rabi'a- und aus der Mikrin-Linie der Markhan-Enkel ermordet wurde. Möglicherweise von Ahmeds Bruder Markhan ibn Watban, der nun Emir wurde – aber nur, um, da man gerade so schön in der Übung war, 1690 von seinem Bruder Ibrahim getötet zu werden. Wobei zur gelinden Entschärfung der Brudermorde ohne allzu große Überzeugungskraft anzumerken ist, daß es sich meist »nur« um Halbbrüder handelte, deren verschiedene und nach islamischem Recht legitime Mütter kaum Veranlassung sahen, ihre eigenen Söhne zur Geschwisterliebe gegenüber den Kindern der konkurrierenden Ehefrauen zu erziehen.

Auch Ibrahim fiel 1694 einem Anschlag zum Opfer. Allerdings kam der Mörder ausnahmsweise einmal nicht aus der eigenen Familie – die Zeiten waren insgesamt eben nicht ganz ungefährlich. Im gleichen Jahr verstarb ganz friedlich auch der 1654 schon abgetretene Mohammed (I.), der aus der relativen Sicherheit und mit der abgehobenen Gelassenheit eines Ruhestands-Emirs das mörderische Treiben am Hofe seiner Familie hatte betrachten können. Hätte Allah ihn

nicht jetzt zu sich genommen, hätte er bald noch mehr zu sehen bekommen, denn im Palast von Dariya gehörten Dolch und Gift weiter zu den bevorzugten Handwerkszeugen behender Politik: Inzwischen war nämlich Ibrahims Nachfolger, sein Bruder Idris, dem
Dolch zum Opfer gefallen. Und zwar vermutlich auf Veranlassung
der Beni Khaled von Hasa. Was zur Folge hatte, daß Dariya nun von
Sultan ibn Humaid aus Hasa bis zu dessen gewaltsamem Ende und
dann von dessen Bruder Abdullah, der seinerseits auch wieder umgebracht wurde, beherrscht wurde.

Das geschah im Jahre 1709, und nun fiel das Emirat in der Person
von Musa ibn Rabi'a ibn Watban wieder an einen Enkel von Watban. Dieser herrschte für die damaligen Verhältnisse extrem lange,
nämlich bis 1720 und wurde ausnahmsweise auch nicht ermordet,
sondern nur abgesetzt. Sein Nachfolger wurde Saud ibn Mohammed
ibn Mikrin, dessen ganzer Name aussagt, daß die Herrschaft wieder
zum Mohammed-Zweig der Markhan-Enkel zurückgekehrt war.
Dort sollte sie später ganz bleiben, weswegen Saud der Familie und
später dem Reich seinen Namen gab – das war im Jahre 1720.

Saud starb 1725 und der zweite friedliche Tod eines Herrschers könnte nun zu der Annahme führen, daß die Al Saud ihre mörderische
Phase endgültig abgeschlossen hätten; doch erwies sich eine solche
Annahme vorläufig aber als trügerisch. Denn der Nachfolger Sauds
war nicht dessen Sohn Mohammed, sondern nochmal ein Nachkomme des Rabi'a-Zweiges, nämlich Said ibn Markhan ibn Watban,
der älteste männliche Nachkomme aus dem älteren Familienzweig.
Diese Form des »Fideikommiss«, also eines Seniorates, war in arabischen Herrscherhäusern seit altersher nicht unüblich und fand normalerweise auch allgemeine Zustimmung. Nicht jedoch bei Mikrin,
einem Bruder des verstorbenen Saud, der zwar eine Loyalitätserklärung für den neuen Herrscher abgab, diesen aber dann nur zum
Schein zu sich einlud, um dadurch angeblich seine Loyalität noch zu
besiegeln.

Nach den einschlägigen Familienerfahrungen hatte Said natürlich
keine Veranlassung, der Einladung ohne weiteres zu folgen – eine
Ablehnung hätte aber gegen Grundsätze arabischer Höflichkeit verstoßen. Im übrigen durfte er auch auf ein anderes traditionelles Gebot arabischen Gastrechts vertrauen: daß er nämlich nirgendwo so

sicher wäre, wie im Hause eines Gastgebers. Dennoch bat er sich zur
Sicherheit aus, daß zwei vertrauenswürdige Verwandte von Mikrin,
nämlich dessen Neffe Mohammed ibn Saud und sein Enkel Mikrin
ibn Abdullah, als Bürgen dem Treffen beiwohnen sollten.

Diese Zusagen wurden Said gegeben; mit dem Erfolg, daß das Treffen zustande kam, sich dabei aber herausstellte, daß Mikrin sehr
wohl, und trotz der beiden Bürgen aus seiner Familie, die Absicht
hatte, Said ins Paradies der Gläubigen zu befördern. Dies ließen aber
die beiden Bürgen nicht zu und locker, wie die Dolche in der Familie stets saßen, stürzten sie sich gemeinsam mit Said auf ihren heim-
tückischen Gastgeber, der gerade noch durch ein Fenster entkommen
und sich auf einen Abort retten konnte. An dieser würdigen Stätte
ereilte ihn jedoch sein Schicksal und Said konnte vorläufig noch
weiter Emir von Dariya bleiben. Er wurde erst später, in einer ganz
ähnlichen Situation, bei Verhandlungen mit dem Herrscher des
Aiyaina-Stammes von diesem umgebracht. Woraufhin Mohammed
ibn Saud die Macht übernahm und damit endlich eine friedlichere
Zeit der Familienbeziehungen ihren Anfang nahm.

Nicht ganz so unproblematisch waren vorläufig allerdings die Beziehungen zu den Aiyaina unter deren Stammesführer Mohammed ibn
Hamad aus dem Hause der Ibn Mu'ammar (Nachkommen des früher
schon genannten Mu'ammar ibn Tauq) und zu einigen anderen
Stammesfürsten rund um die von der Familie der Ibn Dauaß beherrschte Stadt Riadh, vor allem den Herrschern des westlich von
Riadh gelegenen Scheichtums Ghatghat und der Oase Manfuha im
Süden von Riadh. Gegen sie richtete sich nun der nicht mehr durch
innere Zerrüttungen geschwächte Tatendrang der Al Saud.

Das erste und das zweite wahabitische Reich der Al Saud

Der Rufer in der Wüste –
Mohammed ibn Abdul Wahab

Im Zentrum der Ebene von Aridh, etwa zwischen Dariya und Ghat-ghat, lag der Ort Aiyaina, einst der florierende Stammsitz der Herrscherfamilie Mu'ammar; nach der Schwerpunktverschiebung des Stammes der Aiyaina nach Süden verfiel er aber langsam und geriet in Vergessenheit. Hier wurde als Sohn des obersten Richters, des Qadi Abdul Wahab, etwa 1703 dessen Sohn Mohammed geboren. Mit dem Machtantritt des Mu'ammar-Fürsten Mohammed ibn Hamad, der später, wie schon geschildert, den saudischen Emir Mikrin umbringen würde, verlor Vater Abdul Wahab sein Amt als Richter und die Familie zog nach Huraimala im Norden. Hier wurde Mohammed schon in jungen Jahren an religiöse Fragen herangeführt und spätestens von hier aus unternahm er seine erste Pilgerreise nach Mekka, an die sich ein Studienaufenthalt in Medina anschloß.

Was den jungen Mohammed zu seiner Religiosität bewog und ihn bald zum Glaubenseiferer werden ließ, war der allgemeine Glaubensverfall im Nedjd, der sich im heidnischen Rückfall zur Anbetung von Götzen und außerirdischen Lebewesen, Unholden, die als »Djinn« bezeichnet wurden, äußerte. Aber auch in Vielgötterei und in der Verehrung von pseudoreligiösen Symbolen wie Steinen und Bäumen. Darüber hinaus aber auch in der Mißachtung zahlreicher Regeln und Gebote des Koran – der Duldung von Verstößen gegen den Islam, von Ausschweifungen und Entartungen. Denn die »Gläubigen« hielten sich nicht mehr an die fünf Gebetszeiten des Tages und an die Fastenbestimmungen des Ramadan. Sie glaubten an Fruchtbarkeitszauber und die Wirkung von allerlei kultischen Handlungen. Sie bestachen Richter und betrieben vom Propheten verbotene Wuchergeschäfte.

Von Medina kehrte Mohammed nach Nedjd zurück und von dort reiste er weiter nach Basra, wo er seine theologischen Studien fortsetzte, zugleich aber auch zu predigen begann. Er folgte dabei der hanbalitischen Lehre, einer von vier Schulrichtungen des Islam, deren Gründer Ahmed ibn Mohammed ibn Hanbal sich in der ersten Hälfte des 9. Jahrhunderts einer Aufweichung des Urislam entgegengestellt und versucht hatte, die mystische Glaubenswelt des Mittelalters wieder durch die schlichte Glaubenslehre des Propheten zu ersetzen und die reichen Lebensformen seiner Zeitgenossen auf die des Propheten und seiner Umgebung zurückzuschrauben.

Aber die braven Bürger von Basra fanden wenig Vergnügen dabei, sich von dem jungen Hitzkopf aus ihrem bequemen religiösen Schlendrian herausreißen zu lassen – war es ihnen nicht trotz ihrer bedenkenlosen Vermischung von religiös bedingter Enthaltsamkeit und Wohlleben, von Gottesglaube und Götzenverehrung, bisher recht gut ergangen? Hatte Allah in seiner unendlichen Güte und Nachsicht nicht stets seine schützende Hand über sie gehalten?

Der junge Wahab machte sich in Basra bald unbeliebt und wurde wegen seiner extremen Ideen aus der Stadt verbannt. Er kehrte zu seinem Vater in die Wüste nach Huraimala zurück. Aber auch hier verbreitete er mit seinen Ideen nicht nur eitel Freude. Er fand Anhänger aber auch Gegner, die ihn bedrohten und auf den Rat von wohlmeinenden Freunden kehrte Mohammed ibn Wahab in seine Geburtsstadt Aiyaina zurück.

Dort war auf Mohammed ibn Hamad inzwischen dessen Bruder Osman ibn Hamad in der Herrschaft gefolgt, der sich den Überzeugungen von Mohammed ibn Wahab anschloß, was auch bei den Einwohnern von Aiyaina zu einer Hinwendung zu der Lehre des Glaubenseiferers führte. Diese Hinwendung verwandelte sich in Bewunderung, als Wahab, ohne vom Schicksal dafür gestraft zu werden, mit Duldung des Fürsten einige bisher als heilig angebetete Bäume entwurzelte, ein nach dem Islam unzulässiges Heiligenmonument zerstörte und eine des Ehebruchs verdächtige Frau dazu brachte, sich selber zu beschuldigen und sich damit der öffentlichen Steinigung hinzugeben. Er wurde allgemein verehrt und galt bald im Nedjd als religiöse Autorität. Emir Osman gab ihm eine Tochter zur Frau.

Aber dieser Gewinn an Ansehen brachte ihm auch Feinde und einer davon war der Stammesfürst der Beni Khaled in Hasa, der das arme Fürstentum Aiyaina regelmäßig mit Lebensmitteln zu unterstützen pflegte. Dieser Emir sah die Autorität aller Fürsten durch den religiösen Eiferer in Frage gestellt und forderte von dem Aiyaina-Herrscher den Tod des »Ketzers«. Andernfalls würde er die Lebensmittellieferungen einstellen – eine bündige Nachhilfe zur Einsicht!

Angesichts dieses Ultimatums beschloß Emir Osman, sich von seinem Gast zu befreien und schickte ihn mit einer Eskorte nach Dariya, um dort Unterkunft zu suchen. Die Eskorte hatte den Auftrag, ihn unterwegs, ganz im Sinne des Beni Khaled-Fürsten, aus dem Wege zu schaffen, traute sich aber nicht den »heiligen« Mann umzubringen, sondern suchte das Weite. Und so gelangte Mohammed ibn Wahab alleine nach Dariya, wo er im oberen Teil der Oase Unterkunft fand.

Wer heute durch die Ruinen von Dariya geht, kann sich noch eine gute Vorstellung von dem Aussehen der Residenz der Saud-Dynastie machen. Die Oase Dariya umfaßte damals mehrere Weiler, die sich beiderseits des Wadi Hanifa unter Palmenhainen und in Gärten verborgen, malerisch an die felsigen Hänge des Tals klammerten. Die Weiler bestanden aus flachen Lehmhäusern, die von den mehrstöckigen, im übrigen nach außen aber genauso abweisend aussehenden, gelben Lehmkästen der Herrscherfamilie überragt wurden. Enge Gassen aus festgetretenem Lehm führten durch die Weiler und verbanden sie. An den Felsrändern des Wadi überragten runde Wachtürme, ebenfalls aus Lehm, die Siedlungen. Unter der glühenden Tageshitze sah man kaum Lebewesen in den Gassen – gelegentlich eine Frau, die zu einem der öffentlichen Brunnen eilte und einige Ziegen, die zwischen den Steinen des Wadi die kargen Grashalme zupften.

Die Lebensader der Oase war ein Rinnsal, das sich von Nordwesten kommend und südlich an Riadh vorbeiführend, nach Südosten durch das Wadi Hanifa seinen Weg bahnte und irgendwo nördlich von der Oase El Kharj im Sande versickerte. Meist war das Wadi trocken. Aber vier- oder fünfmal im Jahr, vor allem im Winter oder Frühjahr nach den seltenen aber um so heftigeren Unwettern, raste ein tosender Strom das Tal herunter – nur für einige Stunden, aber ausreichend, um dem ausgedörrten Boden die Kraft für eine neue, dürftige Ernte einzuhauchen. Blieben diese Unwetter aus, waren Hungersnöte meist die unmittelbare Folge.

Die Menschen, die hier lebten, wohnten in Dariya schon seit vielen Generationen. Sie gehörten dem Stamm der Abu Hanifa an, der dem Wadi seinen Namen gab. Irgendwann einmal, in der »Zeit der Unwissenheit« (vor der Geburt des Propheten), hatten sie etwas weiter nördlich in Jubailah, gelebt, von wo sie aber von den Ibn Mu'ammar von Aiyaina vertrieben worden waren. Ihr Fürst war Mohammed ibn Saud, dessen Frau Musi nun von der Ankunft Wahabs in der Oase hörte und ihren Mann, den Emir, veranlaßte, den Gottesmann zu besuchen. Das war im Jahr 1745, und dieses Jahr gilt seither als der Beginn des Siegeszugs des Wahabitismus.

Mohammed ibn Saud fand von Anfang an Gefallen an Wahab und der Emir und der Scheich, wie Wahab nun als Gottesmann genannt wurde, wurden Freunde und Verbündete. Mohammed begrüßte Wahab: »Sei willkommen in einem Land, das besser ist als das, aus dem du kommst. Du sollst alle Ehre und jede Hilfe von uns erhalten«. Und Wahab antwortete: »Ehre sei dir und Macht. Denn wer so an den einzigen Gott glaubt und ihm gehorcht, wird der König sein über Land und Volk. Denn er verkörpert die göttliche Einheit, die von allen Propheten vorausgesagt wurde«. Emir Mohammed verheiratete seinen Sohn und Nachfolger Abd el Asis mit einer Tochter des Scheichs und machte sich selber zum Imam (eigentlich »Vorbeter«), das heißt zum Führer der von Wahab ins Leben gerufenen Bewegung. Diese hatte jetzt eine solche Ausstrahlung, daß eines Tages sogar der Mu'ammar-Fürst Mohammed ibn Hamad bei Wahab in Dariya erschien und den Scheich aufforderte, nach Aiyaina zurückzukehren; Wahab lehnte aber ab.

Viele Bewohner der umliegenden Oasen kamen aber jetzt nach Dariya, um sich zu Füßen des religiösen Scheichs von den Schlacken der Entartung ihres Glaubens befreien zu lassen. Das sprach sich herum. Oase nach Oase wurde für den neuen Glauben gewonnen. Aber es gab auch Widerstand und manche Oase ging wieder verloren. Dann kam es auch zur Gewaltanwendung und hier bewährte sich das Bündnis zwischen Scheich und Imam, zwischen Wahab und Mohammed, das sich unter dessen Nachfolger Abd el Asis fortsetzen sollte. Das Bündnis war so eng, daß keiner der beiden Herrscher, weder Mohammed noch Abd el Asis, jemals eine bedeutende Entscheidung traf, ohne den Scheich vorher konsultiert zu haben. Das Emirat wurde zum Gottesstaat, die Politik wurde Bestandteil des Glaubens, der

Imam wurde die Verkörperung der Einheit von Staat und Islam, der Scheich sein religiöser Berater und geistlicher Vorkämpfer. Als Muhammad ibn Abdul Wahab 1791 starb, war Nedjd um den Preis eines fast fünfzigjährigen Krieges geeint. Aber in diesem Land herrschten Friede und Sicherheit, zum ersten Mal seit einem Jahrtausend. Der Weg bis dorthin war aber blutig und voller Unruhe und außerhalb des Nedjd erschien das Vordringen des Wahabitismus zunächst nur als einer jener endlosen Raubkriege, die unter den Oasen, Fürsten und Stammesscheichs seit jeher üblich gewesen waren.

Die Entstehung des Gottesstaates – Mohammed ibn Saud

Manfuha 1726: Machtgier, Haß und Blutrache, das immer während Wechselspiel aller Nedjdstämme, lag in der Luft und lähmte das Zusammenleben der Menschen in dieser Wüstenstadt. Vor wenigen Wochen war Dauaß, das Stammeshaupt, gestorben und der älteste seiner sechs Söhne, Mohammed, hatte die Nachfolge angetreten. Aber sofort machte ein Vetter ersten Grades, Abdallah ibn Faris, ihm diese streitig, erschlug Mohammed und verbannte die fünf Brüder aus Manfuha. Bis zu diesem Ereignis aus dem Jahre 1726 muß man zurückgehen, um die Ausbreitung des ersten Wahabitenreichs in der zweiten Hälfte des 18. Jahrhunderts verfolgen zu können.

Denn die Brüder gingen nun nach Riadh, wo ihnen der Herrscher Said ibn Musa Asyl gewährte. Aber auch hier hielt man nicht viel vom friedlichen Lebensabend eines Herrschers und Dolche und Messer saßen locker. Der Mörder von Said war ein Sklave, der nun für drei Jahre an der Macht blieb, dann aber von Mordabsichten gegen sich selber hörte und nach Manfuha flüchtete – allerdings nur, um dort auch liquidiert zu werden.

Inzwischen übernahm in Riadh einer der fünf Söhne des Dauaß namens Dabham, dessen Schwester die Witwe des ermordeten Said ibn Musa war, als Regent für seinen Neffen, den Sohn des Said, die Macht. Aber nur für kurze Zeit, denn kaum hatte er die Herrschaft ergriffen, verbannte er seinen Neffen und machte sich zum Alleinherrscher über Riadh. In dieser Eigenschaft griff Dabham, vermutlich, um seine alten Thronansprüche in Manfuha geltend zu machen, seine Vaterstadt an, was dazu führte, daß der Emir von Dariya, Manfuha mit einem Truppenkontingent zu Hilfe kam. Bei den stets gespannten Verhältnissen zwischen den Stämmen mochte er fürchten, daß eine gewaltsame Vereinigung von Riadh und Manfuha ihm eine zu bedrohliche Nachbarschaft bescheren würde. Jedenfalls wurde diese Gefahr erst einmal abgewendet und die beiden Parteien, Riadh und Manfuha, gingen unentschieden auseinander. Aber nun war eine feste Allianz zwischen Dariya und Manfuha mit dem Ziel, Riadh auf die Knie zu zwingen, entstanden. Die Wahabiten griffen nun wiederholt Riadh direkt an, während umgekehrt Dabham die inzwischen zum Wahabitismus bekehrte Oase von Ammariya (nordwestlich von Dariya) überfiel. Auf der Rückkehr von Ammariya gerieten Dabhams Krieger in einen Hinterhalt Mohammeds ibn Saud, der anschließend mit seinen Wahabiten-Kriegern wieder in einen Hinterhalt einer Entsatztruppe von Dabham geriet – die ganze Gegend war im Aufruhr und lag im Kampf, zumal jetzt auch noch Osman ibn Mu'ammar von Aiyaina auf die Seite seines früheren Gegners Mohammed ibn Saud trat. Die Verbündeten griffen Riadh an, Dabham griff Dariya an und der Kampf wogte über Jahre hin und her, wobei zwei Söhne des Emirs von Dariya, Faisal und Saud, getötet wurden.

Im Laufe dieser Kämpfe traten die Oasen von Huraimala (nordwestlich von Dariya) und Durma, wo bekanntlich vor sieben Generationen der Abdul Rahman-Zweig der Saud-Familie ein Scheichtum gegründet hatte, auf die Seite der Wahabiten. Allerdings nur für eine kurze Zeit; dann fielen sie wieder von Dariya ab, was zur Folge hatte, daß der letzte Emir des Abdul Rahman-Zweiges mit seinen beiden Söhnen 1751 beim Gebet in der Moschee erschlagen wurde. Ein Jahr zuvor war schon Osman ibn Mu'ammar von Einwohnern seiner Hauptstadt Aiyaina, die ihn verdächtigten, die Wahabiten verraten zu wollen, ermordet worden. Sein Nachfolger wurde ein Vetter ersten Grades, Mischari ibn Ibrahim ibn Mu'ammar, der zunächst weiterhin den Imam der Wahabiten unterstützte, während nun Manfuha die Fronten wechselte und auf die Seite Riadhs trat. Auch Huraimala wandte sich zeitweise wieder von Dariya ab, und es kam dort zu internen Familienkämpfen und dem üblichen Blutvergießen. Überflüssig zu erwähnen, daß es während all dieser Turbulenzen auch bei den Beni Khaled nicht ruhig zuging und sich die Mitglieder der herrschenden Familie gegenseitig absetzten, vertrieben oder umbrachten.

All diese Kriegszüge, mochten sie auch in erster Linie dynastischen oder wahabitisch-religiösen Zielen dienen, fanden in der Form von Ghasawat statt, und kaum einer endete ohne die Mitnahme von Kamel- und Schafherden des Gegners oder, wie im Fall eines Scharmützels zwischen Dariya und Manfuha im Winter 1756/57, in dem Versuch, das Wasser des Wadi Hanifa nach Manfuha umzuleiten. Ein ausgeprägter Sinn für praktisches Handeln war den Arabern auch früher schon nicht abzusprechen gewesen und bei den Wahabiten bedeutete die Verbindung des Heiligen Krieges (Djihad) mit Raubkriegen das Gottgefällige mit dem Nützlichen in durchaus verträglicher Form zu verbinden.

Die nächste Herausforderung für den Herrscher von Dariya, die einen ersten großen Rückschlag zur Folge hatte, kam im Winter 1764/65. Der Herrscher von Nedjran und Oberherr mehrerer Beduinenstämme hatte sich zu einem Ghasu aufgemacht und die Belagerung eines Dorfes im Wadi Hanifa begonnen, als er die Nachricht erhielt, daß der Prinz Abd el Asis aus Dariya sich mit einer großen Truppe von Kamelreitern aufgemacht habe, um ihn zu vertreiben. Aber anstatt sich zurückzuziehen, wie es sonst bei den mehr die Überraschung des Überfalls oder des Hinterhalts suchenden Arabern üblich war, suchten die Nedjran-Araber den offenen Kampf und stellten sich zur Schlacht auf, die entsprechend blutig für beide Seiten ausging. 500 Tote wurden auf Seiten der Wahabiten und verbündeten Beduinenstämme gezählt und das Heer Abd el Asis wurde in die Flucht geschlagen. Dies war eine schwere Niederlage, die dem Nimbus der Unbesiegbarkeit großen Schaden zufügte und die unterworfenen Stämme des Nedjd und Kasim aufhorchen ließen.

1765 starb Mohammed ibn Saud und sein Sohn Abd el Asis übernahm die Herrschaft. Schon seit einigen Jahren war Mohammed kaum noch als militärischer Führer hervorgetreten, sondern hatte das Kommando während der ununterbrochenen Kriegszüge der Wahabiten zuerst verschiedenen Prinzen des überwundenen Mu'ammar-Herrscherhauses von Aiyaina, später, ab Anfang der Fünfzigerjahre, seinem Sohn Abd el Asis überlassen. Rechtzeitig hatte er diesem auch die Erbfolge gesichert, indem er ihn durch Scheich Wahab in einer Volksversammlung als Thronfolger bestätigen ließ.

Nicht nur wegen seiner Eroberungen ist Mohammed ibn Saud in die Geschichte eingegangen, sondern auch als ein frommer und, gemessen an der Mitleidlosigkeit anderer Herrscher seiner Zeit, humaner Monarch. Er starb im Bewußtsein eines insgesamt überaus erfolgreichen Lebens. Seine einzigen Mißerfolge waren die Niederlage gegen die Nedjran-Araber und sein Unvermögen, Riadh endgültig wiederzugewinnen. Gleichwohl war es ihm gelungen, zur Wiedergeburt des reinen Islam auf der Arabischen Halbinsel beizutragen. Und seiner weitblickenden Voraussicht, der überragenden Autorität von Scheich Wahab und der beherrschenden Persönlichkeit des Thronfolgers war es zu verdanken, daß sich der Herrschaftswechsel ohne die sonst bei arabischen Herrscherhäusern üblichen Turbulenzen vollzog. Eine neue Epoche war angebrochen.

Expansion –
Abd el Asis I. ibn Mohammed Al Saud

Abd el Asis setzte sofort mit Hilfe von Scheich Wahab die kriegerische und friedliche Bekehrung des Nedjd fort. Allerdings wurde sein Aktionsradius nun größer, denn der nähere Umkreis von Dariya war jetzt fest in wahabitischer Hand. Bis auf Riadh – und diese Stadt war folglich das nächste Angriffsziel. Und doch sollten noch einige Jahre grausamer Kriegführung vergehen, bis endlich Riadh fiel. Ganz selten wurden aber Gefangene gemacht, denn es gab zwar ein gewisses Maß an Ritterlichkeit im Kampf, nie aber Gnade gegenüber den Unterlegenen. Dörfer, die erobert waren, wurden meistens sinnlos zerstört und, weit schlimmer noch in diesem vegetationslosen Land, die Palmen der eroberten Oasen als wirksame Vergeltung gefällt.

Zunächst ging für Dariya die größte Gefahr von Hasa aus, dessen Provinzfürst und Oberhaupt des Stammes der Beni Khaled alle Unzufriedenen aus den Provinzen Sudair, Waschm und El Kharj um sich sammelte und dem Wahabitismus abspenstig machte. Aber überall setzten sich Abd el Asis und Wahab durch, zwangen den Widerstand nieder, bestraften die Aufrührer und setzten neue Emire als Provinzgouverneure ein.

Zuletzt wandten sie sich Aiyaina zu, das sich inzwischen wieder selbständig gemacht hatte. Dorthin entsandte Abd el Asis Scheich Wahab, um den Palast Mischari ibn Ibrahims niederreißen zu lassen und damit allen Menschen sichtbar zu machen, wer die Macht über Aiyaina ausübte. Mischari wurde abgesetzt und ein Emir aus Dariya übernahm in Abd el Asis Auftrag die Herrschaft. Wer sich nicht unterordnete, wurde getötet. Zumindest wurde seine Ernte vernichtet und sein Vieh gestohlen.

Indessen setzte Abd el Asis die Angriffe und Überfälle auf Riadh fort und ließ in unmittelbarer Nähe der Stadt ein Fort bauen, von dem aus er Dabham ibn Dauaß ständig beunruhigen konnte. Das hatte Erfolg. Der Emir von Riadh, der im Kampf gegen die Wahabiten schon seine Brüder Fahad und Turki verloren hatte, ermüdete schließlich unter den ununterbrochenen Kämpfen, bot Abd el Asis seine Unterwerfung an und zahlte ihm 2000 Goldstücke. Noch hatte er damit aber nicht die Stadt übergeben, und der Kampf setzte sich bis zum Frühjahr 1773 fort, als Abd el Asis zu einem neuen Angriff aufmarschierte. Er war noch auf dem Marsch, als ihn die Nachricht erreichte, daß Dabham und die meisten Einwohner Riadh verlassen hatten. Der greise Dabham, der im Jahr zuvor seine beiden Söhne im Kampf gegen die Wahabiten verloren hatte, hatte resigniert, seinen Harem zusammengerufen, nachts die Stadt verlassen und sich auf den Weg zur Oase El Kharj gemacht, wohin ihm am nächsten Tag die meisten Einwohner folgten. Viele von ihnen verdursteten auf dem Weg dorthin oder wurden von den sie verfolgenden Wahabiten erschlagen, zumindest aber ausgeraubt – das war das unbarmherzige Gesetz der Wüste. Die Al Saud waren nun die Herren von Riadh. Ihr Kampf gegen die Ibn Dauaß hatte 27 Jahre gedauert und auf beiden Seiten insgesamt etwa 4000 Todesopfer gefordert.

Mit dem Fall von Riadh hatte der Expansionsdrang der Wahabiten aber noch kein Ende gefunden und unter dem Kommando von Abd el Asis Sohn Saud richteten sich die nächsten Feldzüge gegen weiter entfernte Ziele, die Provinzen Sudair und Kasim, die Oasenlandschaft von Buraida und den Beduinenstamm der Murra am Rande der Rub el Khali.

Erstmalig griff der Wahabitismus auch über die arabische Halbinsel hinaus und erfaßte die Grenzstämme Mesopotamiens. Dies aber rief den Fürsten von Hasa, Araiar, wieder auf den Plan: Dieser unternahm 1774 einen Vorstoß nach Buraida, belagerte und stürmte die Stadt, um sie dann nach guter alter Tradition gründlich zu plündern. Aufgrund dieses Erfolges erhielt er aus dem Nedjd Loyalitätserklärungen mehrerer Stammesscheichs, die mit der harten Wahabitenherrschaft unzufrieden waren, und beschloß, Dariya direkt anzugreifen. Bevor es dazu kam, erkrankte er aber und starb bald darauf. Worauf sein Sohn eigentlich das Werk seines Vaters fortführen und Dariya zerschlagen sollte. Diesem gelang es aber nicht, die Armee, die teilweise wieder aus Beduinenkontingenten bestand, zusammenzuhalten, und er kehrte deshalb nach Hasa zurück. Dort aber wurde er, aus welchen Gründen auch immer, von seinen beiden Brüdern erwürgt. Der eine von ihnen übernahm nun die Macht, starb aber bald darauf, und die Vermutung von Zeitgenossen, daß er von dem anderen Bruder vergiftet wurde, ist nicht ganz von der Hand zu weisen. Dieser Bruder trat nun die Herrschaft an und sollte in der Auseinandersetzung mit den Wahabiten noch eine Rolle spielen. Er hieß Sa'dun.

Sa'dun ließ in den nächsten Jahren die Städte der Großoase El Kharj eine Art Stellvertreterkrieg gegen das Wahabitenreich führen, und der junge Saud unternahm im Auftrag des Imams mehrere Feldzüge gegen Yamamah, Najan, Delam und Salamiya. Das Resultat war immer das Gleiche: Es gab Tote, den Raub von Kamelen und Schafen, Verwüstung der Felder, Abholzen von Palmen, Niederreißen der Häuser, Zerstörung der Stadtmauer und harte Geldbußen. Um die Großoase Kharj einigermaßen unter Kontrolle halten zu können, ließ Saud nun in der Nähe von Salamiya ein Fort, »El Bida«, bauen und mit einer starken Garnison versehen.

Die Beni Khaled waren oft in diese Kämpfe verwickelt, hatten es oft aber auch mit Aufsässigkeiten der angestammten Bevölkerung der Provinz Hasa zu tun. Zu der sich daraus ergebenden Unruhe kamen bald auch noch Versuche der Türken in Bagdad und Basra, Einfluß in der Golfprovinz zu gewinnen, und ein erneuter Familienzwist in der Herrscherfamilie, der dazu führte, daß Sa'dun 1785 als Flüchtling zu den Al Saud nach Dariya kam. Imam Abd el Asis zögerte, ihn aufzunehmen, weil sich Sa'duns Gegner auf den mächtigen Scheich der Muntafik-Beduinen, Tweni, stützten, einen Untertanen des Osmanischen Reiches. Aber Scheich Mohammed ibn Abdul Wahab, der in dieser Fügung den Finger Gottes sah, überredete ihn, den Feind, ohne Rücksicht auf die Folgen, als Freund aufzunehmen. So begann ein Kleinkrieg mit den Muntafik, der sich in Kasim und an der Euphratgrenze abspielte, während die Spaltung in der Hasa-Dynastie den Wahabiten den Weg nach Hasa bahnte.

Der Imam und der Scheich wurden jetzt auch oft als Schiedsrichter in weit entfernte Oasen und zu Beduinen-Stämmen gerufen, was ihnen stets eine gute Gelegenheit gab, Machtfragen im Nedjd und in Kasim in ihrem eigenen Interesse zu lösen.

Inzwischen war man sich auch in Mekka der von Nedjd drohenden Gefahr bewußt geworden. Schon im Jahre 1771 hatte in Mekka nach einer Begegnung scherifischer und wahabitischer Streitkräfte ein Religionsgespräch stattgefunden, das in höflichen Formen verlaufen war und den mekkanischen Theologen die Anerkennung abgenötigt hatte, daß die Grundsätze der Wahabiten mit denen des anerkannten hanbalitischen Ritus übereinstimmten.

Inzwischen aber hatte die praktische Verwirklichung dieser Grundsätze die Interessen Mekkas unmittelbar berührt, waren doch die Stämme der Harb und der Mutair, der Beni Hadjir und Kahtan, über die Mekka eine vage Oberherrschaft beanspruchte, mehrfach von den Wahabiten angegriffen worden. Daher endete ein zweites Religionsgespräch zu dem der bereits früher genannte Großscherif Ghaleb vom Scherifenzweig der Dewi Zed, der 1788 seinem Bruder Serur auf den Thron gefolgt war, 1790 eingeladen hatte, mit einer brüsken Verabschiedung des wahabitischen Scheichs Abd el Asis ibn Hussein. Im gleichen Jahr sandte Ghaleb seinen Bruder Abd el Asis mit einem Heer nach Nedjd. Das Ziel sollte die Eroberung von Dariya, die Ausmerzung des wahabitischen Wespennestes sein.

Von Mutair- und Kahtan-Stammeskriegern begleitet, brach Abd el Asis nach Kasim auf, gelangte aber nur bis Kasr Bessam in der Wüste Nefud es Sirr, das von einer Handvoll Leute tapfer verteidigt wurde, während sich der Heerführer der Wahabiten, Prinz Saud, damit begnügte, die feindlichen Beduinen zu drangsalieren und das Wadi el Dawasir, wohin der Großscherif ebenfalls Truppen entsandt hatte, zu retten. Im nächsten Jahr zog Ghaleb selbst zu Felde, konnte aber gegen die Wahabiten nichts unternehmen und kehrte unangefochten nach dem Hedjas zurück. Die Rache der Wahabiten traf nun die Beduinen, die mit Ghaleb verbündeten Mutair und Kahtan, vor allem aber die Schammar, auf dem Fuß – es kam zur Schlacht von Edwa, die von arabischen Historikern auch die »Kamelschlacht« genannt wird:

Saud hatte in Erwartung des Angriffs des Großscherifen einen Teil seiner Truppen in Dariya gelassen und im Sommer 1791 erreichte ihn die Nachricht, daß die Schammar und Mutair etwa 70 Kilometer südlich von Hail lagerten. In Eilmärschen führte er die wahabitische Streitmacht dorthin und Tausende von Stammeskriegern jagten durch die Nacht und rasteten nur während der glühenden Tageshitze.

Die feindlichen Beduinen lagerten bei den Brunnen von Edwa, als sie von Saud am 30. August überrascht und völlig geschlagen wurden; ihr Führer, der den Beinamen »Hesan Iblis« (Teufelshengst) trug, fand in der Schlacht den Tod. Die Beduinen zogen Verstärkungen zusammen und gingen nun zum Gegenangriff über, indem sie Reihen von Kamelen als Deckung vor sich her trieben. Tausende von Kamelen rasten nun, zum Paniksturm getrieben, laut brüllend unter einer riesigen Staubwolke auf das Wahabitenlager zu und trampelten alles nieder, was ihnen im Wege stand. Ihnen folgten, wild um sich schießend, die abgesessenen Kamelreiter. Meslat, der Sohn des Scheich Mutlak »El Djerba« (der Räudige) jagte den seinen voran in das Lager der Wahabiten, wo Saud gerade die Beute aus dem ersten Zusammenstoß unter den befreundeten Stämmen verteilte. Meslat gelang es beinahe, Sauds Zelt niederzureißen, aber da wurde er mit einem Schürscheit erschlagen. Sein Opfer blieb aber vergeblich, denn der Stamm erlitt eine neue Niederlage.

Der Sieg von Edwa hatte die Flucht der Schammar und der Mutair zur Folge, die zwei Tage lang von den siegestrunkenen Wahabiten verfolgt wurden. Rasend in ihrem Glaubenseifer und in ihrer Rachsucht, töteten die Wahabiten, wen immer sie ergreifen konnten, und machten reiche Beute: Hunderttausend Schafe und elftausend Kamele sollen ihnen in die Hände gefallen sein. Zumindest diese Zahlen verdeutlichen, daß der Religionskrieg des ausgehenden 18. Jahrhunderts eine völlig andere Dimension hatte als die bisher üblichen Ghasawat.

Der Sieg von Edwa hatte den Weg zur Eroberung des Djof freigemacht, ebenso zur endgültigen Bekehrung des Djebel Schammar, der schon 1787 für das Wahabitentum gewonnen, aber immer wieder rückfällig geworden war.

Noch im gleichen Jahr, am 20. Juli, starb Scheich Abd el Wahab. Er war etwa 90 Jahre alt geworden und hatte bis zum Schluß für die Wiedergeburt und Reinigung des Islam gekämpft. Sein Nachfolger wurde sein Bruder Soliman, und das Amt des geistlichen Führers, des »Scheich«, sollte auch fortan in der Familie bleiben. Die Familie, die bis in die Gegenwart zu den einflußreichsten Familien des Landes zählt, nahm den Familiennamen »Scheichu« an.

Es würde den Rahmen dieses Buches sprengen, näher auf die geistigen Grundlagen des Werkes von Mohammed Abd el Wahab einzugehen. Es muß aber hervorgehoben werden, daß es ohne ihn keine geistige Erneuerung auf der Arabischen Halbinsel gegeben hätte. Übrigens auch nicht in anderen Teilen der Welt: Im 19. Jahrhundert in Niger, zwischen 1820 und 1830 im indischen Panjab und in Bengalen, 1803 in Malaysia und Mitte des 19. Jahrhunderts in Afghanistan und Libyen – auch wenn dort der Wahabitismus nirgendwo Staatsreligion wurde und im Laufe der Zeit wieder verflachte. Wichtiger ist aber noch, daß es ohne den Scheich nicht die bis in die Gegenwart reichende ordnende Hand der Herrschaft der Al Saud gegeben hätte, und nicht die Kämpfe, die zur Einigung der Stämme des Nedjd, Hasas, Kasims und des Hedjas führen sollten.

Diese Kämpfe gingen jetzt weiter, denn schon im nächsten Jahr wurde in Ostarabien Krieg geführt. 1793 zog Saud in Hasa ein. Aber kaum hatte er der Provinz, die schon vorher einmal für die Lehre der Wahabiten gewonnen worden war, den Rücken gekehrt, als die Hölle über die wahabitischen Sachwalter und Geistlichen hereinbrach: Gleichgültig, ob Sunniten oder Schiiten, die Städter ließen sich nicht von den »Barbaren« aus Nedjd regieren. Saud konnte des Aufstandes nicht Herr werden: er überließ es dem von den Wahabiten schon vorher eingesetzten Herrscher Barak, der zu den Wahabiten übertrat, seine Landsleute zu zähmen. Die Kämpfe im Lande zogen sich aber bis Mitte 1796 hin.

Gesondert rechnete Saud mit den Beni Khaled ab, die im Lande umher zogen, indem er sie von den lebensnotwendigen Brunnen abschnitt, in der Senke von Lasaf in Hasa zur Schlacht zwang und besiegte, wobei tausend bis zweitausend Beni Khaled den Tod fanden. Von der Welt nicht beachtet und in keinem europäischen Geschichtsbuch verzeichnet, fanden so in Zentralarabien in verwirrend schneller Folge Schlachten statt, die teilweise, was ihre Größenordnung anbelangt, mit den großen Schlachten des Abendlandes durchaus vergleichbar waren.

Im März 1795 eröffnete Saud das erste Mal eine Offensive gegen das Hedjas durch einen Angriff auf den östlich von Mekka in der Lavawüste Nawasif gelegenen Ort Turaba, der die Ostgrenze des scherifischen Herrschaftsgebietes markierte. Der Großscherif beantwortete die Herausforderung mit einer neuen Expedition nach Kasim, der auch von Osten gefährdeten Nahtstelle zwischen dem Djebel Schammar und den übrigen Provinzen des Reiches. Soeben von einem Ghasu gegen die Ataiba zurückgekehrt, mußte Saud die Abwehr eilend aufgebotenen Beduinen überlassen. Andere beduinische Verbündete von Saud mußten die Mekkaner aus Kasim vertreiben – die späteren großen Auseinandersetzungen zwischen den Al Saud und den Aschraf hatten damit ihre ersten Schatten vorausgeworfen.

Aber nicht nur das: Inzwischen hatte sich ein Unwetter im Osten zusammengebraut. Besorgt über das Erscheinen wahabitischer Banden an der Euphratgrenze und von der Hohen Pforte zum Handeln gedrängt, schenkte Soliman Pascha, der Wali von Bagdad, den ostarabischen Emigranten Gehör und betraute den Muntafik-Scheich Tweni mit einem Feldzug gegen die Wahabiten. Hasa sollte das erste Ziel sein. Anfang 1797 rückte der Muntafik-Scheich mit einem gewaltigen Aufgebot in Ostarabien ein und der von Saud als wahabitischer Statthalter eingesetzte Fürst aus dem Stamm der Beni Khaled, Barak, ging zu ihm über. Die Wahabiten räumten daraufhin das Land und besetzten lediglich die Pässe zum Nedjd. Da wurde Tweni unterwegs von einem Sklaven ermordet und sein Heer flutete in voller Auflösung zurück. Die Lage blieb unentschieden.

Aber zwei Jahre später wiederholten die Türken den Versuch, diesmal in eigener Regie. Sie gelangten bis nach Hasa, aber als sich die Belagerung der Zitadelle in die Länge zog, erzwangen die mit Saud verbündeten Beduinen ihren Abzug. Hasa blieb aber dennoch weiter eine kritische Region, was mit seiner geostrategischen Lage am Golf, aber auch mit seinem schiitischen Bevölkerungsanteil inmitten einer sunnitischen Umgebung zu erklären ist.

Indessen war der Kleinkrieg an der Grenze zu Hedjas weitergegangen. Der Großscherif hatte es noch einmal mit einem Religionsgespräch versucht, das diesmal wieder in moderaten Formen stattfand, aber natürlich ergebnislos blieb. Trotz lebhafter Tätigkeit der scherifischen Truppen gingen mehrere Grenzstämme, darunter die Ataiba, zu den Wahabiten über. Vergebens zog Ghaleb selbst zu Felde. Trotzdem kam ihm Imam Abd el Asis entgegen und erkannte 1799 die Harb und die Ataiba als scherifische Untertanen und das nördliche Asir als mekkanisches Gebiet an. Auch der Pilgertransit vom Irak nach Mekka wurde von Abd el Asis freigegeben. Allerdings wurden die Pilger bei der Rückkehr von irakischen Stämmen überfallen. Dieser Vorfall lieferte den Wahabiten wiederum Anlaß, militärisch gegen das Zweistromland vorzugehen.

Vorher versicherte Saud sich allerdings noch der Treue der Bevölkerung der Provinz Hasa, indem er in das wasserreiche Quellgebiet nördlich von Hofuf zog und an der heißen Schwefelquelle von Ayn Najn Loyalitäts- und Unterwerfungsschwüre der Repräsentanten der Provinz entgegennahm, die allerdings nur kurzen Bestand hatten: Saud hatte gerade damit begonnen, die Verwaltung auszuwechseln und wahabitische Geistliche und Religionslehrer einzusetzen, als in Hofuf ein Aufstand der Schiiten losbrach und alles wieder auf den Kopf stellte. Die gesamte saudische Verwaltung wurde in wenigen Stunden hinweggefegt und die wahabitischen Theologen und saudischen Beamten wurden erschlagen und ihre Leichen verstümmelt. Andere wurden lebendig an den Beinen hinter Kamele gebunden und so lange durch die Straßen geschleift, bis sich ihre geschundenen Körper nicht mehr regten. Dann riefen die Einwohner einen Vorgänger Baraks, Said ibn Araiar, an die Macht zurück.

Aber, wie zu erwarten war, ließ Saud mit seiner Rache nicht lange auf sich warten: Mit einer starken Armee kam er zurück und ließ den Beduinen freie Hand, die Besiegten zu züchtigen, wobei diese an Grausamkeiten den vorausgegangen Terror gegen die Wahabiten noch übertrafen. Barak wurde wieder als saudischer Gouverneur eingesetzt, flüchtete später aber zum türkischen Wali Soliman Pascha nach Bagdad, wo er sich sicherer wähnte, als zwischen Schiiten und Wahabiten aufgerieben zu werden.

So endete die Unabhängigkeit von Hasa unter den Araiar-Fürsten der Al Humaid-Dynastie, die die Provinz seit Ende des 17. Jahrhunderts für 124 Jahre beherrscht hatten, nachdem sie sie von den türkischen Walis erobert hatten.

Neben all diesen Turbulenzen der letzten Jahre hatte der unermüdlichen Saud noch weitere Feldzüge gegen den Großscherifen unternommen, von dem inzwischen der mächtige Stamm der Ataiba abgefallen und auf die Seite des Al Saud getreten war und der im März 1798 bei Kurmah, östlich von Mekka, eine Schlacht verloren und dabei 1 220 Mann an Gefallenen verloren hatte. Daneben kämpfte Saud auch gegen Kuwait und gegen die verschiedensten Stämme Zentralarabiens; doch war dies nur der Auftakt für einen wahabitischen Feldzug, der in ein Sakrileg allergrößten Ausmaßes mündete und die ganze wahabitische Bewegung von heute auf morgen in Frage stellte: die Erstürmung der heiligen Stadt der Schiiten, Kerbala im Süden von Bagdad. Die Wahabiten plünderten dabei die Grabesmoschee Husseins und begingen an der Einwohnerschaft ein entsetzliches Massaker. Wie kam es dazu?

Ghaleb, sicher einer der größten unter den Großscherifen, war nach der Niederlage von Kurmah klug genug, Abd el Asis und seinem Sohn Saud Frieden anzubieten und den Fürsten von Dariya die Pilgerreise nach Mekka zu ermöglichen, wo eine gewisse Versöhnung zwischen den Fürsten des Hedjas und des Nedjd stattfand. Dies aber mußte Soliman Pascha in Bagdad beunruhigen, der sehr wohl merkte, daß die Al Saud jetzt keinen Zweifrontenkrieg gegen Hedjas und Bagdad befürchten mußten und damit in der Lage waren, sich auf die Südflanke des Osmanischen Reiches, auf das Mündungsgebiet von Euphrat und Tigris, zu konzentrieren. Ja, vielleicht sogar auf Bagdad, wenn die wahabitische Lehre unter den Araberstämmen des Irak erst einmal Verbreitung fand. Die Westküste des Golfs und die Provinz Hasa waren dem Osmanischen Reich schon verloren gegangen, im Schatt el Arab kriselte es. Weiter durfte die Lehre der Fanatiker aus dem Nedjd nicht vordringen – inschallah!

1799 stellte Soliman eine Armee aus osmanischen Truppen und Beduinen mit einer großen Anzahl von Artilleriegeschützen zusammen, nicht weniger als 18 000 Reiter waren darunter, und marschierte in Hasa ein, wo die Einwohner der Dörfer und Oasen sich beeilten, sich den Türken zu unterwerfen. Nur die wahabitischen Forts von Hofuf und Muburratz (nördlich von Hofuf gelegen) hielten noch stand.

Doch nun erfuhr der türkische Befehlshaber, daß Saud mit einer größeren Armee aus Dariya heranrückte und trat sicherheitshalber den Rückzug an. Aber er kam nicht weit: Saud schnitt ihm den Rückweg ab, und so kam es, daß sich beide Armeen schließlich auf dem Weg von Hofuf nach Kuwait gegenüberstanden.

Eine weitere Schlacht schien unvermeidlich. Da beide Seiten etwa gleich stark waren, hätte sie aber kaum eine echte Entscheidung gebracht, sondern beiden Seiten nur hohe Opfer abverlangt – eine typische Abnutzungsschlacht ohne Sieger war zu erwarten. Aber beide Befehlshaber waren vernünftig genug, das zu erkennen. Der türkische Befehlshaber bot an, sich auf den Irak zurückzuziehen und Saud stimmte zu, ihn dabei nicht zu behelligen. Es war eine vernünftige Lagebeurteilung und ein in der Weltgeschichte seltenes Beispiel militärischer Vernunft.

Aber für Saud war der Weg zum Euphrat nun frei. Aus dem Hedjas drohte zur Zeit keine Gefahr und die Türken, das hatte deren Rückzug aus Hasa bewiesen, waren nicht unüberwindlich. Im Winter 1801/02 unternahm er deshalb einen Feldzug gegen den Irak, der ihn bis nach Kerbala führte. Nach einer kurzen Belagerung nahm er die Stadt im Sturm, gab sie zur Plünderung frei und erlaubte so eine Orgie an Grausamkeiten und an Vernichtungswut. Alle Einwohner wurden von den Wahabiten gnadenlos abgeschlachtet, das heilige Grab Husseins, das den Wahabiten als Ausdruck verbotener Heiligenverehrung galt, wurde verwüstet und alle Wertgegenstände wurden in Sauds Lager geschleppt und dort nach alter Tradition als Kriegsbeute unter den Stammeskriegern verteilt. Entsetzen und Abscheu verbreitete sich in der Welt des Islam und wurden bald durch ein weiteres Sakrileg gesteigert:

Saud hatte mittlerweile dem Herrscher von Bahrain aus dem Hause Khalifa erfolgreich gegen einen Überfall des Sultans Ahmed ibn Said von Maskat (Oman) geholfen. Dieser Ahmed war der bereits erwähnte Begründer der Al Bu Said-Dynastie, der von 1749 bis 1783 regieren sollte.

Später, 1801, hatte Saud weit im Westen, auf der Landzunge zwischen dem Persischen Golf und dem Golf von Oman die zum Sultanat Maskat gehörende Oase Buraimi in Besitz genommen. Sie war den Wahabiten so wichtig, daß sie das Fort Khandaq mit einem gewaltigen Burggraben, dem einzigen, den es in Oman heute zu sehen gibt, umgaben. Aber Saud hatte sich nicht mit der Einnahme der Oase Buraimi begnügt, sondern auch die Herrscher von Ras el Khaima, Katar und Bahrain, die mit Hingabe der Piraterie frönten, zur Abgabe von einem Fünftel ihrer Beute gezwungen. Dann hatte er wieder die ganze arabische Halbinsel durchquert, den Frieden mit dem Großscherifen gebrochen, ihm Taif abgenommen und geplündert, und stand nun vor Mekka, wo sich gerade Tausende von Pilgern eingefunden hatten. Diese Stadt jetzt einzunehmen, mußte als der Höhepunkt religiösen Frevels erscheinen und war undenkbar – und doch nahm Saud Mekka ein. Er fand dabei keinen Widerstand vor, denn Ghaleb hatte sich mit seinen Truppen rechtzeitig auf Djidda zurückgezogen und die Stadt in den Verteidigungszustand versetzt.

Übermäßig zuversichtlich scheint der Großscherif über den Erfolg seiner Anstrengungen aber nicht gewesen zu sein, denn sicherheitshalber ließ er einige Schiffe mit Vorräten und seinen persönlichen Schätzen beladen. Nicht ganz grundlos: Saud ließ seine Wahabiten in Mekka nur die bei einer Pilgerreise üblichen Übungen verrichten, zerstörte die Gräber mehrerer Heiliger, die nach wahabitischer Auffassung nichts in der Heiligen Stadt zu suchen hatten, und ließ die Bürger ungeschoren – ja, verteilte sogar Geld an die Pilger. Dann ließ er die Stadtmauer und die Türme von wahabitischen Truppen besetzen, setzte einen Bruder von Ghaleb, Scherif Abd el Muin ibn Musaid mit dem Titel eines Emir von Mekka zu seinem Gouverneur ein und rückte auf Djidda vor. Das Scherifische Reich stand damit vor dem endgültigen Zusammenbruch, das wahabitische Reich vor der totalen Machtübernahme auf der Arabischen Halbinsel.

Aber Djidda erwies sich als uneinnehmbar und Saud kehrte nach Dariya zurück. Dort ereilte die Al Saud die Vergeltung für den doppelten Frevel in Kerbala und Mekka: Abd el Asis, jetzt 82jährig, kniete am 2. Oktober 1803 zum Gebet in der Moschee und verbeugte sich, die Hände an den Schläfen, als ein Attentäter, nach manchen Quellen ein Schiit, nach anderen ein sunnitischer Derwisch, der hinter ihm kniete, aufsprang und ihm einen Dolch in den Rücken stieß. Er wurde sofort, bevor er erneut zustechen konnte, erschlagen, aber der Herrscher verstarb noch auf dem Weg in den Palast, wohin er getragen wurde. Der Imam war tot – neuer Imam wurde Saud ibn Abd el Asis Al Saud.

Auf dem Weg zur Regionalmacht –
Saud I. ibn Abd el Asis Al Saud

Die Al Saud waren Anfang des 19. Jahrhunderts kaum noch nur als Herren eines lokalen Emirats anzusehen, sondern in den Rang einer Regionalmacht aufgerückt, und es mag an dieser Stelle angebracht sein, einen kurzen Blick auf das Umfeld Zentralarabiens zu werfen. Dabei richtet sich der Blick vor allem auf das Osmanische Reich, das zu diesem Zeitpunkt Syrien und den Irak noch halbwegs fest im Griff hatte, dessen Macht in Ägypten, wo Napoleon Bonaparte bereits vor einigen Jahren gelandet war und die Engländer sich bemühten, sich eine ungestörte Verbindung nach Indien zu schaffen, aber schon zerbröckelte. Dort hatte 1803 ein gewisser Mohammed Ali das Kommando über ein verwegenes und etwas verwildertes albanisches Hilfskorps der Türken, die sogenannten »Arnauten«, übernommen. Dieser Mohammed Ali putschte im Mai 1805, vom Volk zu Hilfe gerufen, gegen den türkischen Gouverneur Kurschid Pascha, und die Hohe Pforte setzte ihn daraufhin, den tatsächlichen Machtverhältnissen Rechnung tragend, als neuen Wali über Ägypten ein. Ihm sollte für die Zukunft der Al Saud-Herrschaft noch entscheidende Bedeutung zukommen.

Weiter östlich, am Roten Meer, reichte der osmanische Einfluß, mehr oder weniger fest, über den scherifischen Herrschaftsbereich in Hedjas weit hinausgehend, bis zum »Bab el Mandeb« am Südwestzipfel Arabiens; auch am Persischen Golf übten die Osmanen bis zur Höhe der Insel Bahrain eine gewisse Kontrolle aus. Die tatsächliche Macht lag hier allerdings, wie schon früher zu erkennen war, bei den lokalen Stammesfürsten und – neu in der Region – im zunehmenden Einflußbereich der englischen Regierung von Indien, d. h. bei dem dortigen britischen Vizekönig.

Wie mit einer eisernen Schere umfaßten aber auch die Türken Zentralarabien, wobei sie im nördlichen Schnittpunkt der beiden Scherenmesser allerdings nur auf die Loyalität der dort ansässigen Schammar-Stämme setzten, denen sie dafür erhebliche Bestechungsgelder, die vornehm als »Subsidien« bezeichnet wurden, zahlten. Völlig frei von türkischem Einfluß war damit nur Zentralarabien mit dem Nedjd und Kasim, wo die Hohe Pforte ohne großen Erfolg politisch zu operieren versuchte; sowie die südliche »Piratenküste« einschließlich Oman und natürlich das riesige Gebiet der Sandwüste Rub el Khali. In all diesen Gebieten, hatten die Al Saud fast freie Hand und hier konnte sich der Wahabitismus völlig ungestört ausbreiten. Aggressiv wie das wahabitische Fürstenhaus und wie die Religionslehrer waren, machten sie an diesen Machtgrenzen in den nächsten Jahren deshalb keineswegs halt.

Saud, der neue Imam, war bei seiner Thronbesteigung 55 Jahre alt. Seit 1788, dem Jahr, in dem er zum Thronfolger bestimmt worden war, hatte er neben seinem Vater an der Staatsspitze gestanden. Seitdem war er praktisch der Oberbefehlshaber der saudischen Streitkräfte gewesen und seiner militärischen Tatkraft waren die wahabitischen Eroberungen der letzten zwanzig Jahre zu verdanken gewesen. Seine Herrscherzeit sollte allerdings nur elf Jahre dauern – sie war aber so erfolgreich, daß sie ihm den Beinamen »der Große« einbrachte.

Die Jahre von Sauds Herrschaft waren angefüllt mit einem ständigen Umherziehen an der Spitze der ihm hörigen Stammeskontingente, um den bisherigen saudischen Einflußbereich ruhig zu halten, zu konsolidieren und zu erweitern, d. h. mit ständigen kleineren Eroberungen, Strafaktionen und Machtdemonstrationen. Daneben gab es aber auch noch eine Anzahl größerer Operationen und Ereignisse, die ihn zum Eingreifen veranlaßten.

Großscherif Ghaleb war noch im Sommer 1803 trotz der wahabitischen Besetzung der Verteidigungsanlagen mit oder ohne Genehmigung Sauds nach Mekka zurückgekehrt. Die einzige Hilfe, die er jetzt von der Hohen Pforte dabei erhielt, war eine Handvoll Truppen, die 1804 mit dem Pilgerzug aus Damaskus gekommen waren und die ihm der Emir der Pilgerkarawane bis zur nächsten Wallfahrt zur Verfügung stellte.

1804 eroberte Saud Medina, wo er, getreu den Überzeugungen des Wahabitismus, die Kuppelbauten über dem Grab des Propheten zerstören und alle angehäuften Schätze fortnehmen ließ. Die Einwohner der Stadt mußten ihre Namen fünfmal am Tag bei einem Gebetsregister der Moschee nennen und wer sich nicht daran hielt und dem Gebet fernblieb, wurde mit Stockschlägen bestraft. Saud sah sich als Schwert und Peitsche Gottes – wie einst die Heerführer des Propheten.

1805 war der Imam schon wieder im Hedjas und ließ in Yanbu el Bahr ein wahabitisches Fort bauen, um Ghaleb von dort aus kontrollieren zu können. Zu dieser Zeit traf er sich auch mit dem von ihm eingesetzten Emir von Asir (südlich von Djidda gelegen), dem er den Befehl gab, mit 6000 Mann Djidda zu besetzen. Woraufhin Ghaleb unverzüglich 10000 Mann mobilisierte, um dem Emir mit einem Gegenangriff zuvorzukommen. Dabei gelang es ihm allerdings nur, vierzig Mann einer Patrouille des Emirs gefangenzunehmen, die er daraufhin sinnlos auspeitschen ließ. Im übrigen wurde er von dem wahabitischen Emir aber in die Flucht geschlagen, wobei er sämtliche Kanonen, Munition und Vorräte zurücklassen mußte. Angeblich verlor der Großscherif 2500 Handfeuerwaffen und hatte 600 Tote, zumeist Türken, zu beklagen.

Saud kehrte nach dieser Unternehmung nach Nedjd zurück; aber schon im Herbst setzte er seine Unternehmungen gegen den Großscherifen fort. Diesmal schickte er ein besonders großes Stammesaufgebot nach Mekka, das den Auftrag hatte, die Stadt zu besetzen und solange besetzt zu halten, bis die »Hadj«, die jährliche große Pilgerreise, vorüber sei. Die Besatzung sollte die Stadttore vor der Ankunft der großen Pilgerkarawane aus Syrien schließen und keinen der Pilger, die ihre wochenlange, mühsame, entbehrungsreiche und nicht ganz ungefährliche Pilgerreise damit umsonst gemacht hätten, in die Stadt hineinlassen. Der wahabitische Herrscher beabsichtigte so, aller Welt, vor allem aber dem Sultan in Istanbul und dem Großscherifen, deutlich zu zeigen, wer nunmehr der wahre Herr über die Haramein, die beiden Heiligen Städte Mekka und Medina, sei. Aber der Großscherif, für dessen Ansehen in der islamischen Welt das Vorhaben Sauds eine ebensolche Katastrophe bedeutet hätte wie der Ausfall der Pilgereinnahmen für seine scherifischen Kassen, lenkte schnell ein und versprach, nach der Hadj nach Dariya zu kommen und sich dort offiziell und feierlich Saud zu unterwerfen.

Aber der Großscherif hielt natürlich sein Versprechen nicht im mindesten. In Dariya wurde vielmehr bald bekannt, daß Ghaleb türkische und marokkanische Truppen, die mit der Pilgerkarawane in Mekka eingetroffen waren, zur Verstärkung seiner eigenen Truppen zurückhielt – natürlich im Einvernehmen mit der Hohen Pforte. Von einer Unterwerfung Ghalebs war bald auch keine Rede mehr und der Großscherif wußte auch, daß der Imam mit anderen Dingen viel zu beschäftigt war, um sofort Vergeltung für den Wortbruch üben zu können.

Es war jetzt inzwischen das Jahr 1806 und Sauds militärische Anstrengungen richteten sich auf die an der Nordgrenze des Jemen zwischen dem Asirgebirge und der Rub el Khali gelegene Provinz Nedjran. Mit dem Unternehmen beauftragte er wieder den Emir von Asir, der aus Kahtan-Stämmen Asirs und den Wada'a des nördlichen Jemen eine Streitmacht von 30 000 Mann zusammenstellte und damit in das Nedjran-Gebiet einfiel. Hier allerdings stellten sich den Wahabiten nicht minder fanatische schiitische Ismailiten, Anhänger Ismails, des Ahnen der fatimidischen Kalifen, entgegen, und die saudischen Truppen hatten keinen durchschlagenden Erfolg. Es gelang ihnen am Ende nur, ein Fort zu errichten, das sie mit verläßlichen Stammeskriegern besetzten. Dann zogen sie wieder ab, und die Nedjran-Provinz blieb seither, bis in die Gegenwart, ein Streitobjekt zwischen den Wahabiten und dem Jemen.

Inzwischen nahte wieder die Hadj-Zeit und Saud fühlte sich stark genug, den türkischen Sultan und den Großscherifen erneut dadurch herauszufordern, daß er die syrische Pilgerkarawane wieder zurückwies. Aber er mußte damit rechnen, daß die Hohe Pforte nun vielleicht militärisch eingreifen würde und deshalb versammelte er in Medina, wo die Einwohnerschaft schon fest seiner Oberhoheit unterstand, eine größere Streitmacht, um an deren Spitze in Mekka einzumarschieren. In seiner Begleitung war Mohammed ibn Abd el Muhsin, der Vater des schon früher genannten Schammar-Fürsten Isa ibn Mohammed aus dem Geschlecht der Ibn Ali, mit denen die Al Saud sich später noch auseinandersetzen sollten, und das gesamte Stammesaufgebot der Harb. Ebenso zählten dazu Stammeskontingente aus Asir und Taif, aus dem Hedjas und Nedjd, aus Kasim und Waschm, die sich in Medina zu einer gewaltigen Streitmacht vereinten.

Und erneut wurde dem »Emir der Hadj« höflich beschieden, er möge mit seiner Pilgerkarawane wieder kehrt machen und den armen Pilgern wurde die Erfüllung ihres frommen Wunsches, die heiligen Städte zu betreten, verwehrt. Dem inzwischen reichlich gereizten Großscherifen blieb nichts anderes übrig, als dem Imam in Mekka seine Aufwartung zu machen und erneut seine Unterwerfung anzubieten. Sicher nur wider Willen, denn bevor Saud nach Ende der Hadj Mekka verließ, maßte er sich auch noch an, die Ka'aba, das Heiligste des Heiligtums, mit einem wertvollen Tuch zu verhüllen – bisher alleine ein turko-ägyptisches Vorrecht. Aber Saud schien dies zur festen Regel machen zu wollen, denn auch in den nächsten Jahren kam er immer wieder zur Hadj und jedesmal brachte er ein neues Tuch für die Ka'aba mit.

Mittlerweile hatten die Wahabiten ihre Position im Südosten, d. h. im Bereich der Oase Buraimi, gefestigt; aber diese Position wurde aus dem Oman von dem Sultan von Muskat bedroht. Daraufhin stellte der wahabitische Gouverneur von Buraimi eine Streitmacht von 3000 Mann zusammen, und es kam zu einem Gefecht zwischen den Wahabiten und den weit überlegenen omanischen Verteidigern, die trotz ihrer Überlegenheit geschlagen wurden und dabei 4000 Mann verloren. Die Lage war damit für den Sultan aussichtslos geworden und ihm blieb nichts anderes übrig, als sich den Wahabiten zu unterwerfen. Auch Oman wurde damit saudisch-wahabitisch.

In allen eroberten Provinzen setzte Saud Emire als Provinz-Gouverneure ein, und es gab jetzt siebzehn solcher Emirate, nämlich in Dariya (mit dem Imam als Emir), El Kharj, Kasim, Hasa, Hedjas, Asir/Tihama, Oman, Katif und Bahrain, Wadi Dawasir, Mahmal, Waschm, Djebel Schammar, Sudair und Majma'a, Hauta, Bischa, Ranya und Turaba.

Nur Medina scheint noch, vermutlich wegen seiner Bedeutung als Heilige Stadt, eine besondere Rolle gespielt zu haben und wird in den Quellen nicht als Emiratssitz genannt – möglicherweise auch, um die Hohe Pforte nicht noch mehr herauszufordern. Denkbar ist aber auch, daß dort ein loyaler Scherif die Rolle eines wahabitischen Emirs übernommen hat.

Eine weitere Herausforderung der Pforte stellte es aber sicher dar, daß die Wahabiten 1808 über den Djof und das Wadi Sirhan herfielen und bis vor die Tore von Damaskus zogen, wo sie die fruchtbare

Ghuta, aus der die syrische Kapitale ihr Gemüse bezog, verwüsteten. Einzelne Ghasawat erreichten gar Aleppo hoch im Norden von Syrien und verbreiteten dort Angst und Schrecken. Die türkischen Besatzungstruppen scheinen damals ziemlich machtlos gewesen zu sein: Die Hohe Pforte befahl zwar energische und harte Gegenmaßnahmen, aber der Sultan war fern und die Walis von Damaskus und Bagdad waren froh, daß sie wenigstens noch ihre Provinzhauptstädte zu schützen in der Lage waren.

Inzwischen gab es in Zentralarabien Schwierigkeiten ganz anderer Natur: Mehrere Jahre waren nun schon die Regenfälle ausgeblieben und eine Dürrekatastrophe war die Folge. Auch die Brunnen, oft schon bis auf dreißig Meter vertieft, begannen zu versiegen. Eine Hungersnot war die Folge. Dazu kam auch noch eine Cholera-Epidemie, die bis Mitte 1809 anhielt und in Dariya an manchen Tagen 30 – 40 Menschen dahinraffte. Auch die Herrscherfamilie wurde vor ihr nicht verschont – ein Neffe Sauds und vier Mitglieder der mit den Al Saud inzwischen vielfältig versippten Fürstenfamilie von Aiyaina fielen der Epidemie zum Opfer.

Zur gleichen Zeit machten auch die unterworfenen Herrscher der Ostküste dem wahabitischen Reich zu schaffen und es bedarf in diesem Zusammenhang einer kurzen, einführenden Erläuterung: Wie schon erwähnt, zogen möglicherweise nach dem Bruch des Dammes von Marib im 2. Jahrhundert n. Chr. bestimmte Araberstämme, die Kahtan, durch das Dhofan (im heutigen Südoman) nach Norden und ließen sich an der Golfküste nieder oder wurden dort zu Beduinen. Die Trennlinie zwischen Süd- und Nordarabern lag, mit vielen Vermischungen und Verschiebungen im Laufe der Jahrhunderte, etwa zwischen den heutigen Staatsgebieten von Katar und den Vereinigten Arabischen Emiraten. Und so, wie es am Nord- und Westrand der Rub el Khali die Streifgebiete der Murra gab, wanderten an deren Ostseite die großen Stammesgruppierungen der Raschid und Awamir, sowie die kleineren Beduinenstämme der Beni Kitab, Beni Yas, Manasir, Manahil und Harasis umher. An der Küste entstanden kleine Residenzen von ansässigen Emiren und Scheichs – so in Bahrain unter der schon früher erwähnten Familie Khalifa und in Katar unter den Al Theni. In Abu Dhabi herrschte die aus dem Beduinenstamm der Beni Yas hervorgegangene Familie der Nahyan, in Ras el Khaima die Seeräuberfamilie Qasimi und in Muskat als Herrscher des Oman die Al Bu Said, die später Al Said genannt wurden.

Die meisten dieser Herrschaften verfügten über größere Häfen und vor allem das Scheichtum Ras el Khaima, das damals noch »Djulfar« hieß, trug wesentlich dazu bei, daß der ganze Küstenabschnitt aufgrund der schwungvollen Kaperfahrten seiner Bewohner »Piratenküste« bezeichnet wurde. Diesem mit Hingabe ausgeübten Gewerbe, das die Seeverbindung zwischen England und Indien störte, trat aber schließlich die britische East India Company entgegen, die 1790 in Oman eine Niederlassung gründete und damit an der Piratenküste Einfluß gewann. Die Briten ließen sich dabei von zwei Zielen leiten: Sie wollten den Seehandel im Golf vor den Piraten schützen und fremde Seemächte vom Golf und von dem an der südarabischen Küste entlang führenden Seeweg nach Indien fernhalten. Der englische Einfluß sollte sich im Laufe der Zeit steigern und der Entwicklung im übrigen Arabien etwas vorausgreifend sei hier schon bemerkt, daß die Briten 1816 und 1819 aus Bombay ganze Kriegsflotten zur Piratenküste schickten, um die Freibeuter in die Schranken zu weisen.

Aber nicht nur Piraten, sondern auch omanische Anhänger des Wahabitismus machten den Briten und ihrem Schützling, dem Sultan von Oman, Verdruß. So weigerten sich die Wahabiten der im Hinterland von Sur gelegenen Oase der Beni Bu Ali 1820/21, ihrem Sultan, dem bereits erwähnten Said ibn Sultan Al Bu Said, weiterhin folgsam zu sein. Zudem kaperten sie ein in Sur vor Anker liegendes britisch-indisches Kauffahrtschiff und ermordeten einen Boten, der die Vorfälle an die britische Verwaltung in Indien melden sollte. Sultan Said und die Briten schickten daraufhin eine gemeinsame Streitmacht zur Oase der aufrührerischen Beni Ali. Aber die wahabitischen »Söhne Alis« waren gut vorbereitet und kämpften erbittert bis zu ihrem Sieg. 700 Mann des Sultans und der Briten fanden dabei den Tod.

Das aber war für die britische Krone nicht hinnehmbar – eine Niederlage britischer Truppen, die ihnen von rebellischen Eingeborenen zugefügt worden war, die in ihren zu kurz geratenen Wahabitenhemden und schmutzigen Turbanen nur primitive Wilde darstellten. Also schickte der Vizekönig 600 Schiffe mit Soldaten, Pferden und

Kanonen. Aber auch diese Heerschar wurde nachts von den Wahabiten überfallen und war danach nicht mehr in der Lage, noch etwas zu bewirken.

Die Briten waren nun so erbost, daß sie weitere Verstärkungen schickten und mit 3000 Mann die Beni Ali angriffen und endlich besiegten. Und wen sie von den fanatischen Aufrührern nicht auf der Stelle töteten, den verschifften sie nach Bombay. Aber auch hier waren die Wahabiten so aufsässig, daß die Briten ihrer bald überdrüssig wurden und sie in ihr Dorf in Oman zurückschickten, um es wieder aufzubauen. – Kein Bürger des Städtchens »Beni Ali« läßt übrigens heute das geringste auf die Engländer kommen – Allah ist mit den Gerechten.

Aber die Engländer fanden damals Ereignisse wie in Beni Ali und andere Vorkommnisse an der Westküste des Golfs so lästig, daß sie ab 1835 mit den einzelnen Emiraten beziehungsweise Scheichtümern Protektoratsverträge abschlossen, die der »Piratenküste« bald die sympathischere Bezeichnung »Trucial States« einbrachten. Diese Verträge sollten Bombay (später Delhi) eigentlich nur ermächtigen, gegen die Piraten vorzugehen. Aber England hatte sich auch das Recht geben lassen, bei Streitigkeiten zwischen den Vertragsstaaten zu vermitteln und als Schiedsrichter zu fungieren.

Was lag für England näher, als Streitigkeiten zwischen den so treuherzig Anbefohlenen großmütig zu fördern, um sich dann als Schiedsrichter wesentliche Voraussetzungen zur Einmischung und für die spätere beherrschende Rolle der Regierung Seiner Majestät in der Golfregion zu schaffen?!

Krisen im Verhältnis zwischen England, Oman und den Wahabiten hatte es auch vorher schon gegeben und meistens standen dabei der Feind Omans, das Scheichtum Ras el Khaima, oder die Oase Buraimi im Mittelpunkt des Geschehens. So hatte der Herrscher des Oman schon am Anfang des Jahrhunderts England immer wieder aufgefordert, den Stützpunkt der Wahabiten in Ras el Khaima zu zerschlagen und damit gleichzeitig der Piraterie im Golf einen Schlag zu versetzen. Die Briten kamen schließlich diesem Ansinnen mit einer sehr interessanten Taktik nach, indem sie mit Schiffsheliographen, also einer Art Spiegel, die Palmblattdächer der Hütten aus der Ferne in

Brand setzten, bevor sie ihre Marineinfanterie an Land setzten, um die Zerstörung des Hafens zu vervollkommnen.

Natürlich war der strategische Gewinn für den Oman dabei nur gering. Denn der Eingriff der Briten bewirkte nur, daß Saud aus dem Nedjd Truppen nach Oman schickte, die dort aus den Gebieten unter wahabitischer Kontrolle noch von den Stämmen verstärkt wurden, um gegen den Herrscher des Oman aufzumarschieren. Der Angriff richtete sich gegen die Batin-Senke südlich der Liwa-Oasen und hielt über den Winter 1809/10 an, wobei die Omani 500 Mann verloren. Muskat wurde von den saudischen Kräften zwar nicht angegriffen, aber die Niederlage im Batin reichte aus, um den stets mit den Briten liebäugelnden Sultan wieder für einige Zeit an die saudischen Herrscher zu gewöhnen.

War es eine Zeit der Epidemien? Wie die Cholera schien auch der Aufruhr zur Ausbreitung bestimmt. Jedenfalls zeigten nun auch die Al Khalifa auf Bahrain Zeichen von Aufsässigkeit. Daraufhin schickte der Imam eine Truppe an die Meerenge, die Bahrain vom Festland trennt, und ließ die führenden Familienmitglieder der Khalifa unter Androhung eines Sturmes auf die Insel auffordern, freiwillig nach Dariya zu kommen. Unter dem Druck der Verhältnisse blieb dem Herrscher, Soliman ibn Ahmed ibn Khalifa, nichts anderes übrig, als der »Einladung« Folge zu leisten und mit seinem Bruder, seinem Onkel sowie den jeweiligen Söhnen, die Reise nach Dariya anzutreten. Dort angekommen, verfügte Saud für die drei älteren Familienmitglieder die Verlängerung des Besuches auf unbestimmte Zeit, was einer Internierung oder auch Geiselnahme gleichkam. Die Söhne ließ er hingegen auf das Versprechen frei, den Wahabiten sämtliche Waffen, Kamele und Pferde auszuliefern. Dies geschah dann auch, und in Manama wurde ein wahabitischer Emir als Gouverneur eingesetzt.

Aber eines Nachts flüchteten die Söhne und schlugen sich nach Muskat durch. Nun aber traten wieder die Briten in Erscheinung, die einige Kriegsschiffe in die Gewässer von Bahrain schickten, die Zitadelle von Manama einige Tage lang wirkungsvoll beschossen und zur Übergabe zwangen.

Was nun folgte, war in dieser Zeit und Weltgegend etwas völlig Unübliches, eine Art Gentleman-Agreement: In Dariya gab es eine

Diskussion zwischen Saud und den drei Khalifa-Prinzen, in deren Verlauf die drei Prinzen Saud zusagten, nach Bahrain zurückzureisen und ihre Söhne überreden zu wollen, daß alle Khalifa, die älteren wie die jüngeren, Saud den Treueid schwören.

Aber die Väter hatten in ihre Söhne wohl zu große Erwartungen gesetzt. Jedenfalls ließen sich die Söhne von ihren Vätern nicht überzeugen und verweigerten den Treueid. Und die Väter kehrten getreu ihrem Versprechen nach Dariya zurück, wo sie später dann aber doch noch ohne Gegenleistung freigelassen wurden. Auch Saud wußte die Zuverlässigkeit seiner Gefangenen durch Ritterlichkeit zu würdigen.

Eine Krise, die das Wahabitenreich zwar nicht unmittelbar berührte, aber die Region insgesamt erschütterte und Sauds volle Aufmerksamkeit erforderte, spielte sich währenddessen in Bagdad ab. Dort herrschte als Wali mit gleichem Namen und Titel wie sein früher erwähnter Vorgänger Soliman Pascha, gegen den zu dieser Zeit der Kurdenhäuptling Abdul Rahman Pascha revoltierte. Mit dem Erfolg, daß Soliman vertrieben wurde und Abdul Rahman als neuen Wali von seinen Gnaden Abdullah Pascha »einsetzte«. Daraufhin bat der über all diese Vorgänge verständlicherweise erboste türkische Sultan den Schah von Persien um Hilfe, die dieser mit sicherlich großem Vergnügen leistete: Er besetzte sogleich große Teile des bisher zur Türkei gehörenden Kurdistan und blieb dort gleich für immer – nichts anderes hätte der Sultan wohl von vornherein erwarten dürfen.

Saud war davon nicht unmittelbar betroffen. Aber er konnte nicht zugleich an sämtlichen Fronten operieren und mußte daran interessiert sein, sich während seiner Aktivitäten im Hedjas den Rücken gegenüber Bagdad freizuhalten.

Allerdings gab es im Hedjas zu dieser Zeit keine Probleme. Der Großscherif gefiel sich jetzt in der Rolle eines zuverlässigen Untertans und es scheint, daß sich zwischen Saud und Ghaleb sogar eine echte Freundschaft zu entwickeln begann. Der Imam kam 1809 auf seiner siebten Pilgerreise nach Mekka und ritt auf dem Kamel in die Stadt, wo ihm Ghaleb mit echt orientalischem Gepräge auf einem Pferd, also wohlbedacht etwas tiefer sitzend, entgegenkam. Saud ließ sein Kamel daraufhin niederknien, stieg ab und umarmte den ebenfalls von seinem Pferd abgestiegenen Großscherifen in großartiger Gebärde und mit den üblichen Küssen.

Der Großscherif und damit auch der osmanische Herrscher waren in der Vergangenheit so durch den Imam gedemütigt worden, daß der große Saud glaubte, sich diesen Gunstbeweis gegenüber dem Besiegten erlauben zu können.

Krieg gegen Ägypten

» **I** s sabr miftahu il faraj – Geduld ist der Schlüssel zum Erfolg« sagt
ein arabisches Sprichwort.

Stürmisch und ungeduldig hatten die Al Saud ihr Wahabitenreich
aufgebaut, alle Widerstände hinweggefegt, die Arabische Halbinsel
zur Regionalmacht geeint, damit den ersten arabischen Nationalstaat
der Neuzeit geschaffen und zugleich den Islam auf seinen fundamen-
talen Ursprung zurückgeführt. Zu stürmisch und zu ungeduldig war
dieses Vorgehen in den Augen des Osmanischen Reichs und seiner
ägyptischen Vasallen unter Mohammed Ali. Dem Sultan und dem
Pascha waren die Wahabiten ein Dorn im Auge.

Breit ausladend schlängelt sich das Wadi es Safra, aus der Richtung
Medinas kommend, zum Roten Meer hinunter. Ein breites Tal mit
Fließsand, Lehm und Kieselsteinen und in der Mitte einem Rinnsal,
dessen dicht mit Gras bewachsene, tiefgrüne Ränder und an manchen Stellen von Palmen bedeckte Oberfläche in scharfem Kontrast
stehen zu dem monotonen Graugelb der Talsenke und den sie säu-
menden kahlen Bergen. An den Wadirändern ziehen sich die gelben
Lehmziegelruinen langgestreckter Dörfer dahin; an steilen Talhän-
gen klammern sich die Überbleibsel von aus dunklem Berggestein
aufgerichteten, eng zusammengedrückten, festungsartigen Wehr-
dörfern.

Wer heute von Medina hinunterkommt, erkennt an der abweisenden
Bauweise aller nach außen fensterlosen Häuser und an den Hofmau-
ern, an den aneinandergereihten Weilern insgesamt, daß die Stam-
mesbewohner der Harb, die hier an einer der meistbenutzten Kara-
wanenwege des Hedjas wohnten, besondere Gründe hatten, sich gegen durchziehende Beduinen und Gesindel aller Art zu schützen. Das
Tal muß früher dicht bevölkert gewesen sein und es gehört nicht viel
Phantasie dazu, sich vorzustellen, wie Anfang des 19. Jahrhunderts
im Schatten der zahlreichen winzigen Moscheen mit kurzen, zer-
brechlichen Minaretten Kamele lagerten, zwischen den Hütten Zie-

100

gen und halbverhungerte Hunde herumstreunten und verschleierte Frauen aus den acht bis zehn Meter tiefen Brunnen Wasser schöpften, während ältere Männer im Schutze der Palmen vor sich hindösten.

Hier, in Khaif, im engsten Teil das Wadi, bereiteten sich die Truppen des Imam unter Führung von Sauds Sohn Abdullah zum Kampf gegen die Ägypter vor. 18 000 Mann waren aufmarschiert, darunter 800 Reiter, Stammesmiliz und Beduinen vom Stamm der Harb. Was war der Anlaß für diesen Aufmarsch? Im Sommer 1811 hatte der Sultan den Khediven von Ägypten beauftragt, das Hedjas für das Osmanische Reich zurückzuerobern. Sollte dies ein imperialistischer Krieg oder ein Religionskrieg gegen angebliche Häretiker werden? Der osmanische Herrscher, der sich wie alle seine Vorgänger seit dem Untergang des Mamelukenreichs 1517 die Kalifenwürde anmaßte, konnte es als oberster Glaubensfürst des Islam jedenfalls nicht länger hinnehmen, daß religiöse Fanatiker aus Innerarabien über Mekka herrschten, die Pilger anderer Länder aussperrten und die Gräber des Propheten und seiner Gefährten ihres Schmuckes beraubten. Die Hohe Pforte hatte deshalb Truppen nach Ägypten und Syrien entsandt, dazu Kriegsmaterial und Kanonen gestellt und Mohammed Ali zum Oberbefehlshaber eines Feldzuges gegen die Wahabiten ernannt.

Dieser wiederum hatte seinen 18-jährigen Sohn Tussun Bey an die Spitze einer Armee gestellt und ihn mit der Durchführung des Feldzuges beauftragt. Über diesen gibt es einige zuverlässige Darstellungen, vor allem den Augenzeugenbericht von Johann Ludwig Burckhardt, der ein detailliertes Bild zeichnet:

Bereits Ende 1809 hatte Mohammed Ali ernsthafte Anstalten für eine Expedition nach Arabien gemacht. Vor allem mußte er eine große Anzahl von Schiffen für den Transport von Truppen und Lebensmitteln zur Verfügung haben. Während der Jahre 1809 bis zum Frühjahr 1811 wurden in Suez 28 Schiffe gebaut und etwa tausend Arbeiter fanden hier ständig Beschäftigung. Das Holz für die Schiffe wurde in Bulak bei Kairo vorgefertigt und auf Kamelen durch die Wüste transportiert. Zur gleichen Zeit wurden in Suez große Magazine für Getreide, Zwieback und andere Lebensmittel angelegt. Da es nicht leicht war, in solchen Schiffen Pferde über ein gefährliches

Meer zu transportieren, mußte dafür gesorgt werden, daß sie auf dem Landweg ihren Bestimmungsort erreichen konnten. Die Forts auf der Pilgerstraße zwischen Kairo und Yanbu wurden ausgebessert, mit neuen Mauern verstärkt und mit Infanterie besetzt.

Die Beduinenstämme, die in der Nähe dieser Forts lebten, wurden durch Geschenke und Bestechungen aller Art dazu gebracht, mit ihren Kamelen nach Kairo zu ziehen und Proviant zu holen, der in den Magazinen dieser Forts niedergelegt wurde. Zur gleichen Zeit wurden auch riesige Getreidemagazine in Qusair errichtet. Diese Hafenstadt, gegenüber dem Hedjas am Roten Meer gelegen, verfügte über eine heute noch sehenswerte Festung, die in der Zeit Sultan Selims (1789-1807) erbaut worden war und immer schon für den Fernosthandel Ägyptens und für Pilgerreisen nach Djidda bzw. Yanbu von Bedeutung gewesen war. Aber zu Anfang des Krieges besaß dieser Hafen noch nicht die Bedeutung, die er nachher als ausschließliches Depot aller ägyptischen Vorräte erlangen sollte, weil er Hedjas weit näher als Suez lag.

Als Großscherif Ghaleb hörte, daß Mohammed Ali so bedeutende Anstrengungen für einen Angriff auf das Hedjas machte und daß der Khedive größere Hilfsmittel besaß als irgendein Heerführer, der jemals mit einer Armee sich einen Weg in dieses Land zu bahnen versucht hatte, hielt er es für zweckmäßig, in eine geheime Korrespondenz mit Mohammed Ali zu treten und ihm zu versichern, daß er, wenn auch die Umstände ihn genötigt hätten, sich vordergründig den Wahabiten anzuschließen, doch bereit sei, sofort die Front zu wechseln, sobald nur eine ansehnliche ägyptische Armee die Küste des Hedjas betreten habe. Zur gleichen Zeit unterhielt er aber immer noch freundschaftliche Beziehungen zu Imam Saud und erneuerte noch 1813, wie noch an anderer Stelle zu sehen sein wird, seinen Treueid gegenüber dem Wahabitenherrscher.

Von Mohammed Ali wurden Ghaleb indessen die schönsten Versprechungen gemacht, vor allem, daß die Zölle von Djidda, die Hauptquelle seines Einkommens, ihm bleiben sollten, während die Soldaten, die zu diesem Feldzug eingeschifft werden sollten, durch die insgeheim verbreitete Nachricht ermutigt wurden, daß Ghaleb mit seiner ganzen Macht zu ihnen stoßen würde, sobald sie angelandet seien. Die ägyptischen Invasionstruppen bestanden aus zwei Teilen, deren Gesamtstärke von den verschiedenen Quellen sehr unterschiedlich angegeben wird: Burckhardt beziffert sie auf maximal 2000 Mann, Philby auf 14000. Übereinstimmend sind nur die Angaben über die Stärke der Kavallerie, mit der stets nur Reiter von Pferden, also keine Kamelreiter, gemeint sind: 800 Ägypter beziehungsweise Türken und berittene Angehörige des Stammes der Howeitat, deren Wandergebiet von Ägypten bis zum Djof und vom Toten Meer bis zum Hedjas reichte. All diese Reiter sollten Hedjas auf dem Landweg erreichen, während die Infanterie auf den Schiffen nach Yanbu gebracht werden sollte.

Im Oktober 1811 langte die Flotte in Yanbu an. Die Truppen landeten in geringer Entfernung von der Stadt, die sich nach zwei Tagen und nach schwachem Widerstand ergab. Nach vierzehn Tagen kam auch die Kavallerie an, ohne von den Beduinen, die durch erhebliche Bestechungsgelder zur Loyalität und zur Mitarbeit gewonnen worden waren, den geringsten Widerstand erfahren zu haben. Die Einnahme von Yanbu feierten die Ägypter als einen ersten Sieg über die Wahabiten. In dem Sieg sah man eine günstige Vorbedeutung für den weiteren Verlauf des Feldzuges. Die Truppen blieben nun mehrere Monate untätig, und zwar die Infanterie in Yanbu und die berittenen Truppen sowie die Beduinen in einem Ort etwa sechs Stunden von Yanbu entfernt. Bei diesem Ort handelte es sich um den Hauptsitz des Djuhaina-Stammes.

Die ganze Zeit verging mit Verhandlungen mit den umliegenden Stämmen und mit Emissären des Großscherifen und anderer bedeutender Aschraf. Denn die Stämme des Hedjas verhielten sich gegenüber den Turko-Ägyptern noch sehr indifferent – trotz ihres Hasses gegen die fanatischen Wahabiten und ihres Wunsches, wieder ohne fremde Bevormundung an den Gewinnen der Pilgerzüge teilzuhaben. Dabei blieben sie aber stets in Angst und Sorge vor der Macht und Wachsamkeit Sauds, dessen Vergeltung man fürchten mußte. Die Stämme wagten es nicht, sich zu regen, solange die Invasionstruppen noch keinen strategischen Erfolg errungen hatten, der sie Hoffnung auf eigene spätere Vorteile schöpfen ließ, wenn sie sich ihnen anschlossen.

Auch der Großscherif blieb vorläufig ein zurückhaltender Beobachter des ganzen Szenarios und des sich anbahnenden Krieges. Schriftlich entschuldigte er sich bei Tussun Bey für sein Zögern mit seiner geringen militärischen Macht und seiner Furcht vor Vergeltungsaktionen der Wahabiten. Feierlich erklärte er aber, daß er seine Maske fallen lassen und Saud angreifen werde, sobald die Turko-Ägypter einen entscheidenden Sieg errungen hätten. Bei einem solchen Sieg und Parteinahme des Großscherifen für Tussun Bey würden sogleich alle Beduinenstämme des Hedjas auf die Seite der Gegner Sauds treten.

Unterdessen zog er zusätzliche Truppen nach Mekka und Djidda, und als ihn Saud dringend aufforderte, sich mit ihm gegen die Invasoren zu vereinigen, entschuldigte er sich bei dem Imam damit, daß er einen ägyptischen Überfall auf Djidda von der Seeseite her befürchten müsse, was dann auch die Einnahme von Mekka zur Folge haben könne.

Offenbar war es das Ziel Ghalebs, erst einmal abzuwarten und dann über denjenigen herzufallen, der die erste Niederlage erleiden würde. Oder auch abzuwarten, bis beide Parteien von dem Krieg so geschwächt wären, daß er sie beide aus seinem Gebiet vertreiben könnte. Angesichts des Kräfteverhältnisses im Hedjas ist das undurchsichtige Verhalten des Großscherifen durchaus verständlich: Wer auch immer der Sieger sein würde – er wäre zwangsläufig sein nächster Feind.

Für Tussun war es indessen zwingend notwendig geworden, den Feldzug zu eröffnen, damit nicht die Bewohner des Hedjas wie auch der Gegner seine Untätigkeit als Furcht oder Entschlußlosigkeit auslegen würden. Eine Bewegung gegen Mekka oder Djidda würde Ghaleb, der in beiden Städten über scherifische Besatzungen verfügte, veranlassen, sich für die eine oder andere Partei zu erklären.

Aber eine solche Erklärung hatte Tussun Bey mehr zu fürchten als Saud. Deshalb richtete er sein Augenmerk auf Medina, das sechs Tagesreisen von Yanbu entfernt lag. Medina galt schon immer als die am besten befestigte Stadt des Hedjas, als das Bollwerk dieser Provinz gegen Nedjd und als eine Festung der Wahabiten. Der Besitz von Medina konnte der syrischen Pilgerkarawane, zu der stets auch viele Türken gehörten, den Weg nach Mekka öffnen oder verschließen. Die Eroberung von Medina würde zweifellos auch viele Beduinen bewegen, sich der turko-ägyptischen Armee anzuschließen, und Ghaleb versprach noch einmal feierlich, als er von der Absicht Tussuns erfuhr, sich gegen Saud zu erklären, sobald diese Stadt eingenommen sei.

Nachdem Tussun Bey eine Garnison in Yanbu zurückgelassen hatte, marschierte er mit seinen Truppen im Januar 1812 auf Medina zu. Nach kurzem Kampf rückte er in Bedr Huneyn, einer kleinen Stadt, zwei Tagesreisen von Yanbu entfernt und von Stammesleuten der Harb bewohnt, ein. Bedr, am Fuße des Gebirges gelegen, über das der Weg nach Medina führte, war der Eingang zum Wadi Safra, in dem zur gleichen Zeit Abdullahs Truppen ihre Stellungen bezogen: Das Hauptkontingent im Haupttal, eine berittene Reserve in einem Nebental.

Als die Ägypter bald darauf vor Khaif anlangten, griffen sie unverzüglich an und stießen dabei zunächst auf ausgeschwärmte Beduinen, die sich zurückzogen und die Ägypter in das Feuer von Abdullahs Milizen zogen, so daß Tussun den Angriff abbrechen mußte. Aber die Ägypter wiederholten ihre Angriffe immer wieder und so wogte der Kampf drei Tage lang hin und her. Dann endlich ließ Abdullah seine Reserve aus dem Seitental angreifen, die den Ägyptern in die Flanke fuhr und deren Flucht veranlaßte. Aber Abdullahs Stammeskrieger stießen sofort nach und die Ägypter sowie die mit ihnen verbündeten Stämme verloren bei dem anschließenden Gemetzel angeblich 1200 Mann an Toten (nach anderen Angaben sogar 4000 Mann); auch sieben Geschütze fielen in die Hände der Wahabiten.

Als der Großscherif von der Niederlage der Ägypter hörte, war für ihn die Entscheidung gefallen, und er begab sich sofort zu Abdullah, um ihm vorzuschlagen, gemeinsam Yanbu anzugreifen. Merkwürdigerweise ging Abdullah darauf aber nicht ein, sondern zog mit seinen Truppen nach Mekka, wo sich, ebenfalls mit starkem Stammesaufgebot, sein sonst so tatendurstiger Vater zur Hadj aufhielt – eine weitere Merkwürdigkeit dieses Krieges.

Sobald auf der anderen Seite des Geschehens Mohammed Ali von dem unglücklichen Ausgang des Unternehmens erfahren hatte, suchte er auf alle mögliche Weise den Verlust zu ersetzen und machte Anstalten zu einem neuen Feldzug. Der Khedive sandte seinem Sohn große Geldsummen, um sie unter die benachbarten Beduinenscheichs zu verteilen – in der Hoffnung, sie dadurch den Wahabiten abspenstig zu machen. Der ganze Frühling und Sommer des Jahres 1812 ging damit hin und täglich gelangten neue Truppenverstärkungen nach Yanbu.

Im Oktober 1812 hielt sich Tussun für stark genug, um einen zweiten Angriff auf Medina zu unternehmen. Die Beduinen im Wadi Safra waren inzwischen seine Freunde geworden. Viele Männer der Djuhaina hatten sich ihm angeschlossen und die Nachricht, daß die Wahabiten völlig untätig im Nedjd verharrten, bestärkte seine Hoffnung auf einen Erfolg.

In Medina hielt eine Garnison der Wahabiten Stadt und Zitadelle seit einem Jahr besetzt und beide waren auf eine längere Belagerung vorbereitet, während Saud sich schon wieder in Dariya befand und sich offenbar keine Gedanken über die Verstärkungen von Tussun Bey und seinen Vormarsch durch das Wadi Safra gemacht hatte. Durch den Sieg bei Khaif waren seine Stammeskrieger so zuversichtlich und überheblich geworden und verachteten die Ägypter wegen ihres feigen Verhaltens bei Khaif so sehr, daß sie glaubten, es stehe jederzeit in ihrer Macht, sie wieder zu schlagen. Saud erwartete wahrscheinlich, daß Medina lange Zeit Widerstand leisten würde und daß die Ägypter endlich aus Mangel an Lebensmitteln zum Rückzug gezwungen sein würden. In diesem Fall sah er voraus, daß die Beni Harb ihre fremden Verbündeten verlassen würden und dann leicht vernichtet werden könnten. Denn das Vergeltungsprinzip war immer noch eine hauptsächliche Antriebskraft arabischer Politik. Auch Abdullah war offensichtlich mit seinem Vater nach Dariya gezogen, wo sie gegen Ende Januar 1812 ankamen.

Als die Ägypter vor Medina angelangt waren, gelang es ihnen verhältnismäßig rasch, in die Stadt einzudringen, während sich die wahabitische Besatzung in die Zitadelle zurückzog, die nun von den Angreifern beschossen wurde. Während der nun beginnenden dreiwöchigen Belagerung gelang den Turko-Ägyptern jedoch kein Einbruch.

Als aber nach drei Wochen die Vorräte erschöpft waren, kapitulierten die Wahabiten unter der Zusicherung sicheren Geleits, die ihnen von den Ägyptern gegeben wurde. Zugesichert wurden ihnen auch genügend Kamele, um in ihre Heimat zurückkehren zu können; ebenso auch, daß sie all ihr Gepäck mitnehmen könnten und daß Kamele für diejenigen vorhanden sein sollten, die nach Nedjd zurückzukehren wünschten.

Aber als die Garnison aus der Zitadelle ausrückte, fand sie statt der versprochenen dreihundert nur fünfzig Kamele vor. Die Wahabiten waren demnach genötigt, den größten Teil ihres Gepäcks zurückzulassen und das Wertvollste mußte jeder Einzelne forttragen. Es kam aber noch schlimmer: Denn kaum hatten die Wahabiten die Stadt verlassen, als die Ägypter ihnen nachsetzten, sie überfielen, ausplünderten und so viele von ihnen töteten, wie sie erreichen konnten. Außer den wenigen, die ein Kamel hatten, entkam kaum einer der Wahabiten diesem Massaker.

Dieses Verhalten der Turko-Ägypter in Medina war nicht nur höchst unehrenhaft, sondern auch unklug. Denn sie hatten es mit einem Gegner zu tun, der es bei aller Grausamkeit gewohnt war, sich strikt an Vereinbarungen zu halten und einmal zugestandenes sicheres Geleit niemals verletzte. Die Beduinen Arabiens horchten auf und waren über die Ägypter entsetzt, und auch andere Vorfälle ähnlicher Art schadeten dem Ansehen der Invasionstruppen sehr. Es folgte nämlich noch eine andere Schandtat der Ägypter: Wie einstmals die Mongolen in Persien, sammelten sie die Schädel der erschlagenen Wahabiten und setzten diese an der Straße nach Yanbu zu Pyramiden zusammen.

Großscherif Ghaleb war durch den Fall von Medina etwas eingeschüchtert worden und sah seine vorsichtige Politik nicht bestätigt. Vermutlich wünschte er wirklich, das Joch der Wahabiten abzuschütteln und zog es deshalb jetzt vor, sich an die Ägypter zu halten. Er sandte ihnen Boten und ließ sie in seine Städte einladen. Einige hundert Ägypter wurden daraufhin von Tussun nach Djidda abgesandt, während seine Hauptmacht gegen Mekka vorrückte. Die Ereignisse überstürzten sich jetzt weiter und aus den vielen, oft widersprüchlichen Überlieferungssträngen läßt sich folgender Ablauf rekonstruieren:

Abdullah, der mit seinem Vater von Mekka nach Medina gezogen war, tauchte im Januar 1813 mit einer Wahabiten-Streitmacht wieder vor Mekka auf und bezog im Wadi Fatima, das nördlich von Mekka beginnt und südlich von Djidda ins Rote Meer ausläuft, sein Lager. Während dieser Zeit versicherte er sich noch einmal der Treue Ghalebs und unverdrossen erneuerte der geplagte Großscherif, der zu dieser Zeit schon wieder in engem diplomatischen Kontakt mit den Ägyptern stand, seinen Treueid gegenüber dem Imam – eine diplomatisch-konspirative Meisterleistung! Aber lange wollte oder konnte er sein Doppelspiel nicht mehr durchhalten und die Ereignisse zwangen ihn bald, Farbe zu bekennen. Denn nun langten, von Djidda und Yanbu kommend, turko-ägyptische Truppen vor Mekka an. Die Wahabiten zogen sich daraufhin aus dieser Stadt zurück und Abdullah vereinigte sie und seine Truppen aus dem Wadi Fatima in der Bergstadt Taif. Daraufhin trat der Großscherif mit etwa tausend Arabern und Sklaven zu den Ägyptern über, griff mit diesen gemeinsam die Wahabiten in Taif an, eroberte die Stadt und ließ seinen ehemaligen Wesir Osman, der auf Seiten der Wahabiten gekämpft hatte und von Ghalebs Truppen ergriffen worden war, hinrichten.

Inzwischen zog sich Abdullah auf das östlich von Mekka am Nordostrand des Asirgebirges gelegene Kurmah zurück, während der Imam eine weitere Streitmacht nach Medina führte. Dort konnte er die Stadt aber nicht mehr zurückgewinnen und operierte deshalb etwas unschlüssig in der Umgebung und im Wadi Safra, bevor er nach Dariya zurückkehrte. Vermutlich hatte er auf eine offene Feldschlacht gegen Tussun Bey gehofft – der Ägypter tat ihm diesen Gefallen jedoch nicht. Die Lage hatte sich damit für die Wahabiten trotz der Anfangserfolge jetzt verschlechtert und die Initiative war ihnen entglitten.

Aber obwohl sich die fünf Städte des Hedjas jetzt in den Händen des Khediven befanden, war die Macht der Wahabiten noch aufs Ganze gesehen unerschüttert. Alle Stämme östlich der Gebirge, die Arabien von Norden nach Süden parallel zum Roten Meer durchschneiden, erkannten Saud noch als Oberherrn an. Und da, wo die Ägypter den Beduinen im freien Feld begegneten, wurden sie jedesmal geschlagen.

Unter diesen Umständen hielt es Mohammed Ali Pascha für geboten, persönlich auf dem Kriegsschauplatz zu erscheinen und einen Hauptschlag zu führen, der seine Autorität im Hedjas festigen und ihn in die Lage versetzen sollte, für sich selbst das ganze Verdienst der Eroberung in Anspruch zu nehmen.

Mohammed Ali schiffte sich deshalb in Suez mit 2000 Mann Infanterie ein, während ein ebenso starkes Korps Reiterei, begleitet von einer Karawane von 8000 Kamelen, zur selben Zeit den Landweg über die Halbinsel Sinai und das Wadi Araba in das Hedjas einschlug.

Tussun Bey war in Mekka damit beschäftigt, seine Truppen zu sammeln und neu zu ordnen, als sein Vater im September 1813 in Djidda ankam. Der Großscherif befand sich gerade in dieser Stadt und begab sich schleunigst an Bord des Schiffes des Khediven, um diesen zu begrüßen. Sicher mit etwas weichen Knien, aber Allah und Mohammed Ali hatten wohl ein Einsehen mit dem gerissenen Taktieren Ghalebs. Jedenfalls wurde er von Mohammed Ali gnädig aufgenommen und beide schworen auf den Koran, niemals etwas gegen das Interesse, die Sicherheit oder das Leben des anderen zu unternehmen – ein Gelübde, das sie einige Wochen später in der Großen Moschee von Mekka feierlich und öffentlich erneuerten. Diese Wiederholung erfolgte auf den ausdrücklichen Wunsch des Großscherifen, der noch nicht wußte, das kein Versprechen heilig genug war, um von dem Pascha, der dem Großscherifen an Gerissenheit und Skrupellosigkeit noch weit überlegen war, eingehalten zu werden.

Nachdem Mohammed Ali in Mekka angekommen war, machte er der Ulema großzügige Geschenke und verteilte, wie es einem orientalischen Herrscher geziemte, Almosen unter die Armen. Er fing auch an, die Große Moschee auszubessern und verwendete große Summen für die Verschönerung derselben. Aber sein erstes und dringendstes Anliegen war die Sorge um den Transport der Lebensmittel für seine Truppen von Djidda nach Mekka und Taif. In Djidda befand sich damals die Hauptniederlassung der Ägypter, von dem aus die Versorgung mit Lebensmitteln und der gesamte Nachschub an Kriegsmaterial geregelt wurde. Alle Schiffe dieses Hafens und des Hafens von Yanbu wurden für diesen Transport benutzt, darüber hinaus hatte Mohammed Ali mit dem Sultan von Oman einen Mietvertrag für zwanzig Schiffe auf ein ganzes Jahr abgeschlossen.

Die Fragen der Logistik und des Transports waren für den Pascha auf diesem von Ägypten weit entfernten und schwierigen Kriegsschauplatz von besonderer Wichtigkeit und Mohammed Ali, der für Fragen moderner Kriegführung immer besonders aufgeschlossen war, scheint sich dieser Thematik besonders intensiv angenommen zu haben – besonders der Transportfrage. Denn der gesamte Nachschub für die ägyptischen Truppen in Mekka, Taif, Medina und östlich davon mußte vom Seehafen Djidda mühsam auf Kamelrücken die steilen Gebirgshänge hochgeschleppt werden und für die dafür benötigten Kamele, die ohnehin schon Schwierigkeiten hatten, sich auf den schwindelerregenden Maultierpfaden zu bewegen, fehlte es in dem trostlos kargen Gebirge an jeglichem Futter, so daß die Tiere verhungerten oder aus Schwäche zusammenbrachen und verendeten.

Von den 8 000 Kamelen, die Mohammed Ali zu Lande nach Hedjas hatte transportieren lassen, lebten drei Monate nach ihrer Ankunft nur noch 500 und die Beduinen, die sich Mohammed Ali angeschlossen hatten, besaßen nur wenig Kamele, wie es bei allen Arabern, die im Gebirge lebten, üblich war. Sie vermochten also kaum zu helfen und wollten auch ihre Tiere der Armee nicht für dieses verlustreiche Unternehmen anbieten. Die Zahl der Kamele reichte so also nicht aus, um die Versorgung der Truppen in Mekka und Taif sicherzustellen.

Extrem kompliziert waren für alle Betroffenen auch die bündnispolitischen Verhältnisse, wenn man bedenkt, daß keiner der drei Kriegführenden – Khedive, Großscherif und Imam – einem der beiden anderen traute und jeder es mit zwei Gegnern zu tun hatte, die untereinander verfeindet waren oder sich zumindest mißtrauten.

Der Pascha, der während seines ersten Aufenthaltes in Mekka den Großscherifen oft freundschaftlich besucht und den »Wächter der Heiligen Stätten« stets besonders zuvorkommend behandelt hatte, wurde jetzt in seinem Verhalten betont kühl, ja sogar abweisend. Und Ghaleb wiederum beklagte sich darüber, daß die Zölle von Djidda, ungeachtet der Versprechen des Khediven, von dessen Beamten zurückgehalten wurden. Jede der beiden Parteien gab bald der anderen die Schuld an der Verschlechterung der Beziehungen und behauptete, daß die andere sich hinterlistig und unaufrichtig verhalte. Auch die innige Verbindung des Großscherifen mit den benachbarten Stämmen, die ihn als ihren Beschützer gegen die Wahabiten ebenso wie gegen die Turko-Ägypter betrachteten, erregte beim Pascha

Argwohn, und er gewann die Überzeugung, daß, solange Ghaleb in seinem Amt bleibe, er selbst keine Aussicht habe, seine Operationen gegen die Wahabiten und zur völligen Unterwerfung des Hedjas erfolgreich zum Ende zu bringen. Mohammed Ali hatte inzwischen auch vom Sultan einen Firman erlangt, der ihm erlaubte, gegen Ghaleb so vorzugehen, wie er es für zweckmäßig hielt. Danach konnte er ihn an der Spitze der scherifischen Regierung lassen oder aber auch absetzen und gefangen nehmen. Mohammed Ali entschloß sich zu letzterem, er wollte also den Haschimitenfürsten verhaften.

Nur war dies nicht ganz so einfach und erfolgte so abenteuerlich und beleuchtet das ganze Szenario so gut, daß das ganze Unternehmen es wert ist, nach der Schilderung von Burckhardt genauer beschrieben zu werden:

Ghaleb hatte in Mekka ungefähr 1500 Soldaten und noch weitere scherifische Truppen in Taif und in Djidda. Darüber hinaus waren die in Mekka liegenden Araber alle eher geneigt, Ghaleb als Mohammed Ali, gegen den man sie leicht zu Feindseligkeiten hätte aufstacheln können, zu unterstützen.

In Mekka bewohnte der Großscherif einen vornehmen Palast am Hange des Hügels, auf dem die Zitadelle stand. Beide Bauwerke waren durch einen unterirdischen Geheimgang miteinander verbunden. Die Zitadelle war von seinem älteren Bruder Serur bereits erbaut und von ihm selbst neu befestigt worden, als er von Mohammed Alis Rüstungen zu einem Feldzug nach Arabien gehört hatte. Sie war gut mit Proviant versorgt, in den Zisternen war genügend Wasser, und eine Garnison von 800 Mann mit einem Dutzend schwerer Geschütze verteidigte sie ständig. Die ganze Stadt wurde von dieser Festung beherrscht, die, gemessen an den Mitteln, die dem Pascha zur Verfügung standen, für unüberwindlich gelten konnte. Viele andere von Ghalebs Truppen, z. B. die Aschraf von Mekka mit ihren Anhängern, sowie bewaffnete Sklaven und Söldner aus dem Jemen, waren in der Stadt selbst einquartiert oder bildeten seine Leibwache.

Ghaleb merkte bald, daß Mohammed Ali finstere Absichten gegen ihn hegte und besuchte den Pascha deshalb nicht mehr so oft wie früher. Wenn er ihn in seiner Wohnung, einer geräumigen Schule neben der Großen Moschee, aufsuchte, so war er immer von einer

Eskorte von mehreren hundert Soldaten begleitet. Endlich stellte er seine Besuche gänzlich ein und verließ seinen Palast nur noch zum Freitagsgebet in der Großen Moschee.

Mohammed Ali bemühte sich vergebens, ihn von seiner Wachsamkeit abzubringen, indem er ihn zweimal, nur von wenigen Offizieren begleitet, in seinem Palast besuchte. Er hoffte, Ghaleb werde es ihm gleichtun und ihm Gelegenheit zur Verhaftung geben. Er hatte sich sogar vorgenommen, den Großscherifen in der Moschee beim Gebet ergreifen zu lassen, aber ein unlängst aus Istambul angereister Qadi, der auf der Unverletzlichkeit des Heiligtums bestand, hatte ihn davon abgebracht.

Es vergingen nun fast vierzehn Tage, während derer sich Mohammed Ali täglich vergeblich bemühte, sein Ziel zu erreichen. Endlich ersann er eine List, die seine große Erfahrung, Gerissenheit und Heimtücke bewies, die er schon bei der Vernichtung der Mameluken* in seinem Lande unter Beweis gestellt hatte: Er ließ seinen Sohn Tussun Bey, der damals in Djidda war, an einem bestimmten Abend zu später Stunde nach Mekka kommen. Und der Etikette gemäß mußte ihn der Großscherif in Mekka willkommen heißen. Denn die Unterlassung einer solchen Zeremonie wäre nach orientalischem Höflichkeitsverständnis einer Kriegserklärung gleichgekommen.

Ghaleb, der wünschte, seinen protokollarischen Besuch abzustatten, bevor Mohammed Ali gegen ihn neue Pläne aushecken konnte, kam am Morgen nach Tussuns Ankunft sehr früh und trat mit nur geringer Begleitung in dessen Quartier ein. Was er nicht wußte, war, daß er nicht nur von dem Sohn des Khediven erwartet wurde, sondern auch von dessen Soldaten. Denn Mohammed Ali hatte schon am Vortage etwa hundert Soldaten den Befehl gegeben, sich in verschiedenen Zimmern von Tussuns Quartier zu verbergen. Dies taten sie auch so geschickt, daß niemand davon etwas bemerkte.

Als Ghaleb nun angekommen war, führten ihn die Diener Tussuns die Treppe hinauf, während seine Begleiter unten im Hof warten mußten. Ghaleb trat in das Zimmer Tussuns und unterhielt sich einige Zeit mit ihm. Aber als er schließlich wieder fortgehen wollte,

* Vgl. Jörg-Dieter Brandes, Die Mameluken. Sigmaringen 1996.

112

trat der Anführer der Arnauten in das Zimmer und meldete ihm, daß er nun Gefangener der Ägypter sei. Die verborgenen Soldaten stürzten zur gleichen Zeit aus ihren Schlupfwinkeln hervor und zwangen den Großscherifen, sich am Fenster zu zeigen und seinen Leuten zu befehlen, in ihre Quartiere zu gehen, da angeblich keine Gefahr bestehe.

Sobald dies öffentlich bekannt wurde, flüchteten sich die beiden Söhne Ghalebs mit ihren Leibwachen in die Zitadelle und bereiteten diese zur Verteidigung vor. Der Großscherif blieb gelassen. »Hätte ich selbst mich treulos benehmen wollen« sagte er zu Tussun Bey in Gegenwart von dessen Offizieren, »so würde dies alles so nicht gekommen sein.« Und als ein Firman des Sultans zum Vorschein kam und ihm gezeigt wurde, nach dem seine Anwesenheit in Istambul nötig sei, antwortete er: »Gottes Wille geschehe! Ich habe mein ganzes Leben auf Kriege mit den Feinden des Sultans verwendet und kann mich deshalb nicht fürchten, vor ihm zu erscheinen«.

Solange aber die Zitadelle noch in der Hand der Söhne Ghalebs blieb, war die Sache für Mohammed Ali nur halb gewonnen. Der Großscherif wurde deshalb gezwungen, seinen Söhnen schriftlich zu befehlen, die Festung an Mohammed Ali zu übergeben. Er unterzeichnete diesen Befehl aber erst, als man ihm den Tod androhte. Am folgenden Tag besetzten die Arnauten die Zitadelle und die scherifische Garnison zerstreute sich. Nachdem Ghaleb einige Tage in Mekka gefangen gehalten worden war, wurde er im November nach Djidda überführt, wo er an Bord eines Schiffes geschafft und dann nach Kairo gebracht wurde. In Kairo fand er seinen Harem und sein ganzes bewegliches Eigentum vor, das man in seinen Palästen in Mekka gefunden und über Suez nachgeschickt hatte. Denn Mohammed Ali hatte den Befehl erhalten, nicht den geringsten Teil davon zu behalten. Einer seiner Söhne, die ihm folgen durften, starb in Alexandria und der andere ging mit seinem Vater nach Saloniki, wo ihm die Pforte seinen künftigen Aufenthalt angewiesen hatte und wo er eine monatliche Pension erhielt, die seinem Range angemessen war. Ghaleb und seine ganze Familie sollten im Sommer 1816 in Saloniki an der Pest sterben.

Die Gefangennahme des Großscherifen verbreitete bei allen Mekkanern und bei den Beduinen Schrecken. Alle Freunde Ghalebs und mehrere Familien der Aschraf verließen mit ihrem Anhang die Stadt und flüchteten ins Landesinnere, da sie nicht wußten, ob nicht der Pascha die Absicht hatte, das ganze Geschlecht der Aschraf auszurotten. Diese Angst war jedoch unbegründet, denn Mohammed Ali ernannte nun einen Neffen von Ghaleb, Yahya ibn Serur, zum Gouverneur von Mekka. Der Khedive kannte Yahya als einen Mann ohne Talent und ohne Ansehen und war der Meinung, daß er seine Marionette sein würde. Der Pascha setzte ihm ein monatliches Gehalt aus, so daß er nicht viel mehr als ein Beamter des Khediven war.

Mit der Verbannung Ghalebs war der große Gegenspieler des Imam Saud von der arabischen Bühne verschwunden. Ein Vierteljahrhundert hatte er in stürmischer Zeit und oft in tragischer Rolle den Machtanspruch des Scherifats und seiner Familie mutig und gerissen zu wahren versucht. Es war eine Ironie des Schicksals, daß er schließlich nicht dem ebenbürtigen innerarabischen Imam, sondern einem albanischen Emporkömmling unterlag. Sein eigentlicher, langjähriger Gegner überlebte seine Vertreibung aber nur kurz. Am 1. Mai 1814 starb Saud in Dariya an einem Fieber. Er hatte in seinem rastlosen Leben seine großen Vorgänger an Erfolgen noch übertroffen und seiner Familie ein riesiges Reich geschaffen. In seinen letzten Lebensjahren hatte er den Bogen allerdings auch überspannt und bei allzu häufigen Pilgerreisen nach Mekka waren dem frommen Herrscher die Zügel allmählich entglitten. Sein großes Reich zeigte nun die ersten Bruchstellen. Sein Sohn und Nachfolger Abdullah sollte ein schwieriges Erbe übernehmen.

Der Zusammenbruch des ersten wahabitisch-saudischen Reichs – Abdullah I. ibn Saud Al Saud

Die Bezeichnungen »Wahabiten« und »Wahabitismus« sind nichtssagend, bei den Moslems weitgehend unbekannt und turkoägyptische Erfindungen, die gedankenlos von den Europäern übernommen wurden und nur wegen des besseren Verständnisses auch in diesem Buch Verwendung finden. Sie sind genauso irreführend wie die Bezeichnung »Fundamentalismus« für den gewalttätigen, reaktionären Islamismus des ausgehenden 20. Jahrhunderts, der seinerseits, obwohl beider Quellen im Urislam liegen, herzlich wenig mit der Lehre Abd el Wahabs zu tun hat: Der im Westen von selbsternannten »Islamexperten« gerne verwendete Begriff des Fundamentalismus stammt nämlich nach Auffassung seriöser Orientalisten aus Amerika und kam Anfang des 20. Jahrhunderts zur Bezeichnung einer Hinwendung zum Urchristentum auf. Um es kurz zu sagen: Eher könnten von den wortgewaltig schwadronierenden Sachbuchautoren der Moderne die Anhänger Abd el Wahabs noch als Fundamentalisten bezeichnet werden als irgendwelche terroristischen, revolutionären Islamisten. Und um nochmal auf die Lehre Abd el Wahabs zurückzukommen: Gerade seine Anhänger hätten es abgelehnt, seine Lehre so eng mit seinem Namen zu verbinden und damit eine Art Personenkult oder gar Heiligenverehrung aufkommen zu lassen. Gerade das entsprach ja nicht den Grundregeln des von den »Wahabiten« verfochtenen Islam. Genausowenig übrigens, wie die ungebührliche Hervorhebung Mohammeds in dem den Moslems völlig unbekannten Sammelbegriff »Mohammedaner«, den nur Andersgläubige verwenden. Die von uns so bezeichneten Wahabiten bezeichneten sich jedenfalls selber, von dem Zahlwort »wahid« (eins) ausgehend, als »Muwahidun«, was man, wenn man aus dem Christentum die Dreieinigkeit Gottes als Bezug nimmt, etwa mit »Unitarier« übersetzen und verstehen kann.

Abdullah übernahm ein Reich, das zum erstenmal erschüttert war. Fester denn je war aber auf der Arabischen Halbinsel die Lehre Abd el Wahabs in den Herzen der Menschen verankert. So fest, daß sie die allmählich einsetzende Zerschlagung des Reichs der Al Saud überdauern, als Lehre überleben und die Impulse für eine Wiedergeburt des Reiches liefern sollte. Zunächst aber existierte noch Imam Abdullahs Reich und wehrte sich hartnäckig gegen seinen Untergang.

Bevor Abdullah zur offiziellen Inthronisierung nach Dariya zurückkehrte, beauftragte er Ghassab, den Scheich der Ataiba, ihn in der Oase Turaba, die jetzt zum Schlüsselpunkt der wahabitischen Verteidigung geworden war, zu vertreten. Von Dariya reiste er selbst dann nach Er Rass, das zwischen Medina und Dariya lag, von wo aus er Streifzüge gegen einige Zweige der Mutair, die mit den Ägyptern zusammenarbeiteten, unternahm; ebenso gegen die Harb im Hedjas. Dann kehrte er nach Dariya zurück, nachdem er seinem Bruder Faisal noch als Nachfolger Ghassabs den Oberbefehl in Turaba, wo ihm jetzt 10 000 Mann aus dem Nedjd und 20 000 aus dem Hedjas und der Tihama unterstanden, übertragen hatte. Hier bahnte sich eine größere Auseinandersetzung mit den Ägyptern an. Wie aber sah es bei dem Gegner um die Wende 1814/1815 aus?

Insgesamt dürfte Mohammed Ali im Hedjas jetzt etwa 5 000 reguläre Soldaten zur Verfügung gehabt haben, zu denen jedoch noch ein riesiger Troß kam. Ungefähr 200 Mann standen zudem Ibrahim Agha, dem Siegelbewahrer Mohammed Alis, in Mekka zur Verfügung; dazu 150 arabische Soldaten unter dem Großscherifen. Zwischen 300 und 400 Mann waren in Medina, 100 Mann bildeten die Garnison von Yanbu und 200 standen in Djidda. Tussun Bey stand mit 350 Mann zwischen Yanbu und Medina. Mohammed Ali hatte in Taif 300 Ägypter bei sich, wovon ein Drittel aus Reitern bestand. Hassan Pascha, einer seiner Kommandeure, stand östlich von Taif, in Kulakh, mit 100 Arnauten und sein Bruder Abdin Bey befehligte die vorgeschobenen Posten der Armee, die sich aus 1 200 Arnauten und 470 Reitern zusammensetzten.

Nach anderen ägyptischen Angaben befanden sich insgesamt 20 000 Mann unter dem Befehl Mohammed Alis. Aber der Troß war dabei um ein Mehrfaches größer als die eigentliche Truppe: Die zahlreichen Nachzügler bei einer solchen Armee, die Menge der Kaufleute und Pilger, die sich der Armee anzuschließen pflegten, ein unermeßlicher Troß von Kameltreibern, Pferdewärtern und Dienern, die die Armee begleiteten – sie alle trugen dazu bei, die Zahl der Truppen dem Schein nach zu vergrößern. Die Wahabiten hatten demnach vermutlich nie eine genaue Kenntnis von der wirklichen Stärke ihrer Feinde. Täglich kamen neue Verstärkungen aus Ägypten im Hedjas an. Und dazu kamen noch, fast täglich wechselnd, die Aufgebote der befreundeten beziehungsweise bestochenen Araberstämme.

Inzwischen unternahmen die Wahabiten häufig Angriffe auf Taif und auf die Stämme, die die Partei des Paschas ergriffen hatten. Der Khedive seinerseits beunruhigte seine Gegner in dessen Gebieten mit Vorstößen kleiner Abteilungen seiner Reiterei. In dieser Art der Kriegsführung hatten sich vor allem die Beduinen immer schon hervorgetan und ihr üblicher Erfolg bei solchen Unternehmungen schreckte vor allem die turko-ägyptischen Soldaten mehr als der Verlust einer regelrechten Schlacht. Denn sie waren sich nicht einen einzigen Augenblick vor dem Gegner sicher, sobald sie eine Stadt verlassen hatten.

Die Situation für die Wahabiten verschlechterte sich trotzdem, weil die Turko-Ägypter jetzt noch mehr Verstärkungen erhielten. Im November kamen die Pilgerkarawanen aus Syrien und Ägypten im Hedjas an. Mit der Karawane aus Syrien kamen 3 000 Kamele, die Mohammed Ali von den syrischen Beduinen gekauft hatte. Tussun hatte währenddessen in Medina von den durchziehenden Karawanen 1 000 Kamele aus der Gesamtzahl von 4 000 genommen, um seinen eigenen Mangel an Transporttieren zu beheben.

Auch die ägyptische Karawane brachte 2 500 Kamele und außerdem noch eine Verstärkung von 1 000 Reitern mit. Damit nun alle Kamele für militärische Zwecke verwendet werden konnten, wurde die ganze Karawane in Mekka von den Ägyptern in Beschlag genommen. Aber das war noch nicht alles: bald kam eine weitere Verstärkung der Kavallerie, denn von den libyschen Beduinenstämmen, die den Sommer über in der Nähe des Niltals zu lagern pflegten, waren Reiter angeworben worden, von denen 800 Mann jetzt ebenfalls in das Hedjas kamen. Dies waren nun selbst Beduinen, die an den Krieg, wie ihn die Wahabiten führten, gewöhnt waren. Pferde und Reiter konnten in gleichem Maße Strapazen ertragen. Auch führte jeder dieser Reiter neben seinem Pferd noch ein Kamel mit sich, das den Bedarf auch für die entfernteste Unternehmung bei sich auf dem Rücken trug.

Die Hälfte dieser Reiter war zu Tussun Bey, der sich eben nach Medina begab, gestoßen. Die andere Hälfte ging nach Taif und war kaum dort angekommen, als sie sich auch schon durch verwegene Angriffe auf die Truppen des Imam auszeichnete, die immer noch bei Turaba lagerten.

Nachdem nun Mohammed Ali seine ganze militärische Macht zwischen Mekka und Taif versammelt hatte und die Zahl seiner Soldaten ihm Hoffnung auf Erfolg gab, erklärte er seine Absicht, sich selbst an die Spitze der Armee zu stellen. Am 7. Januar 1815 marschierte er mit allen Truppen, die er hatte zusammenbringen können, aus Mekka nach der Gegend von Kulakh, wo er sich mit dem dort stehenden Arnauten-Korps und der ägyptischen Kavallerie-Abteilung vereinigte. Hier erhielt er auch die Meldung, daß die Wahabiten unter ihrem Befehlshaber, dem Prinzen Faisal, von Turaba auf das Höhengelände von Basal, das sich zwischen Turaba und Kulakh dahinstreckte, marschierten und dort Lager bezogen.

Sofort befahl der Khedive für seine Reiterei den Angriff. Aber ohne Erfolg, denn es gelang ihm nicht, die Wahabiten aus ihren höher gelegenen Stellungen zu werfen und seine eigenen Soldaten wurden nur von den Lanzen der Reiter Faisals durchbohrt. Die Nachricht von dem Fehlschlag gelangte schnell nach Mekka und verbreitete sich im ganzen Land. Es hieß, Mohammed Ali sei tot und die Wahabiten seien bereits auf dem Vormarsch auf Mekka. Panik machte sich breit.

Indessen hatte der keinesfalls dem Leben entrückte Mohammed Ali Pascha während des Gefechts erkannt, daß er nicht auf Erfolg rechnen konnte, solange der Feind auf den Höhen blieb. Er wußte auch, daß, wenn er am nächsten Tag erfolglos blieb, seine Invasion im Hedjas wahrscheinlich für immer gescheitert wäre. Er schickte deshalb in der Nacht einen Boten nach Kulakh, ließ Verstärkungen holen und gab den Befehl, daß 2000 Infanteristen und seine Artillerie in der Flanke des Feindes in Stellung gehen sollten. Am folgenden Morgen erneuerte er dann den Angriff mit seiner Reiterei und wurde abermals zurückgeschlagen. Nun aber versammelte er seine Offiziere und gab ihnen den Befehl, sich mit ihren Soldaten den Wahabiten auf eine kürzere Entfernung zu nähern, als es zuvor geschehen war. Dann sollten sie ihre Gewehre abfeuern und sich in scheinbarer Unordnung zurückziehen.

Dies geschah auch, und als die Wahabiten ihren Gegner scheinbar fliehen sahen, glaubten sie, daß der Augenblick gekommen sei, ihn völlig zu vernichten. Sie verließen ihre festen Positionen am Berghang und verfolgten die Ägypter über die Ebene.

Alles verlief so, wie es der Pascha erwartet hatte. Als er glaubte, der Feind habe sich weit genug von den Höhen entfernt, sammelte er seine Reiterei, bot mit ihr den Verfolgern die Stirn und hatte so bald die Schlacht gewonnen: Die ägyptische Infanterie umging nämlich jetzt die Wahabiten und fiel ihnen in den Rücken. Damit kam es zur offenen Feldschlacht, in der die Araber schon immer jeder regulären Armee unterlegen waren. Sie verloren schnell ihren Zusammenhalt, wurden kopflos, suchten das Weite, und dies nutzte Mohammed Ali aus. Denn sobald er den Gegner fliehen sah, verbreitete er unter seinen Soldaten, daß er jeden Kopf eines Wahabiten mit sechs Goldstücken prämieren wolle. In wenigen Stunden waren daraufhin 5000 Köpfe vor ihm aufgeschichtet. Alleine in einem besonders engen Tal waren 1.500 Wahabiten umzingelt und gnadenlos erschlagen worden. Ihr ganzes Lager und Gepäck und die meisten ihrer Kamele wurden eine Beute des Paschas.

Die Ägypter verloren an diesem Tag angeblich nur 400–500 Mann. Die Krise für Mohammed Ali war vorüber – die Zerschlagung des Wahabitenreichs konnte ihren Fortgang nehmen und alle Anzeichen deuteten auf ein schnelles Ende: Mitte April 1815 erreichte Abdullah die Nachricht, daß Tussun Bey auf dem Marsch nach Er Rass, der Zwischenstation auf halbem Wege zwischen Medina und Dariya, sei. Dies war alarmierend, denn jetzt war abzusehen, wann die Ägypter vor Dariya stehen würden. Als erstes mußten die Gegner jetzt daran gehindert werden, den Ort Rass, der für sie bei einem Weitermarsch nach Dariya als befestigte Versorgungsbasis und Wasserstelle unverzichtbar sein würde, in Besitz zu nehmen. Denn es gehörte ja zu den Besonderheiten des Wüstenkrieges, daß es nie um die Gewinnung eines Gebietes ging, sondern strategische Bedeutung immer nur der Besetzung der Oasen und vor allem der Brunnen zukam. Es kam deshalb nun zu einem regelrechten Wettlauf Tussuns mit Abdullah auf Rass – einem Wettlauf, den der Imam verlor. Denn als er vor Rass ankam, war die Stadt bereits von den Ägyptern besetzt. Die umliegenden Weiler wurden von den arabischen Verbündeten des Paschas gehalten, die beim Auftauchen der Wahabiten allerdings schleunigst in der Weite der Wüste verschwanden, da sie deren grausame Rache fürchteten. Abdullah zog sich daraufhin auf den nach dem Stamm der Aneze benannten Ort Anaiza (jetzt Unaizah), dem vermutlich nächsten Angriffsziel von Tussun Bey, zurück und, getrennt nur durch einen sandigen Ausläufer der Wüste Nefud, begann ein zermürbender Kleinkrieg zwischen den Oasen von Rass und Anaiza. Der Ausgang waren abzusehen, denn Anaiza würde dem Beschuß der Artillerie Tussuns, wenn dieser erst mal angriff, nicht standhalten können.

Aber jetzt gab es zwei Ereignisse, die dem Imam einen Aufschub seines Untergangs gewährten. Das erste Ereignis ereignete sich in Ägypten. Dort kam es im Süden des Landes zu Unruhen derjenigen Mameluken, die dem Massaker von 1811 in der Zitadelle von Kairo entgangen waren und die sich in den Süden gerettet hatten. Weit schlimmer aber waren für den Khediven Gerüchte, daß der Sultan in Istambul angeblich plante, Ägypten mit militärischer Macht wieder gänzlich der Hohen Pforte zu unterstellen. Mohammed Ali sah sich deshalb gezwungen, überstürzt nach Kairo zurückzukehren, einen Teil seiner Truppen aus dem Hedjas mit zurückzunehmen und seinem Sohn Tussun den Rest der Armee zur Fortführung der Operationen gegen die Wahabiten zu unterstellen.

Das zweite Ereignis ereignete sich wenig später: Umherstreifende Wahabiten fingen eines Tages westlich von Rass drei Reiter – einen ägyptischen Offizier und zwei Beduinen – ab, die einen Brief Mohammed Alis an Tussun mit sich führten, in dem der Khedive seinem Sohn befahl, mit dem Imam sofort Friedensverhandlungen aufzunehmen. Offenbar war die Lage in Kairo noch besorgniserregender, als es bisher angenommen worden war.

Die beiden Beduinen wurden nach bewährtem Brauch ohne viel Federlesens erschlagen und ausgeraubt. Den Offizier aber schickte der Imam mit einem eigenen Friedensangebot zu dem ägyptischen Befehlshaber, und nun ging alles sehr schnell: Zwischen Tussun und Abdullah wurde ein Friedensvertrag geschlossen, demzufolge die Ägypter versprachen, das Nedjd-Gebiet nicht mehr zu beunruhigen und Abdullah darauf verzichtete, sich jemals noch in die Angelegenheiten des Hedjas einzumischen oder die Pilgerzüge zu behelligen.

Tussun kehrte daraufhin mit einem Großteil seiner Streitkräfte ebenfalls nach Kairo zurück. Ihm war es aber nicht bestimmt, den Fehlschlag des Feldzuges im Hedjas noch lange zu überleben: Er starb Ende September 1817. Sein früherer Gegner, Großscherif Ghaleb, war einen Monat früher in Saloniki gestorben.

In Zentralarabien geschah jetzt nach dem Rückzug der Ägypter, was nach arabischer Logik und orientalischem Rechtsverständnis unausweichlich war: Abdullah begann einen Feldzug, der eine reine Strafaktion gegen diejenigen Stämme war, die sich Tussun angeschlossen hatten. Er versammelte dazu alle loyalen Stämme in der Provinz Kasim – aus Oman und dem Wadi Dawasir, aus Hasa und dem Djebel Schammar. Dann zog er westwärts und suchte die Harb und die Mutair heim, zog bis nach Hanakiyah nordöstlich von Medina, drehte dann nach Süden zur Lavawüste von Kischb im Nordosten von Mekka und kehrte schließlich von dort nach Dariya zurück. Hinter sich ließ er eine breite Spur rauchender Oasen, zerstörter Brunnen, abgeschlagener Palmen und krächzender Geier über den Hütten der Erschlagenen. Die meisten Oasenbewohner hatten allerdings rechtzeitig vor ihm mit ihren Herden die Flucht ergriffen und der Imam konnte auch nur wenige Geiseln, zu denen der unglückliche Emir von Rass gehörte, mit in seine Hauptstadt bringen. Das alles war das gnadenlose Gesetz der Wüste.

Sollte nun nach dem Abzug der meisten Turko-Ägypter Ruhe auf der Arabischen Halbinsel einkehren, sollte der Wahabitismus sich jetzt weiter stabilisieren? Mohammed Ali ist in die Geschichte des Nahen Ostens nicht als ein Mann eingegangen, der seine Ziele jemals aus dem Auge verlor oder allzu schnell verzagte. Die drohende Gefahr aus der Türkei hatte sich als unbegründet erwiesen und der Khedive richtete deshalb sein Augenmerk bald erneut auf Zentralarabien.

Das neue Unternehmen gegen Nedjd, das Mohammed Ali im Herbst 1816 seinem Stiefsohn Ibrahim anvertraute, unterschied sich von allen früheren Feldzügen in Arabien durch die sorgfältige, der europäischen Kriegskunst abgeschaute Organisation der Etappen und die fortschrittliche Methodik der Gefechtsabläufe. Und Mohammed Ali tat alles, um Ibrahim seine Aufgabe zu erleichtern, denn er sorgte für den ständigen Nachschub an Truppen und Kriegsmaterial. Ibrahim war ein gelehriger Schüler des großen Mohammed Ali und verstand es ebenso geschickt wie jener, mit den Beduinen umzugehen. Er konnte sich mit Abdullah zweifellos nicht an Kriegserfahrung und vor allem nicht an Erfahrung in den Besonderheiten des Wüstenkrieges messen, aber er war dem Imam an Zähigkeit gewachsen und besaß Feldherrnqualitäten europäischen Formats.

Ibrahim schlug sein Lager bei Yanbu auf und schickte ein berittenes Vorauskommando nach Hanakiyah. Nachdem er sich durch einen Zug gegen die Djuhaina den notwendigen Respekt in der Gegend verschafft hatte, konnte er mit seiner Hauptmacht dem Vorauskommando nach Hanakiyah folgen. Hier schlossen sich ihm die Beduinen der nördlichen Harb an und während der nächsten Monate unternahm Ibrahim mehrere Züge, mit denen er sich in die Provinz Nedjd vortastete. Dabei rieb er Stämme, die noch zu den Wahabiten hielten, wie die Rehale, auf und machte andere, denen Abdullah den Rückzug in die Provinz Kasim befohlen hatte, dem Imam abspenstig. Abdullah rückte nun aus Zentralarabien vor und die mit Ibrahim verbündeten Beduinenstämme wichen auf Hanakiyah und die etwa zwei Tagesreisen südlich von Hanakiyah gelegenen Brunnen von Mawiya aus. Um diese arabischen Verbündeten, bei denen es sich wieder um Harb und Mutair, aber auch um Teile der Ataiba und der Aneze handelte, zu schützen, ließ Ibrahim die Wasserstellen besetzen, und es kam ebendort zur einzigen Feldschlacht des Krieges. Denn Abdullah, der sich gerade in Rass aufhielt, als er von der Feindansammlung in Mawiya erfuhr, jagte nun mit seinen Kamelreitern in wenigen Tagen durch die Nefud el Urayk und die Trockentäler des Wadi el Miyah zu dem Brunnengebiet, wo er den Gegner am 1. Mai 1817 im Morgengrauen überraschte und in die Flucht schlug.

Aber die Verfolgung wurde zum Desaster, als die Verfolger in die Reichweite der ägyptischen Artillerie gerieten und der Anfangserfolg der Wahabiten in Panik und eine zügellose Flucht ausartete.

Diese Flucht war der Beginn der zweiten Etappe des Unterganges des Wahabitenreichs. Denn jetzt trat Ibrahim zur Gegenoffensive an und rollte den Weg von Hanakiyah nach Dariya systematisch auf. Am 9. Juli gelangten die Ägypter vor Rass an, und es begann eine viermonatige Belagerung, während der sich die Einwohnerschaft tapfer wehrte. Angeblich fanden 70 Verteidiger den Tod, während die ägyptische Seite 600 Gefallene zu beklagen hatte. Aber die Ägypter kamen jetzt in den Genuß eines ständigen Stroms von Ersatz und Nachschub von der Küste, während sich bei den Verteidigern Mangel einstellte. Am 25. Oktober kapitulierten sie und es wurde ihnen der freie Abzug mit sämtlichen Waffen gestattet. Sie zogen unbehelligt fort und vereinigten sich mit den Streitkräften, die der Imam in Anaiza stehen hatte. Abdullah selber begab sich zu dieser Zeit nach Dariya, um die Verteidigung seiner Hauptstadt vorzubereiten.

Anaiza ergab sich ohne Gegenwehr und die Verteidiger durften wieder ehrenvoll mit ihren Waffen abziehen und sich nach Dariya begeben. Damit war auch die Provinz Kasim mit all ihren Städten und Oasen für das Wahabitenreich verloren. Ibrahim nahm die Söhne des Emirs und einiger Scheichs als Geiseln, um die Sicherheit in Kasim zu gewährleisten, und wandte sich nun nach Süden.

Anfang 1818 ergab sich nach tapferer Verteidigung die Stadt Asch Schakra, die Hauptstadt der Provinz Waschm und Ibrahim wandte sich nun wieder nach Osten. Noch während er Schakra hatte beschießen lassen, waren Boten aus Huraimala, der Stadt, in der der große Abd el Wahab seine Jugend verbracht hatte, bei ihm aufgetaucht und hatten die Übergabe angeboten. Deshalb konnte sich Ibrahim jetzt seinem nächsten Ziel, Dhurma, der nach Dariya am stärksten befestigten Stadt des Reiches, zuwenden.

Entsprechend heftig waren die Kämpfe hier, auch wenn sie nur drei oder vier Tage andauerten. Dafür erfolgten sie aber ohne Unterbrechung bei Tage und in der Nacht und im ständigen Wechsel von Artilleriekanonaden und eines Kampfes Mann gegen Mann. Am Ende konnte sich aber auch diese Stadt nicht halten und die meisten überlebenden Verteidiger flüchteten in das nur etwa 50 Kilometer entfernte Wadi Hanifa und suchten Schutz hinter den Mauern der Großoase von Dariya. Am 11. März 1818 stand Ibrahim mit seiner Armee aber auch vor diesen Mauern.

Damit begann eine Belagerung, die, wenn Zentralarabien nicht vom übrigen Weltgeschehen so isoliert gewesen wäre, als eine der großen und erbittertsten Schlachten in die Weltgeschichte eingegangen wäre. Alleine schon die hohe Zahl der Opfer rechtfertigt diesen Schluß: Von den 12 000 Toten der ägyptischen Invasionsarmee fielen alleine 10 000 vor Dariya, während die Verteidiger etwa 1 300 Tote zu beklagen hatten, unter denen sich drei Brüder und ein Sohn sowie achtzehn weitere Verwandte des Imam und fünfzehn Angehörige der ehemaligen Aiyaina-Fürstenfamilie der Mu'ammar befanden. Aber ihre Bedeutung erhielt die Schlacht vor allem dadurch, daß nach ihrem Ende das Wahabitenreich, das die Arabische Welt so verändert hatte, zerstört am Boden lag und die Geschichte Arabiens einen neuen Anfang nehmen mußte.

Die Geschichte der Schlacht um Dariya heute noch glaubwürdig zu rekonstruieren, ist äußerst schwierig. Philby hat es versucht – dabei aber einige Widersprüche und Ungenauigkeiten nicht vermeiden können. Deshalb sei hier nur eine vorsichtige und sehr allgemeine Übersicht gegeben:

Dariya hatte sich in den letzten Jahren stark vergrößert und war jetzt eine aus der Kernoase und mehreren Dörfern und Weilern bestehende Großoase beiderseits des Talbodens des Wadi Hanifa. Die meisten der einzelnen Orte hatten ihre eigenen Mauern – alle Orte waren aber durch ein gemeinsames System von Türmen, Gräben und Hindernissen miteinander verbunden. Daneben scheint es auch eine begrenzte Anzahl von Geschützen gegeben zu haben, um sogenannte »tote Räume« überwachen zu können. Überragt wurde das ganze Verteidigungssystem von der auf einer felsartigen Klippe auf der Westseite des Tals gelegenen Zitadelle »Turaif« – einer Ansammlung burgartiger Lehmpaläste der verschiedenen Mitglieder der Herrscherfamilie und der Nachkommen des Scheichs Abd el Wahab.

Neben Turaif war für das Verteidigungssystem noch ein anderes großes Fort namens »Samha« von Bedeutung, das das Kernstück der Hauptverteidigungslinie im Norden der Oase darstellte. Und dort, im Norden, war unter dem Kommando von drei Brüdern des Imam, nämlich Faisal, Ibrahim und Fahd, auch die Miliz von Dariya eingesetzt, während die übrigen Verteidigungsabschnitte, die überwiegend unter dem Kommando von Mitgliedern der Herrscherfamilie standen, von Stammeskontingenten und auch einer Abteilung, die nur aus Sklaven bestand, besetzt waren. Der Imam, umgeben von einigen Stammesfürsten und führenden Vertretern der Ulema, hatte seinen Gefechtsstand zwischen zwei Stadttoren, dem Samhan- und dem Dhahra (Wüsten)-Tor, wo sich auch seine schwereren Geschütze befanden.

Die Kämpfe um die Stadt begannen im Norden, wo sie über die nächsten Monate in einem ständigen Wechsel von Bombardements durch Ibrahims überlegener Artillerie und erbitterten Nahkämpfen Mann gegen Mann anhielten. Trotz verzweifelter Gegenwehr der Wahabiten ging dort als erstes das Wadi Ghubaira verloren. Die Flüchtenden strömten von dort nach Dariya oder in ihre Hütten im Tal, die sie verbarrikadierten und bis zum letzten verteidigten.

Bei allem Heldenmut gab es im Laufe der Zeit aber auch Beispiele von Feigheit, Verrat und Desertion. So lief eines Tages Nasir, der Emir von Riadh, mit Kämpfern aus Manfuha zu den Ägyptern über und verriet Ibrahim den Aufbau und die Stärke der wahabitischen Verteidigung. Später tat es ihm einer der angesehensten wahabitischen Führer, der Ataiba-Scheich Ghassab, der, wie früher geschildert, zeitweise in Turaba das Kommando über die saudischen Streitkräfte innegehabt hatte, gleich. Das alles zehrte natürlich an der Moral, und dazu kamen allmählich Mängel in der Versorgung, vor allem der zunehmende Hunger. Die Tapfersten fielen und die Zahl der Opfer nahm zu. Es gab keine Hoffnung auf irgendeinen Entsatz und alle Anzeichen sprachen dafür, daß die Ägypter bestens versorgt und in der Lage waren, ihre Angriffe noch über Monate fortzusetzen.

In dieser Situation muß Abdullah wohl erkannt haben, daß Dariya verloren war. Der Imam, dessen Bruder Ibrahim gerade gefallen war, verlegte seinen Aufenthalt nun in die Zitadelle, die sofort unter den Beschuß der Ägypter geriet, während sein Onkel Abdullah ibn Abd el Asis und Scheich Ali, ein Sohn des großen Mohammed ibn Abdul Wahab, dem ägyptischen Generalissimus die Kapitulation anboten. Aber Ibrahim bestand darauf, daß der Imam sich persönlich unterwerfen müsse, und es bedurfte noch eines weiteren zweitägigen Beschusses der Zitadelle, bis Abdullah am 11. September dieser Aufforderung nachkam und Dariya den Ägyptern übergab. Ein Hauch des Todes lag über der Stadt und ihren Einwohnern, als die Ägypter wenig später durch die Stadttore hereinströmten, und auch wer heute bei glühender Hitze und unter den neugierigen Augen der wenigen dort noch lebenden Bewohner einsam durch die Ruinen wandert und die am heftigsten umkämpften Verteidigungsabschnitte besucht, meint noch den Heldenmut zu spüren, mit dem damals freiheitliebende Nedjd-Araber um ihre Unabhängigkeit gekämpft hatten.

Imam Abdullah wurde zwei Tage nach der Kapitulation als Gefangener nach Kairo und von dort nach Istambul gebracht, wo er am 17. Dezember 1818 auf Weisung des Sultans vor der Aja Sofia enthauptet wurde. Als könne man so die wahabitische Lehre für immer aus dem Bewußtsein der Gläubigen tilgen, wurde sein Schädel anschließend in einem Mörser zerstampft.

Mit den übrigen Prinzen der Familie verfuhr Ibrahim vergleichsweise human und einigen von ihnen, darunter Turki ibn Abdullah ibn Mohammed Al Saud, einem Vetter des Imam, dem bei der späteren Wiederherstellung der Macht der Al Saud noch eine bedeutende Rolle zukommen sollte, gelang sogar im Chaos der Besetzung von Dariya oder der anschließenden Deportationen die Flucht. Hart und gnadenlos ging Ibrahim aber mit den gefangenen geistlichen Würdenträgern um: Einige wurden sofort von Exekutionskommandos erschossen, andere wurden vor Geschützmündungen gebunden und von deren Geschossen zerrissen. Dem Qadi von Medina, der sich während der Belagerung in Dariya aufgehalten hatte, wurden alle Zähne herausgebrochen, anschließend wurde er weiter gefoltert und Soliman, ein Enkel von Abd el Wahab, wurde unter Gitarrenmusik in hämischer Prozession zum Friedhof geführt, um dort erschossen und verscharrt zu werden.

Unter turko-ägyptischem Joch –
Turki ibn Abdullah Al Saud

Terror und Schrecken legten sich nun wie ein grauer Schleier über die Wüste und lähmten die Menschen, die Oasenbewohner ebenso wie die Beduinen. Aber wie sah es zu dieser Zeit außerhalb des in Agonie darniederliegenden Nedjd, jenseits der Grenzen des von Lähmung befallenen Arabien aus?

Während Mohammed Ali in Ägypten seine Macht konsolidierte, zeigte die Türkei in zunehmendem Maße die Schwächen, die ihr den Ruf des »Kranken Mannes am Bosporus« einbrachten. Gerade war der Krieg mit Rußland beendet, als sich auf dem Balkan Unruhen zeigten. Die Probleme in der Moldau und der Walachei sollten zu einer ernsten Gefahr werden, als 1820 Unruhen in Rumänien und der Aufstand der Griechen ausbrachen. In Mesopotamien hatte die Pforte, als Soliman Pascha 1810 in Bagdad starb, die türkische Autorität wiederhergestellt, aber in der Provinz Hasa stießen Beni Khaled – Prinzen aus dem Haus der Ibn Araiar in das Vakuum, das nach der Zerschlagung der Al Saud in Dariya entstanden war und besetzten Hofuf und Katif. Auch britische Truppen tauchten zeitweilig in Katif auf und brachten damit deutlich zum Ausdruck, daß England Ägypten beziehungsweise das Osmanische Reich durchaus nicht als rechtmäßige Nachfolger der Al Saud betrachtete, sondern bei allen arabischen Fragen durchaus ein Wörtchen mitzureden gedachte.

In Zentralarabien war das Leben aber während der nächsten Jahrzehnte turko-ägyptischer Besetzung gelähmt. Die Ägypter verhafteten und deportierten alle männlichen Familienmitglieder der Al Saud und der Verfechter des Wahabitismus – vor allem in El Hasa, wo Ibrahim Pascha die Araiar vertrieb und zu hoffen schien, diese Golfprovinz wieder dem Osmanischen Reich zuführen zu können. In den Städten und Oasen ließ er alle Häuser und Hütten, in denen er Widerstand vermutete, abreißen und bald machten sich unter den Landesbewohnern auch Denunziation und Anarchie breit, zumal die Besatzer keinerlei Anstalten machten, eine neue Verwaltung aufzubauen oder zuzulassen. Im Gegenteil: Emire und Scheichs, die wenigstens noch ein Minimum an lokaler Autorität verkörperten, wurden bisweilen grundlos verhaftet oder liquidiert. So zum Beispiel Mohammed, der Schammar-Emir von Hail aus der Familie der Ibn Ali, sowie dessen Verwandter, der Schammar-Scheich Abdallah ibn Raschid, der bisher Emir von Anaiza gewesen war.

Bei aller Lähmung gab es aber doch etwas, was ungebrochen fortdauerte: der hingebungsvolle, bewährte Kampf um die Macht all der wenigen, die dafür in irgendeiner Form legitimiert waren, und der vielen, die sich dafür legitimiert hielten. Und dieser permanente Machtkampf war es möglicherweise auch, der den Khediven veranlaßte, die völlige Zerstörung von Dariya und die Evakuierung seiner Bevölkerung anzuordnen. Denn von Dariya ging auch nach der Eroberung immer noch Unruhe aus und in Arabien war es immer schon üblich gewesen, Unruhestiftern, und der Vollständigkeit halber auch deren Verwandten, ihre Behausungen abzureißen.

In Dariya hatte sich nach der Auflösung der Saud-Dynastie, zwar von niemandem gerufen, doch vermutlich von Ibrahim Pascha gebilligt, ein Mitglied der Mu'ammar-Familie, also der ehemaligen Herrscher von Aiyaina, Mohammed ibn Mischari ibn Mu'ammar, im September 1819 zum neuen Imam des Nedjd proklamieren lassen. Viel Beifall fand er dabei nicht, denn die Einwohner von Riadh, Huraimala und El Kharj wandten sich sofort dagegen und fanden dabei auch einen Verbündeten, der für sich selbst die Herrscherwürde in den Trümmern der ehemaligen Wahabitenhauptstadt anstrebte: Majid ibn Araiar von den Beni Khaled aus Hasa.

Aber in dem nun einsetzenden Intrigenspiel stellten sich verschiedene Beduinenstämme gegen Majid und dieser verließ deshalb bald wieder enttäuscht die Stätte seiner Sehnsüchte.

Damit war der Machtkampf aber noch keinesfalls beendet, denn wie eine Fata morgana tauchten aus der Wüste plötzlich zwei Prinzen der Al Saud auf – Said und der im Kampf um Dariya bereits hervorgetretene Turki, ein Großonkel des unglücklichen Imam Abdullah aus einer anderen Linie der Saud. Beide stellten für den Mu'ammar-Imam Mohammed noch keine Gefahr dar, denn sie verhielten sich loyal zu ihm. Dennoch sollte für den ohnehin schon angeschlagenen

Mohammed nicht die Beschaulichkeit einer gesicherten Herrschaft einkehren, denn bereits Ende März 1820 erschien ein weiterer Saud, der auch Mischari hieß und einer der vielen Brüder des in Istambul enthaupteten ehemaligen Imam Abdullah war.

Dieser Mischari beanspruchte nun in Dariya die Macht für sich. Er war von den Ägyptern auch für die Deportation nach Kairo vorgesehen gewesen, aber auf dem Weg von Medina nach Yanbu war ihm die Flucht gelungen. Daraufhin hatte er sich in Kasim der Unterstützung einiger Stämme versichert, mit deren Hilfe er seinen Thronansprüchen Nachdruck verleihen wollte. Notwendig war dies allerdings nicht, denn sowohl der Mu'ammar-Imam wie auch Turki und zahlreiche weitere Mitglieder der Al Saud, die seinerzeit rechtzeitig aus Dariya hatten flüchten können und nach und nach dort wieder eintrafen, erkannten seine vorrangigen Thronansprüche durchaus an.

Aber Mischari wurde vom Pech verfolgt und die Tage seiner Herrschaft und auch seines Lebens, das er mühsam vor den Ägyptern gerettet hatte, waren gezählt. Denn während er einen routinemäßigen Streifzug gegen die Provinz Kharj unternahm, um seine Macht dort zu festigen, setzte sich Mohammed ibn Mu'ammar, der sich in der Vergangenheit so einsichtig gegenüber Mischari gezeigt hatte, nach Sadus, einer kleinen Oase in einem Seitental, die etwa anderthalb Kilometer vom Wadi Hanifa entfernt lag, ab und stellte sich von dort aus an die Spitze einer von Huraimala ausgehenden Rebellion gegen Mischari. Beide Orte waren übrigens altes Stammland der Mu'ammar, deren Einwohner sich offenbar nicht damit abfinden mochten, daß der Traum einer Renaissance der Mu'ammar-Herrschaft sich so schnell verflüchtigt haben sollte. Den Kern der Verschwörung machte der Stamm der Mutair aus, der ja schon stets zu den Gegnern der Saud gehört hatte und dessen Scheich Faisal el Duwisch nun mit einem Überraschungsangriff in Dariya eindrang, Mischari aus seinem Palast zerrte und ins Gefängnis warf.

Damit war der Fürst der Mu'ammar also wieder Imam, und um einer erneuten Gefährdung durch die Al Saud vorzubeugen, wollte er auch Turki ergreifen, der inzwischen Emir von Riadh geworden war. Aber Turki wurde rechtzeitig gewarnt und konnte sich erst einmal in die befestigte Stadt Dhurma, die sich zu den Al Saud bekannte, absetzen. Und jetzt begann ein Katz- und Mausspiel zwischen Mohammed und Turki, bei dem sich allerdings niemand wirklich verstecken konnte. Denn in den wenigen Oasen und bei den in der offenen Wüste stets leicht auffindbaren Beduinen gab es keine sicheren Verstecke; noch weniger konnte sich jemand, ähnlich wie auf dem offenen Meer, alleine über längere Zeit unentdeckt in der Wüste aufhalten. Im Dezember 1820 gelang es Turki, Mohammed in Dariya zu ergreifen. Aber Turki versprach Mohammed Leben und Freiheit, wenn er dafür Mischari, der sich immer noch als Gefangener in Sadus befand, freiließe.

Dem widersetzte sich jedoch Faisal el Duwisch, der sicherheitshalber Mischari an die Turko-Ägypter auslieferte, in deren Händen er bald darauf zu Tode kam. Turki ließ daraufhin, beduinischem Gerechtigkeitsempfinden folgend, Mohammed ibn Mu'ammar und dessen Sohn, der seinerseits Mischari hieß, hinrichten. Den endgültigen Sieg brachte all dies den Saud aber nicht ein.

Denn die Faust der ägyptischen Gouverneure, die Ibrahim Pascha gefolgt waren, lastete immer noch schwer auf Innerarabien und der Druck der Turko-Ägypter verstärkte sich seit der Rebellion. Und die Besatzer mochten fühlen, daß ihnen auf Grund solcher Unruhen, auch wenn sie eine innersaudische Angelegenheit, eigentlich sogar nur eine Familienangelegenheit waren, die Kontrolle über das Land entglitt. Der Wali und die Mutassarifs beziehungsweise die entsprechenden Militärbefehlshaber saugten nun das Land mit hohen Steuern aus und wandten dazu die härtesten Repressalien an – ganz so, wie es überall im Osmanischen Reich gang und gäbe war.

Der neue Imam Turki lehnte sich dagegen auf und versuchte 1822 ohne Erfolg, Riadh, wo eine turko-ägyptische Garnison lag, in Besitz zu nehmen. Aber zwei Jahre später, 1824, gelang es ihm, die neue Hauptstadt, die er als Emir schon einmal hatte räumen müssen, wieder zu erobern. Dann begann ein Kleinkrieg, in dessen Verlauf die Turko-Ägypter sich auf die Mutair stützten, während die zu den Aneze gehörenden Amarat für Turki eintraten und in dessen Verlauf auch Manfuha wieder in den Besitz der Saud gelangte. Dazwischen eroberte der Imam Kasim und Teile von Oman zurück und es gelang ihm, zu Kuwait gute Beziehungen herzustellen. Aber ein besonders großer Erfolg war es, daß 1827 der schon früher erwähnte Schammar-Herrscher Isa ibn Ali bei ihm erschien, um ihm zu huldigen und sein Reich dem Wahabitenreich als Provinz zu unterstellen. Eine besondere Freude muß es auch für Turki gewesen sein, als eines Tages sein ältester Sohn Faisal im Nedjd auftauchte, der aus der Internierung in Kairo, in die er nach dem Fall von Dariya geraten war, entwichen war. Er wurde gleich zum Thronfolger bestimmt.

Angespannt blieb bei all diesen positiven Entwicklungen aber immer noch das Verhältnis des Imams zur Besatzungsmacht. Dennoch verstand sich Turki dazu, Tribut an Mohammed Ali zu zahlen. Die sich daraus ergebenden friedlichen Beziehungen zum Khediven benutzte er, um, ohne von den Ägyptern daran gehindert zu werden, Hasa zu erobern. Denn dort hatte sich während Ibrahims Feldzug die Beni Khaled – Dynastie der Araiar auf Betreiben des türkischen Wali von Bagdad wieder festgesetzt.

Inzwischen hatten die Stämme des Nedjd sich ihrerseits bereit erklärt, Tribut an den Imam zu zahlen und Loyalitätserklärungen abgegeben. Aber Ärger gab es nun wieder in der eigenen Verwandtschaft, und zwar mit einem entfernten Verwandten, der wiederum Mischari hieß. Dieser, mit ganzem Namen Mischari ibn Abd el Rahman ibn Mischari ibn Saud geheißen, war nur ein Vetter zweiten Grades von Turki beziehungsweise ein Vetter dritten Grades des ehemaligen Imam Abdullah. Dieser Prinz des Hauses Saud sollte nun, während Turkis Heer unter seinem Sohn Faisal in Katif stand, um einen Angriff des Scheichs von Bahrain abzuwehren, den Imam ermorden. Und dieser Mord, seine Vorgeschichte und seine Folgen waren wieder eine typisch arabische Tragödie, die sich aus Treue und Heimtücke, Mut und Verschlagenheit zusammensetzte:

Mischari war von Turki irgendwann in den 20er Jahren als Emir von Manfuha eingesetzt und danach mit einem Feldzug gegen die stets unruhigen Beni Khaled beauftragt worden. Während oder nach diesem Feldzug bereitete er einen Umsturz in Riadh vor und suchte dazu die Verbindung mit den Todfeinden seiner Familie, den Mutair, die sich ihm aber nicht anschließen wollten. Deshalb versuchte er dann Gleiches bei dem Großscherifen von Mekka, dem schon früher erwähnten Mohammed ibn Abd el Muin vom Aschrafzweig der Abadele, der bekanntlich ein Protegé des Khediven von Ägypten war, doch auch dieser zeigte ihm die Kalte Schulter. Enttäuscht kehrte er deshalb 1832 nach dem Nedjd zurück und unterwarf sich dem Imam mit den üblichen Treueschwüren.

Üblich war es bei den herrschenden Familien aber vor allem, solchen Treueschwüren nicht übermäßige Bedeutung beizumessen; jedenfalls bei Mischari, bei dem sich nach einigen Jahren erzwungener Untätigkeit in Riadh wieder die alte Unternehmungslust der Al Saud regte. Denn eines Tages Anfang Mai 1834 ließ er den knapp achtzigjährigen Imam, als dieser nach einem Freitagsgebet die Moschee verlassen hatte, von seinen Gefolgsleuten ermorden, besetzte die Zitadelle und zwang die Bürger der Hauptstadt, ihm zu huldigen.

Aber Mischari hatte die Rechnung ohne Faisal, den rechtmäßigen Thronfolger, und dessen Freund, den Schammar-Aristokraten Abdallah ibn Ali ibn Raschid, gemacht. Diese beiden Prinzen erfuhren in Hofuf von dem Attentat, behielten die Nachricht aber für sich, versammelten nur wenige treue Stammesoberhäupter und eine kleine Gruppe ausgewählter Kämpfer um sich und jagten auf schnellen Kamelen zur Hauptstadt.

Dort hatte Mischari natürlich die Mauern besetzen lassen und die Stadt in den Verteidigungszustand versetzt. Aber dennoch gelang es den beiden Prinzen und ihren Anhängern, in die Stadt einzudringen, die Häuser rund um den Imamspalast zu besetzen und eine Belagerung des Gebäudes zu beginnen. Aber diese sollte den Usurpator und die Verteidiger offenbar nur von dem eigentlichen Angriff ablenken. Denn nun kletterte Abdallah ibn Raschid, nachdem Verräter aus den obersten Fenstern Seile an den Palastwänden heruntergelassen hatten, mit vierzig Getreuen an den Palastmauern hoch auf das Dach, während Turki noch mit Abgesandten Mischaris zum Schein über eine friedliche Übergabe des Palastes verhandelte. Heil auf dem Dach angelangt, war es dann verhältnismäßig einfach, diesen von oben nach unten durchzukämmen. Dabei wurde Mischari, der sich verzweifelt versteckt hatte, natürlich gefunden und auf der Stelle getötet. Sein abgeschnittener Kopf wurde aus dem Fenster geworfen, um dem Volk den Tod des Usurpators zu beweisen, weiterem Blutvergießen zuvorzukommen und aller Welt zu zeigen, daß dem ehernen Gebot der Blutrache Genüge getan worden war. Das geschah am 18. Juni 1834, und damit schien die Thronfolge Faisals gesichert.

Aber nun brachten sich die Ägypter ins Spiel, die ihren geflohenen ehemaligen Gefangenen auf keinen Fall als Herrscher in Riadh sehen wollten. Und dies wiederum löste eine Flut sich überschlagender Wirren aus, die sich über einige Jahre hinziehen und eine mehrjährige Unterbrechung der Herrschaft Faisals zur Folge haben sollten.

Das zweite wahabitische Reich –
Faisal I. ibn Turki Al Saud

Er Riadh Mitte des 19. Jahrhunderts: Es ist schwierig, sich heute noch aus den wenigen Berichten europäischer Reisender ein Bild von der Stadt zu machen, denn die meisten Bauten dieser Zeit sind längst verschwunden, andere alte Gebäude der Stadt, wie die berühmte Festung Musmak, wurden erst später errichtet. Die erste zuverlässige Grundrißzeichnung stammt von Philby, datiert aber erst aus der Zeit unmittelbar nach dem Ersten Weltkrieg. Dennoch soll mit Hilfe dieser Zeichnung, ergänzt durch ältere Reiseberichte und die aktuelle Ortskenntnis des Autors versucht werden, eine einigermaßen zutreffende Beschreibung der Stadt zur Zeit Faisals zu geben.

Niemand weiß, wann Riadh entstanden ist. Man weiß nur, daß es an der Stelle, wo Riadh heute steht, einmal einen Weiler namens Hajar el Yamama (Taubenstein) gegeben hat und daß die Nachbarstadt Manfuha Riadh anfänglich dominiert, später mit ihr konkurriert hat.

Das alte Riadh lag auf einem Kalksteinplateau, das der Stadt das Baumaterial lieferte, und war von reichen Palmengürteln und Gärten umgeben, in denen zahllose Wasserschöpfwerke monoton knarrend und plätschernd das Wasser aus 8 bis 10 Meter tiefen Brunnen hervorholten und in die künstlichen Rinnen der Gärten verteilten. Durch das Grün der Palmen leuchtete das Gelb der Mauern aus getrockneten Lehmsteinen, unterbrochen von einigen Bastionen und zahlreichen runden, sich nach oben verjüngenden, einfachen Wehrtürmen, sowie schmucklosen Toren, die von der Hauptstadt in die verschiedenen Provinzen des Reiches beziehungsweise zu den dorthin führenden Kamelpisten wiesen.

Das ganze Stadtbild war in Ockergelb getaucht; ein regellos scheinendes Sammelsurium einfacher, nach außen fensterloser Hütten und zwei- bis dreistöckiger wie Festungen anzuschauender palastartiger Wohnhäuser, die sich wieder nach oben verjüngten; in deren untersten Etagen das Vieh hauste, während die beiden oberen den

Besucherraum des Hausherrn und, davon streng abgesondert, die Frauengemächer enthielten. Darüber dann, hinter einer Brüstung mit Zinnen auf der Plattform des Daches, suchten die Hausbewohner nachts Kühlung und Schlaf im Freien.

Größer waren nur die um die Mitte des Jahrhunderts gebaute Zitadelle mit vier riesigen Ecktürmen, der etwa zur gleichen Zeit errichtete umfangreiche, zinnengekrönte Lehmpalast des Herrschers mit fast fensterloser Fassade, die in ihrer betonten Schmucklosigkeit überwältigende Große Moschee und die zahlreichen Paläste der Mitglieder der Herrscherfamilie, die sich eng um den Marktplatz, den »Suq«, mit Herrscherpalast und Moschee gruppierten. Hier, auf dem Hauptplatz der Stadt, der heute noch existiert und wie damals, wenn auch nicht mehr gar so häufig, öffentlichen Hinrichtungen dient, und wo sich der Suq mit ungezählten Läden und dem getrennten Frauenmarkt befand, trafen die wenigen, sich aus einem Gewirr engster, verwinkelter Gassen kanalisierenden Straßen aus gestampftem Lehm, die sich bei den seltenen Regenstürzen in unpassierbaren Morast verwandelten, zusammen. Hier strömten die mit Grünfutter oder Brennholz hochbeladenen Kamele zusammen und feilschten die Männer um Hammel, deren Fleischwert sie sachkundig ertasteten. Männer, die noch nicht die schneeweißen langen, gerade geschnittenen, langärmeligen Hemden (Dischdascha) und karierten Kopftücher sowie schwarzen oder beigefarbenen Mäntel der heutigen Bewohner Riadhs trugen, sondern nur knielange Hemden oder den Türken und Ägyptern abgeschaute Pluderhosen; darüber bunte, breitgestreifte Überwürfe und turbanartig um den Kopf geschlungene Tücher. Nur die Frauen trugen die gleiche schwarze Bekleidung und Verschleierung, wie sie heute üblich ist.

Hier spielte sich in ruhiger Geschäftigkeit und ohne die Hektik anderer orientalischer Großstädte das Leben ab; die Unterhaltungen waren eher nur ein Murmeln, lautes Lachen war ebenso verpönt, wie unbeherrschte Zornausbrüche oder gar öffentliches Fluchen. Denn beides entsprach weder dem Naturell der Nedjd-Araber noch der emotionalen Zurückhaltung, die die strenge Religion den Gläubigen auferlegte. Und die ganze Stadt erstarb vollends zu einer Art Geisterstadt, wenn der Muezzin zum Gebet gerufen hatte und jedermann sein Hab und Gut oder seinen Laden unbewacht und unbesorgt vor Dieben stehen und liegen ließ, um in die Große Moschee oder in eines der anderen zehn Gebetshäuser, die es damals in Riadh gab, zu eilen – die lebenslange Unterwerfung unter eine tief empfundene Disziplin gegenüber Gott.

Das war Riadh, die neue Residenzstadt eines Reiches, das sich insgesamt erneuert hatte und dessen Völkerschaften sich im Übergang vom ersten zum zweiten Reich der Al Saud verändert hatten. Denn zu dieser Zeit hatten die großen Veränderungen, die die Stammeskarte seit der Entstehung des Wahabitenreiches erfahren hatte, einen vorläufigen Abschluß gefunden. Die Abwanderung der Schammar und der Aneze aus ihren alten Stammesgebieten war eine unmittelbare Folge der Unterwerfungsaktionen der Saud. In das von den Aneze aufgegebene Wadi el Rumma drangen nun die Harb, südlich von diesen die Mutair vor. Am weitesten hatten sich die Ataiba ausgedehnt. Sie reichten nun von den Lavawüsten im Westen bis in die Provinz Kasim. Dadurch wurden die Mutair wiederum in zwei Teile zerrissen – einen westlichen in Innerarabien und Nedjd und einen östlichen, der bis nach Kuwait reichte. Die Kahtan breiteten sich südlich der Pilgerstraße zwischen Mekka und Riadh bis zum Tuwayk-Gebirge aus, und durch die Züge der Herrscher von Nedjran war auch der kriegerische Stamm der Adjman nach Nedjd gelangt. Er ist dort von Imam Turki 1830 nach Ostarabien verpflanzt worden, um dort die Beni Khaled niederzuhalten, die hier nahezu seßhaft geworden waren.

Faisal ist in die saudische Geschichte als einer der größten Herrscher aus dem an herausragenden Führerpersönlichkeiten wahrlich nicht armen Geschlecht der Al Saud eingegangen. Von ihm wird berichtet, daß er schon 1803 an Sauds Eroberung von Mekka teilgenommen hatte. Da er damals nicht viel jünger als 15 Jahre alt gewesen sein kann, wird er bei seiner Thronbesteigung etwa Mitte vierzig gewesen sein.

Bei seinem Regierungsantritt waren die Machtverhältnisse auf der Arabischen Halbinsel in der Schwebe. An dieser Stelle muß allerdings einmal hervorgehoben werden, daß in der Frühzeit arabischer Unabhängigkeits- und Einigungsbestrebungen Partikularismus, Stammesegoismus, Verrat, Bestechlichkeit und Untreue oft genug jeden Fortschritt blockierten und es vor allem der Kraft und dem Geschick der Al Saud zu verdanken war, daß die Arabische Halbinsel eine gemeinsame Identität gewann. Bei Faisals Machtantritt war das Hedjas verloren und es sah nicht so aus, als könne es jemals wieder unter die saudisch-wahabitische Obrigkeit zurückkehren. Der Weg in den Jemen war verschlossen und die Hochlandprovinzen Asir und Nedjran im Süden waren unter ihren lokalen Herrscherfamilien fast unabhängig.

Auf der anderen Seite war aber die Provinz Hasa diszipliniert und der Oman unter saudische Verwaltung zurückgekehrt. Das saudische Kernland, also Zentralarabien mit Nedjd und Kasim, wurden zuverlässig begrenzt durch den Djebel Schammar im Norden und das Wadi Dawasir mit der anschließenden Sandwüste Rub el Khali im Süden. Und im Westen reichte der saudische Einfluß gegenüber dem Großscherifen von Mekka bis in die Oasen von Kaibar, Taima, Kurmah und Turaba.

Natürlich gab es in all diesen Landstrichen noch die formale Vorherrschaft der Turko-Ägypter, doch war diese zeitweise weniger spürbar. Zwischen den Stämmen unter saudischer Jurisdiktion herrschte einigermaßen Friede und den Steuereintreibern gelang es, sofern notwendig auch mit bewaffneter Macht, die den Stämmen auferlegten Abgaben, ohne auf allzugroße Widersätzlichkeit zu stoßen, einzutreiben. Und in allen beherrschten Gebieten waren die Rolle des Imam als oberstem Kirchenfürsten und die Stellung der Nachkommen Abd el Wahabs als Glaubenswahrer und religiöse Richter (Qadis) unangefochten. Faisal selber galt als tief religiös, als ein frommer Gelehrter und Asket. Sein Glaube und sein Vertrauen zu Gott waren es wohl, die ihn die Wirren seiner Herrschaft bewältigen und die zahllosen Widerstände aller Art überwinden ließen. Dennoch war ihm keine besonders friedliche Herrschaft beschieden und europäische Zeitzeugen schildern ihn am Ende eines aufregenden Lebens als einen blinden, gebrochenen Mann, der mißtrauisch, aufbrausend und dem Einfluß schlechter Ratgeber ergeben war. Schwer lastete gegen Ende seines Lebens auch das Erzübel arabischer Herrscherfamilien, die Zwietracht unter den Verwandten, auf ihm.

Faisal eröffnete seine Herrschaft 1834 mit einer einen ganzen Monat andauernden Konferenz aller religiösen Würdenträger einschließlich zweier Enkel von Abd el Wahab, die Qadis in Hauta und Kharj waren. Danach kamen Abordnungen der Emire der Provinzen und alle huldigten dem Herrscher und versicherten ihn ihrer Loyalität. Anschließend versammelte er seine Streitkräfte zu einem Zug durch das Nedjd-Gebiet, um seine ersten Steuern zu erheben. Um dem zu entgehen, flüchtete der Stamm der Kahtan aus seinem traditionellen Wandergebiet und der Imam ließ die Steuerflüchtlinge suchen und bestrafen, wobei sechzig Menschen ihr Leben einbüßten – Wüstenalltag, der niemanden sonderlich aufregte; denn Macht wurde in Arabien stets schon nur dann für legitim gehalten, wenn sie wirksam durchgesetzt wurde.

Problematischer waren da schon Ereignisse in Hail, der Provinzhauptstadt des Djebel Schammar. Dort hatte Faisal die Familie der Ibn Ali abgesetzt und seinen Freund Abdallah ibn Raschid zum Emir ernannt, der nun nach Hail zog. Ein führender geistlicher Vertreter der wahabitischen Lehre begleitete ihn, um den Schammar die neue Lehre zu verkünden.

Aber schon nach wenigen Monaten gab es während des Freitagsgebets in der Moschee von Hail einen Tumult zwischen Anhängern der alten, angestammten Herrscherfamilie der Ibn Ali und denen des neuen wahabitischen Emir Ibn Raschid, der nach einem heftigen Zusammenstoß mit der Flucht der Angehörigen der abgesetzten Ibn Ali nach Kasim endete, wo sie sich unter ägyptischen Schutz begaben und ins Exil nach Kairo gehen wollten. Doch kam ihnen Faisal zuvor, ließ sie in Kasim von seinen Anhängern ergreifen und einschließlich des letzten legalen Herrschers, Salih ibn Abd el Muhsin ibn Ali, umbringen.

Das Haus Raschid blieb also vorläufig unangefochten und die Herrschaft konnte sich über Abdullahs Bruder Obeid auf seine Söhne Talal, Met'eb und Mohammed fortsetzen, womit der bereits früher beschriebene tödliche Reigen der Familie Raschid seine Schatten vorauswarf.

Während dieser Geschehnisse bemühte sich der ägyptische Wali des Hedjas, Ahmed Pascha, mit Hilfe des Großscherifen Mohammed ibn Abd el Muin, die Provinz Asir unter ägyptisch-scherifische Kontrolle zu bringen. Dies mißlang jedoch, denn die ägyptisch-scherifischen Truppen wurden geschlagen und verloren dabei ihre gesamte Artillerie, die die Asirstämme sofort bei Faisal ablieferten. Dem Pascha und dem Großscherifen waren gerade noch die Flucht nach Mekka gelungen, doch beide wurden bald, wohl als Folge ihres militärischen Mißerfolges, vor den Khediven nach Kairo zitiert, wo der Großscherif erst einmal einige Jahre blieb und sich dann dem illustren Kreis der in Dariya gefangengenommenen fürstlich-saudischen Frührentner zugesellen durfte: ganz ähnlich wie sein Oberherr in Istambul scheint auch Mohammed Ali es für zweckmäßig gehalten zu haben, sich in Kairo eine Personalreserve vielseitig verwendbarer und jederzeit abrufbereiter Thronanwärter für die Arabische Halbinsel zu halten. In Mekka übernahm jedenfalls erst einmal wieder ein Dewi Zed, der Sohn Ghalebs, Abd el Muttalib, den wackligen scherifischen Thron.

Währenddessen plante der Khedive, auch im Nedjd wieder klare Verhältnisse zu schaffen und Faisal zu entmachten – mußte er doch jederzeit befürchten, daß sein Oberherr in Istambul ihm zuvorkam und die leidige Sache selbst in die Hand nahm. Dazu bediente er sich eines der Gefangenen, die sein Sohn Ibrahim ihm aus Dariya nach Kairo mitgebracht hatte, eines Bruders des in Istambul hingerichteten Imam Abdullah. Dieser Emir war somit ein saudischer Prinz mit einem erstklassigen Thronanspruch – er war aber, wie sich bald zeigen sollte, auch ein erstklassiger Verräter an seiner Familie und an der Unabhängigkeit seiner zentralarabischen Heimat. Er war mehr Ägypter als Araber. Sein Name war Khaled.

Ende 1836 oder Anfang 1837 kam Khaled nach 19-jähriger Internierung in Begleitung einer neuen turko-ägyptischen Streitmacht von 2000 Mann unter dem Agha Ismail, dessen Agha-Titel ihn als Janitscharen-Kommandeur auswies, in Yanbu an.

Als Faisal davon erfuhr, schickte er dem Agha sofort einen Boten mit Geschenken entgegen, besetzte aber zugleich, während Ismail und Khaled auf Medina, Hanakiya und Rass zumarschierten, mit allen ihm verfügbaren Stammesaufgeboten die Provinz Kasim, bevor deren Bevölkerung sich Khaled unterwerfen konnte. Dort allerdings zeigte sich unter den Stämmen wieder die übliche Uneinigkeit; einige liefen nämlich doch zu Khaled über. Faisal gab deshalb Kasim auf und kehrte nach Riadh zurück. Aber auch hier hatte teilweise ein Stimmungsumschwung stattgefunden; der Imam mußte Verrat befürchten und wich deshalb in die Provinz Hasa aus, wo er eine neue Armee aus Stammesangehörigen der Mutair, Adjman und Subai zusammenstellte.

Khaled und der Agha hatten inzwischen, ohne auf großen Widerstand zu stoßen, die Stadtoasen Anaiza und Buraida in Besitz genommen und wandten sich nun gegen Hail, von wo Abdallah ibn Raschid rechtzeitig flüchtete und wo Khaled den aus Ägypten mitgebrachten früheren Herrscher Isa ibn Mohammed Al Ali, der 1827 ins ägyptische Exil gegangen war, als Gouverneur von seinen Gnaden einsetzte.

Der Siegeszug Khaleds und der Ägypter schien jetzt unaufhaltsam. Viele Stämme huldigten ihm, die Gunst der Stunde nutzend und getreu der schon erwähnten arabischen Auffassung, daß Macht vor allem durch Machtausübung und Erfolg legitimiert ist. Aus Riadh kam eine Abordnung der Einwohnerschaft, die ihm die Stadt übergab. Dort erreichte ihn im Mai auch eine Abordnung aus Kharj, die ebenfalls die Unterwerfung anbot – allerdings nur unter Khaled und nicht unter den Janitscharen-Agha. Dies aber empörte den ägyptischen Kommandeur so sehr, daß er Khaled zwang, gemeinsam mit ihm Kharj anzugreifen. Mit 7 000 Mann zogen die Verbündeten daraufhin nach Süden, wo sich ihnen noch auf halbem Weg der Emir von Kharj anschloß. Aber die Oasenbewohner und die Beduinen, an deren Spitze sich auch drei Enkel und ein Urenkel von Abd el Wahab gestellt hatten, wehrten sich und die Verbündeten wurden geschlagen. Mit Mühe konnten sich Khaled und der Agha gerade noch nach Riadh retten, während – ungeachtet der geforderten Bündnistreue – der Emir von Kharj, Fahad ibn Ufaisan, nach der Niederlage Khaleds sofort die Seite wechselte und den bisherigen Verbündeten ohne Skrupel in den Rücken fiel.

Das Kriegsglück hatte sich damit gewendet. Faisal rückte jetzt von Hasa heran, vereinigte sich mit den Siegern von Kharj und begann am 7. September 1837 mit einer Belagerung der Hauptstadt, die bis zum 10. Oktober dauerte. Dann jedoch mußte sie vom Imam abgebrochen werden, weil ein starkes Stammesaufgebot von Kahtan den Belagerten zu Hilfe kam. Schlimmer noch: Faisal erhielt die Nachricht, daß der ägyptische Wali Kurschid Pascha mit Verstärkungen aus Kairo in Kasim eingetroffen war, um Riadh zu entsetzen. Wieder hatte sich das Kriegsglück damit kurzfristig gewendet. Faisal zog sich nun nach El Kharj zurück, wo er seine Stammestruppen neu ordnete und weitere Verbündete unter seinem Kommando sammelte, während zur gleichen Zeit der Scherif von Yanbu eine Art Waffenstillstand zwischen den beiden Kriegsparteien vermittelte.

Aber was bedeutete in dieser Region schon ein Waffenstillstand? Während Faisal im Süden die ihm noch verbliebenen Gebiete, nämlich Oman, Hasa und das Wadi Dawasir, auf alle Möglichkeiten einer erneuten Gefährdung vorbereitete, brachen im Norden die Kämpfe erneut los. Hier war es nämlich Abdallah ibn Raschid gelungen, dem Gouverneur Khaleds, Isa ibn Mohammed Al Ali, Hail wieder zu entreißen, so daß auch Khaled und die Ägypter den Rücken nicht mehr frei hatten. Mittlerweile war aber Kurschid Pascha in Anaiza eingetroffen, wo er nun der veränderten Kriegslage Rechnung tragend, den Emir der Raschid empfing und in seinem Amt als Gouverneur bestätigte. Arabischer Sitte gemäß wurden dabei vermutlich mit der gleichen inbrünstigen Hingabe Bruderküsse ausgetauscht, mit der der Emir von Kharj noch kurz zuvor, nach seinem Frontwechsel, so viel wie möglich seiner bisherigen Verbündeten aus dem Lager Khaleds und des Agha zu töten versucht hatte – erneut ein Beispiel für arabische Sentimentalitäten!

Die Rückkehr des Emirs der Raschid nach Hail war für Faisal kein Gewinn. Im Gegenteil: Seit diesem Ereignis, seit der Unterwerfung Abdallahs, des Emirs der Raschid, unter Kurschid, nahmen sich die Schammarfürsten zunehmend größere Selbständigkeitsbestrebungen gegenüber den Saud heraus. Vorläufig stellte aber Abdallah den Landfrieden im Djebel Schammar erst einmal wieder her. Durch Ghasawat zwang er die Oasen des Djof 1838 zur Zahlung der von den Wahabiten eingeführten Kirchensteuer (Zakah) und auf die gleiche Weise bereitete er die Unterwerfung der Harb vor. Damit waren die ersten Schritte zur Erringung der späteren Vormachtstellung der Raschids in der Region getan. 1843 sollte sich die persönliche Freundschaft zwischen Faisal und den Ibn Raschid zwar noch einmal bewähren, und Faisal konnte zu seinen Lebzeiten noch auf die Schammar zählen. Aber der Keim zur Entfremdung war gelegt. Er sollte dazu führen, daß die Schammar später auf die Seite der Türken traten. Abdallahs Sohn Talal besetzte später gänzlich das Djof-Gebiet, als dessen Bewohner die Zahlung der Zakah verweigerten, und dabei auch die Oasen im Westen. Damit wurden auch die Stämme dieses Gebietes, vor allem die Aneze des Hedjas, den Ibn Raschid untertan und sogar Stämme jenseits der Pilgerstraße hielten es bald für geraten, freiwillig die Zakah an den Schammarfürsten zu zahlen.

Für Faisal ging es jetzt kontinuierlich bergab: Verschiedene Stämme fielen von ihm ab, und er verlor auch mehrere Versorgungsbasen. Khaled und Kurschid Pascha suchten daraufhin die Entscheidungsschlacht und marschierten mit ihren Truppen nach El Kharj, wo es am 25. November zur Begegnung kam – zu einer Schlacht, die über einen ganzen Tag dauerte. Der Verlierer war Faisal, der am Ende aufgeben mußte und gegen die Zusicherung, daß keinem seiner Gefolgsleute etwas passieren dürfe, in eine zweite Internierung in Kairo einwilligte. Begleitet von seinem Bruder Djiluwi, seinen Söhnen Abdullah und Mohammed sowie seinem Vetter Abdullah ibn Ibrahim trat er am 20. Dezember 1838 den Weg in die Gefangenschaft in Kairo an, wo er in den Kreis der Al Saud-Gefangenen zurückkehrte. Er hatte den Thron 4 1/2 Jahre innegehabt und hatte zehn Jahre der Freiheit genossen, bevor er nun seine zweite Gefangenschaft antrat.

Fragt man nach dem Grund seines Scheiterns, so wird man ihm kaum aus der Distanz gegenwärtiger Beurteilung entscheidende strategische oder politische Fehler oder charakterliche Versäumnisse vorwerfen können. Sein Nachteil war das schon erwähnte arabische Grundverständnis legitimen Führertums, das darin bestand, Macht nur dann als legitim anzuerkennen, wenn sie wirklich ausgeübt wird. Faisal aber hatte nie genug Macht, und deshalb wendeten sich die Stämme von ihm ab.

In Nedjd ernannte sich jetzt Khaled zum Herrscher auf dem Thron der Al Saud. Er stand jedoch unter der Oberaufsicht des ägyptischen Gouverneurs. Ein arabisches Sprichwort sagt: »Die Hand, die Du nicht abhacken kannst, mußt Du küssen!«

Thronusurpatoren – Khaled I. ibn Saud Al Saud und Abdullah II. ibn Tneijan Al Saud

Für Khaled begann nun nach fast zwei Jahrzehnten untätigen Wohllebens in Kairo eine etwas weniger als dreijährige Herrschaft, die er, wäre nicht fortwährender Kampf um die Macht der Lebensinhalt arabischer Fürsten gewesen, wegen ihrer Aufregungen, Unruhe und Gefahren hätte verfluchen müssen. Seine Quälgeister waren die arabischen Stämme und zeitweise die Ägypter, die ihn ursprünglich auf das Podest der Macht gehoben hatten. Denn Khurschid Pascha, der, ähnlich wie schon Ibrahim Pascha, versucht hatte, ganz Ostarabien der turko-ägyptischen Herrschaft zu unterwerfen, verfolgte natürlich auch gegenüber dem neuen Imam die Interessen des Khediven – von den Eigeninteressen, die bei osmanischen Gouverneuren schon fast sprichwörtlich waren, einmal ganz abgesehen. Aber als er Miene machte, Bahrain zu erobern und in Buraimi fest Fuß zu fassen, legte England, das seine Stellung am Golf seit 1820 zielstrebig verstärkt hatte, Protest ein. Mit der Konferenz von London im Jahr 1841 wurde eine endgültige Wende der ägyptischen Arabienpolitik und der weitgehende Abzug der Besatzer aus der Arabischen Halbinsel in die Wege geleitet. Bis dahin aber häuften sich noch die Turbulenzen.

Schon 1840 erhielt Khurschid den Auftrag, sich mit der Masse seiner Streitkräfte aus Zentralarabien zurückzuziehen; womit abzusehen war, daß der Kampf einheimischer Fürsten um die Vorherrschaft aufs Neue entbrennen würde. Denn unter Khurschid waren alle Provinzgouverneure einheimische arabische Emire, was bedeutete, daß der Imam des Nedjd den Emiren von Hasa, Kasim, Asir oder Djebel Schammar, die alle dem turko-ägyptischen Wali unterstanden, gleichgestellt war. Dessen Position würde nun bald vakant werden und das alte Spiel um die Vorherrschaft auf der Arabischen Halbinsel würde zwangsläufig wieder beginnen.

Aber der Rückzug der Ägypter vollzog sich nur in Etappen und stellte auch ein erhebliches logistisches Problem dar. Denn für den Transport der Truppen von Zentralarabien zur Küste des Roten Meers benötigten die Ägypter eine große Anzahl von Kamelen. Doch nur die Schammar kamen den Forderungen von Khurschid Pascha nach und stellten 700 Tiere – vermutlich, weil Ibn Raschid den Abzug der ungeliebten Ägypter nicht verzögern wollte. Weitere Kamele mußten von den anderen Stämmen erst erbeutet werden und unter den Teilnehmern des nun erfolgenden Raubzuges unter gemeinsamer Führung von Khaled und dem Wali betrat eine neue Figur der zentralarabischen Geschichte die Bühne – Abdullah ibn Tneijan ibn Ibrahim ibn Tneijan Al Saud, dessen Urgroßvater Tneijan ein Bruder von Khaleds Urgroßvater Mohammed, dem ersten wahabitischen Imam, war.

Der Streifzug war aber kein großer Erfolg und allenthalben brachen während des beginnenden Abzugs der Besatzungstruppen Ungehorsam gegenüber den Gouverneuren/Emiren und Streitigkeiten der Stämme untereinander aus. Die Zentralgewalt verkam und in der Wüste herrschten bald wieder Willkür und Faustrecht. Die Aneze griffen die Schammar an und die Stämme von Kasim zogen gegen Hail. In der Provinz Hasa wurden die Beni Khaled wieder unruhig und an der Golfküste sowie im nördlichen Oman witterten die dortigen Stämme Morgenluft.

Aber alles war nichts im Vergleich zu der Krise, die sich jetzt in Riadh anbahnte. Eine Krise, hinter der möglicherweise die Ägypter steckten, die versuchten, auch für die Zeit nach ihrem Abzug ihren Einfluß zu sichern. Denn möglicherweise trauten sie Khaled nicht mehr und es gibt Hinweise darauf, daß sie auch deshalb Abdullah ibn Tneijan aus Ägypten mitgebracht hatten, weil sie glaubten, daß dieser noch stärker vom ägyptischen Bazillus infiziert sei als Khaled. Jedenfalls überschlugen sich die Ereignisse jetzt wieder:

Khaled, der den Machthunger der Familienmitglieder der Al Saud kannte, hatte sicher guten Grund, stets ein Auge auf Ibn Tneijan zu haben, und als er 1840 einen Besuch bei Khurschid Pascha machen wollte, um diesen zu verabschieden, lud er Ibn Tneijan ein, ihn auf der Reise zu begleiten. Obwohl Tneijan eine angebliche Erkrankung vorschob, zwang Khaled ihn sogar, mitzukommen. Aber während der Reise gelang es Tneijan doch, sich aus der Karawane des Imam zu entfernen und zu fliehen und sich zu den Muntafik an der Grenze zum Irak zu begeben. Khaled bot ihm nach seiner eigenen Rückkehr von dem Besuch beim Wali zwar Vergebung an und forderte ihn zur Rückkehr auf. Aber Ibn Tneijan schätzte wohl ganz richtig ein, was er von seinem Verwandten zu erwarten hatte. Sicherheitshalber flüchtete er weiter zu dem ihm durch Heirat verbundenen Scheich der Subai im Wadi Hanifa. Dort ließ er dann seine Ambitionen auf den Thron der Saud deutlich erkennen.

Damit war einmal wieder der Krieg in der Wüste ausgebrochen. Aber die Stämme, wankelmütig und unzuverlässig wie seit eh und je, waren jetzt teilweise Khaleds überdrüssig. Zu diesem Zeitpunkt waren auch die Ägypter, auf die sich Khaled bisher halbwegs verlassen zu können geglaubt hatte, schon weitgehend abgezogen. In Riadh jedenfalls gab es nun im Oktober 1841 nur noch ein ganz kleines Detachement der Besatzer.

Khaled wandte sich deshalb zunächst mit einer kleinen Streitmacht nach Hasa, scheint aber dann die Aussichtslosigkeit seiner Lage eingesehen zu haben und flüchtete von dort über Kuwait und Kasim nach Mekka. Erneut zum fürstlichen Rentner geworden, lebte er dort noch zwanzig Jahre in Frieden – nahe Gott und den Heiligen Stätten und fern seinen unberechenbaren Verwandten und ruhelosen Untertanen. Nur einmal sollte er noch in einer späten Anwandlung erneuter Machtgelüste, diesmal mit Hilfe des Großscherifen, versuchen, den Thron von Riadh zurückzugewinnen. Ohne Erfolg zwar – doch davon soll erst später berichtet werden.

Inzwischen hatte Ibn Tneijan, tüchtig wie er war und dem bekannten Beispiel der Vorfahren seiner Familie folgend, sich seine Gastgeber, den Subai-Stamm, unterworfen und war dann nach Dhurma aufgebrochen, wo sich ihm nach kurzer Belagerung die kleine Restgarnison der Ägypter gegen Zusage freien Abzuges ergab. Bei dieser Gelegenheit gab Tneijan gleich einen ersten Vorgeschmack auf seine Herrschaft, indem er nach der Stadtübergabe einen führenden Vertreter der Einwohnerschaft hinrichten ließ. Andere Opfer von Liquidierungen und Geiselnahmen sollten bald in dem Maße folgen, wie sich die Stämme unterwarfen. So ließ er z. B. aus einer Delegation der Sudair drei Mitglieder exekutieren, weil sie Khaled beim Aufbau einer Verwaltung für die Sudair-Provinz geholfen hatten. Freunde hat er sich damit sicher nicht gemacht, denn es waren neben der mächtigen Familie der Ibn Ufaisan vor allem die Oberhäupter der Sudair, die bis in die Gegenwart noch einflußreichen Al Sudairi, die damals als mächtige Emire der Provinz vorstanden und zu den scheidenden Ägyptern noch gute Beziehungen unterhielten.

Aber Ibn Tneijan gab sich als ein sehr entschlossener Herrscher, der rücksichtslos jeden Widerstand hinwegfegte und damit Schrecken und Angst verbreitete. Manche Städte, wie Huraimala und Manfuha, unterwarfen sich ihm freiwillig, während andere, zu denen auch Riadh gehörte, immer noch auf Hilfe durch Khaled hofften – zumindest, solange sich dieser noch in Hasa befand. Und tatsächlich schickte Khaled von dort noch eine kleine Entlastungsabteilung von 500 Mann mit 300 Kamelen, die sich vor Manfuha mit Tneijan ein unentschiedenes Gefecht lieferte und sich dann bei Dunkelheit nach Riadh zurückzog. Aber es war so dunkel, daß es auch Tneijan mit seinen Leuten gelang, unerkannt gemeinsam mit den Kämpfern von Khaled in die Stadt zu gelangen. Das Erstaunen der Krieger Khaleds und der Einwohner von Riadh war dann groß, als sich aus dem altarabischen Schwertertanz der siegestrunkenen Krieger plötzlich bei Fackelschein Tneijans Männer lösten, ihre Kopftücher herunterrissen und sich mit gezückten Schwertern auf ihre Gegner stürzten. Es kam zu einem kurzen, heftigen Straßenkampf, den die kleine ägyptische Garnison dazu nutzte, sich eiligst in der Zitadelle zu verbarrikadieren.

Am nächsten Morgen war Riadh in der Hand Tneijans, den heldenhaften Ägyptern wurde freier Abzug gewährt und der neue Herrscher ließ zur allgemeinen Disziplinierung erst einmal wieder einige seiner gefangenen Gegner hinrichten. Auch das Gefängnis füllte sich wieder mit Geiseln.

Mit dem Fall von Riadh war praktisch ganz Nedjd in die Hand Tneijans gefallen und die Provinzen und die Stämme schickten eilfertig Abordnungen, um dem neuen Herrscher zu huldigen. Und dieser versäumte es nicht, eine eigene Delegation mit Geschenken für den neuen ägyptischen Wali, Omar Pascha, und den Großscherifen Mohammed ibn Abd el Muin nach Mekka zu schicken. Das alles geschah Ende 1842/Anfang 1843 – bismillah, im Namen Gottes, des alles Verstehenden.

Faisals Rückkehr

K airo 1842: Eine Weltstadt in der Welt des Islam. Im Gegensatz zu Istambul oder Damaskus, zwei Weltstädten, deren Bevölkerung ein Art Mischkultur darstellten und in denen sich auch die Baustile aus europäischen und arabischen, seldschukischen und byzantinischen Elementen zusammensetzten, war Kairo eine zutiefst orientalische Stadt. Die Befestigungen und einfachen Profanbauten Kairos waren dabei noch arabischen Ursprungs, während die 300 Moscheen und zahlreichen Paläste zu einem Großteil den Hochmut und das Geltungsbedürfnis sowie den aggressiven Lebensstil ihrer mamelukischen Erbauer verrieten.

Kairo war zugleich der erzwungene Aufenthaltsort von zahlreichen Geiseln von der Arabischen Halbinsel: von Emiren der Al Saud, der Schammar-Fürsten und der Aschraf, sowie Scheichs der mächtigsten Stammesföderationen – von arabischen Aristokraten, die, wie die Al Saud, nun bereits seit einem Vierteljahrhundert, kaum noch bewacht, die ehemaligen Mamelukenpaläste bewohnten; Familien gegründet, Söhne geboren und Ämter unter dem Herrscher Ägyptens angenommen hatten. Sie waren kaum noch Gefangene, sondern eher schon angesehene eingebürgerte Exilanten, um deren Huld manch ein aus der türkischen Soldateska emporgestiegener Bey und mancher ägyptische Effendi buhlte.

Einst waren sie alle aus der Wüste gekommen, aus den schwarzen Ziegenhaarzelten der beduinischen Scheichfamilien oder aus den schmucklosen Lehmburgen der Oasen. Man kann sich daher leicht vorstellen, wie sie bei ihrer Ankunft die Weltstadt erlebt hatten, die ihr Wesen und ihre Persönlichkeiten teilweise völlig verändern sollten: anstelle der Weite und Leere der Wüsten und der furchterregend bizarren Gebirge das von Menschen überquellende Nildelta in sattem Grün und ein Dorf neben dem anderen. Anstelle einsamer Kamelkarawanen überall Wasserbüffel, die Holzpflüge zogen oder die Wasserschöpfräder in Betrieb hielten. Anstelle öder Wadis, deren kärgliche Rinnsale nur bei Regenfluten plötzlich zu reißenden Strömen anschwollen, der breit und träge dahinfließende Nil, der dem Land zur Zeit seiner Schwemme Wasser und fruchtbaren Schlamm brachte. An seinem Ufer der Hafen von Bulak mit den Warenhäusern und Fabriken des Khediven und der ausgedehnten Palastanlage von Ibrahim Pascha. Gegenüber davon einige Inseln, unter denen vor allem Roda, ehemals Standort von Mamelukenregimentern, mit den in üppige Gärten getauchten Landhäusern reicher Paschas und Beys herausragte. Anstelle der trostlosen flachen Wüstenstädte Zentralarabiens mit ihren aus Lehmziegeln gebrannten und stets reparaturbedürftigen Umwallungen die hohen, von mächtigen Türmen und Toren unterbrochenen Stadtmauern von Kairo, deren Anblick nur durch die riesigen Müllberge, die sich vor der Stadt auftürmten und Tausenden von verwilderten Hunden und fast ebensovielen entwurzelten Menschen als Lebensgrundlage dienten, verwehrt wurde. Hinter den Mauern die bombastischen, meist schwarz-gelb gestreiften Moscheen mit ihren riesigen, im selschukischen Stalaktitenstil errichteten Portalen, gewaltigen, grün glasierten Kuppeln und hohen, von mehreren Balkons umrundeten Minaretten. Dazwischen hohe Wohnhäuser voller Erker und mit Schnitzereien holzvergitterter Balkons, weiträumige Khans (Warenhäuser), Karawansarayen (Herbergen) und kunstvoll mit Emaillekacheln verzierte Hamams (öffentliche Bäder), mit Stuckornamenten versehene Medressen (Koranschulen) und weiträumige Muristans (Krankenhäuser). Die ganze Stadt unterteilt in Stadtviertel, die nachts gegeneinander abgeschlossen wurden.

Vergleichbares kannten nur die aus den heiligen Städten des Hedjas entführten Notabeln, aber natürlich nur in viel kleinerer Dimension. Das galt vor allem für die rund um den nach einem berühmten Mameluken-Emir genannten Esbekiya-Platz im Westen der Stadt gelegenen Paläste, die nach außen traditionell fensterlos waren und abweisend wirkend, im Inneren aber allen nur denkbaren orientalischen Luxus enthielten und exotische Gärten mit sprudelnden Wasserspielen und Menagerien mit den seltensten Tieren aus den entferntesten Teilen der Welt einschlossen.

Im Osten der Stadt, langsam zu den Mokattambergen ansteigend, die riesigen Friedhöfe Kairos, die nichts Gemeinsames mit den Totenfeldern der Wahabiten hatten, die keinerlei Zierde kannten. Die Grabmonumente der Mameluken, dazwischen riesige Grabmoscheen mamelukischer Sultane und Emire, sowie früherer Kalifen aus der Zeit der Fatimiden, die wieder reichlich mit Kuppeln verziert waren. Dazwischen, hoch aufragend, der Regierungssitz des Khediven, die schon von Saladin erbaute Zitadelle – eine Stadt für sich mit Palästen und Verwaltungsgebäuden, Kasernen und Magazinen, einer Gewehrfabrik, einer Kanonenfabrik und einem Blechwalzwerk für den Bau von Kriegsschiffen.

Mit dem Serail und dem Harem des Herrschers und einer zu dieser Zeit noch im Bau befindlichen Moschee, der 1857 fertiggestellten Mohammed Ali-Moschee, für die in zahlreichen Werkstätten auf der Festung Marmor, Granit und Alabaster aus den Steinbrüchen von Beni Suef mit verschwenderischer Pracht bearbeitet wurde und die heute noch die Megastadt überragt.

Und dann die Menschen, etwa eine Viertelmillion, die die engen Gassen des großen, nach dem Warenangebot unterteilten »Suq el Khalili« und der kleinen, nach den Wochentagen benannten Lebensmittelmärkte (z. B. »Suq el arba'a« – Mittwochmarkt) füllten und die sich, von den wenigen Beduinen abgesehen, so gründlich von den Bewohnern der Arabischen Halbinsel in ihrem Aussehen unterschieden: Städter in knöchellangen, weißen oder farbig gestreiften Hemden mit üppigem Turban oder modischem, türkischen Fes, hinter sich, in Schwarz und tief verschleiert, ihre Frauen. Furchterregende Arnauten und türkische Spahis, die sich rücksichtslos ihren Weg durch die Menge bahnten und, da orientalischer Mentalität folgend, kaum jemand alleine auf den herrisch-kehligen Zuruf »Balak!« (Gib Acht!) Platz machte, kräftig von Gewehrkolben und Säbelscheiden Gebrauch machten; sowie blinde und verstümmelte Bettler, die eine milde Gabe, und im Erfolgsfall, den Segen Allahs für den Spender herbeiflehten. Koptische Geistliche mit schwarzer Kappe und blauem Mantel, muslimische Ulema und Gelehrte der El Ashar-Universität mit ernsten Gesichtern, langen Bärten und üppigen schwarzen Turbanen. Dazwischen nach letzter türkischer Mode aufgeputzte neureiche Effendis und reich gekleidete Hofbeamte, denen ein Tschausch (Feldwebel) herrisch den Weg bahnte und zahlreiche Kawassen (Diener) folgten. Weißgekleidete, schwarze sudanesische Sklavenhändler, die ihre kaum bekleideten, halbverhungert zusammengeketteten Rudel menschlicher Ware mit Peitschenschlägen auf die Sklavenmärkte trieben. Und ganz selten einmal ein Europäer, der im Europäerviertel »El Muski«, wo sich auch einige christliche Kirchen und koptische Klöster befanden, seinen Wohnsitz mit großem

Garten hatte. Und in allem Gedränge lange Reihen beladener Kamele, Esel und Maulesel, die mit ihren überhängenden Lasten jeden unachtsamen Fußgänger zu Fall brachten, was aber keinen der Treiber aus seinem stoischen Gleichmut schreckte – der Allmächtige, der Barmherzige, der Allwissende würde die Wechselfälle des Lebens, Freuden und Leiden dieser Welt, schon gerecht verteilen – gepriesen sei sein Name!

So war das Leben in »El Masr«, wie Kairo von den Arabern genannt wurde, und wer wollte es den zwangsweise dort lebenden arabischen Aristokraten verdenken, daß es ihnen dort besser gefiel, als in ihrer Heimat im Hedjas, in Nedjd, Kasim, Hasa, Asir oder Oman. Wenn nur nicht immer dieser zwanghafte Drang zur Macht gewesen wäre, der all diese Emire und Scheichs immer so unruhig machte und sie an den Gestaden des Nils zu den verwegensten Träumereien veranlaßte.

Aber es gab auch realistische Träumer, und einer von ihnen war der ehemalige saudische Imam Faisal, der im Februar 1843 gemeinsam mit seinem Bruder Djiluwi, seinem Sohn Abdullah und seinem Vetter Abdullah ibn Ibrahim Ägypten verließ und nach Zentralarabien zurückkehrte.

Die arabische Legende will, daß die vier Al Saud sich an Seilen die hundert Fuß tiefe Felswand der Zitadelle heruntergelassen hatten und dann von Helfershelfern am Fuß der Zitadelle in Empfang genommen und außer Landes gebracht wurden Aber das erscheint ziemlich abenteuerlich und ist auch nicht historisch verbürgt. Wahrscheinlicher ist, daß Mohammed Ali auch in die Loyalität von Ibn Tneijan kein Vertrauen mehr setzte und daß es ihm nun nur noch darauf ankam, im Nedjd einen starken Herrscher als souveränen und loyalen Nachbarn zu haben. Denn seine ägyptisch-arabischen Träume waren endgültig verflogen, nachdem zwei nichtarabische Mächte, die stärker waren als jeder arabische Fürst, nach Zentralarabien verlangend ihre Hände ausstreckten: die Türkei und England.

Aber was auch immer der tatsächliche Verlauf von Faisals Flucht war, er holte sich jetzt in einem schnellen Siegeszug die Macht zurück und dieser Siegeszug sei hier, um den Leser nicht mit zu vielen Fakten, Daten und Namen zu verwirren, nur in einer kurzen Aufzählung wiedergegeben:

Faisal schlug sich mit seinen Verwandten zunächst nach Hail durch, wo ihn sein alter Freund Abdallah ibn Raschid herzlich empfing, ihm jede Hilfe zur Rückeroberung des Thrones von Riadh anbot und ihm dazu die Truppen der Schammar unterstellte. In Riadh war darüber Tneijan höchst besorgt, erwog die Ausrufung eines »Djihäd« gegen Faisal, zog seine Anhänger zusammen, schickte zugleich aber auch kostbare Geschenke an Faisal. Kurz darauf zog Tneijan mit seinen Truppen in die Provinz Sudair, wo sich ihm der Emir von Buraida anschloß, während sich der Emir von Anaiza Faisal und Raschid zur Verfügung stellte.

Nun zogen Faisal und Raschid nach Sudair, während Faisals Bruder Djiluwi und Abdallah ibn Raschids Bruder Obeid ibn Raschid den Scheich der Mutair, Faisal el Duwisch, in der Wüste suchten, um seine Unterstützung zu gewinnen. Indessen versuchte Tneijan, Faisal auf dem Weg von Hail nach Anaiza abzufangen, verfehlte ihn aber, kehrte in Richtung Anaiza zurück, wo er aber feststellen mußte, daß Faisal dort bereits mit Freudenfeuern empfangen worden war.

Enttäuscht zog sich Tneijan nun nach Buraida zurück – stellte aber auch hier fest, daß die Einwohnerschaft und die versammelten Stämme bereits mit Faisal sympathisierten. Deshalb wandte er sich nun nach Süden, nach Misnab am Rande der Wüste Nefud es Sirr – stets in der Sorge, nun von Djiluwi und Obeid sowie den Mutair angegriffen zu werden. Diese waren allerdings schon weiter nach Osten gezogen und hatten die Oase Thadiq auf halbem Weg zwischen Sudair und Riadh besetzt und damit die Voraussetzung für einen schnellen Durchmarsch der Hauptmacht Faisals von Anaiza nach Riadh geschaffen. Es war dies in dem fortwährenden zentralarabischen Wüstenkrieg übrigens das erste Beispiel einer großräumig koordinierten Operation, die modernes strategisches Denken verriet. Es war ein gesamtarabischer Bewegungskrieg, voll beduinischer Romantik: Kamelkarawanen, die nachts durch die mondbeschienene, lautlose Wüste zogen und sich als Schatten am endlosen Horizont verloren; Stammesscheichs, die den Karawanen huldigend entgegenkamen und als Zeichen ihres guten Willens Säcke voller Datteln mitbrachten; elende Lehmdörfer, deren Männer den Karawanen in sicherem Abstand auf ihren Kamelen als Späher folgten und Araberjungen, die beim Herannahen der Karawanen ihre Herden eilends in weit entfernte, kleinere Wadis trieben.

Ibn Tneijan versetzte nun Riadh in den Verteidigungszustand, ließ die Mauern besetzen und die Häuser rund um die Zitadelle, um ein hinreichendes Schußfeld zu schaffen, niederreißen. Inzwischen nahm Faisal aber insgeheim Verbindung zu einigen Einwohnern von Riadh, die auf seiner Seite standen, auf und schickte seinen Bruder Djiluwi mit einer kleinen Truppe vor das Dakhna-Tor, das auf ein verabredetes Zeichen von Faisals innerstädtischen Sympathisanten geöffnet wurde.

Tneijan machte gerade einen Inspektionsgang entlang der Stadtmauer, als er davon hörte, daß das Tor geöffnet und Djiluwi in die Stadt eingedrungen sei. Währenddessen war auch Faisal mit seiner Hauptmacht herangerückt und Tneijan hatte gerade noch Zeit, in die Zitadelle zurückzuhasten. Aus irgendeinem Grund verließ er diese aber doch noch einmal und wurde dabei von Faisals Leuten ergriffen.

Danach ließ Faisal die Zitadelle stürmen und wurde so nach einer Unterbrechung von weniger als fünf Jahren wieder rechtmäßiger Imam. Die Bürger von Riadh waren die ersten, die ihm huldigten, während sich die Frage, was mit Tneijan geschehen sollte, schnell und problemlos dadurch löste, daß der abgesetzte Herrscher am 13. Juli 1843 im Gefängnis verstarb. Ob mit oder ohne fremdes Zutun, bleibt dabei offen; es ist auch von keinem Chronisten überliefert. Auch nicht, wie sich der Khedive und sein nomineller Oberherr in Istanbul zu den Veränderungen in Innerarabien stellten. Aber möglicherweise hatte Mohammed Ali jetzt auch völlig andere Probleme, obwohl das Interesse seiner Nachfolger am Hedjas noch keineswegs, wie später zu sehen sein wird, erloschen war. Wie sah es nämlich in Ägypten aus?

Syrien und Kreta hatte Ägypten schon seit einiger Zeit verloren. Aber dem Pascha und seinen Nachkommen war neben Ägypten noch der Sudan geblieben. Und Sultan Abdul Medjed hatte nach einigem Zögern am 1. Juni 1841 in einer feierlichen Erklärung die Herrschaft Mohammed Alis über Ägypten, die nach ihm an das älteste Mitglied seiner Familie übergehen sollte, bestätigt. Die Dynastie der Khediven und späteren Könige von Ägypten war damit begründet.

Das bedeutete aber noch nicht die völlige und uneingeschränkte Unabhängigkeit. Ägypten blieb formal eine Provinz des Osmanischen

Reiches – mit einem jährlichen Tribut von vierzig Millionen Piastern und einer von der Hohen Pforte festgelegten Armeestärke von 20 000 Mann. Alle Gesetze und Verträge des Osmanischen Reiches galten auch für Ägypten. Mohammed Ali mußte also auf sein Handelsmonopol verzichten und verlor seine vollständige außenpolitische Unabhängigkeit.

Die europäischen Großmächte, allen voran England, hatten ihre Vorteile davon. Aber Mohammed Ali und Ibrahim Pascha reagierten natürlich mit Enttäuschung auf die ihnen von der Pforte zugefügte Niederlage. Ihre Reformen hatten nun größtenteils ihren Sinn verloren. Der Anflug nationalstaatlichen arabischen Denkens war verweht. Europäische Berater mußten entlassen werden. Schulen wurden geschlossen. Die Armee befand sich in Auflösung und nur Soliman Pascha, dem einstigen französischen Offizier und Berater des Khediven, war es zu danken, daß das Steuer bald wieder herumgeworfen wurde. Bereits 1845 zählte die ägyptische Armee wieder 80 000 Mann, von denen Dreiviertel auch bei öffentlichen Arbeiten eingesetzt wurden.

1846 unternahm der greise Pascha noch mal eine Reise nach Istambul, wo er mit allen Ehren und wie ein selbständiger Souverän empfangen wurde. Dennoch war der Niedergang unübersehbar, der mit dem Älterwerden des Khediven einherging. Seine Geisteskräfte ließen in seinen letzten Lebensjahren nach, und 1848 übernahm Ibrahim Pascha die Regentschaft für ihn. Aber Ibrahims vorzeitiger Tod beraubte den Khediven seines fähigen Nachfolgers, der sein Werk hätte fortsetzen sollen. Damit war der Weg frei für Abbas Pascha, einen Enkel Mohammed Alis, einen unheilvollen Despoten. Als Mohammed Ali am 2. August 1849, etwa acht Monate nach Ibrahims Tod, starb, war die Rolle Ägyptens als Wegbereiter der arabischen Unabhängigkeit bereits ausgespielt, und es blieb nur noch das Wahabitenreich als einzige unabhängige arabische Nation von Bedeutung.

An der Schwelle zur modernen Geschichte

Die internationale Bedeutung des Wahabitenreiches wuchs nur langsam und folgte arabischen Gedanken- und Gefühlslinien, die sich in europäischen Paradigmen von Geschichte und Politik nicht erfassen lassen. Die jüngere deutsche Nahostpolitik zeigt es: Die Wesenszüge deutscher Außenpolitik der letzten zwei Jahrzehnte des 20. Jahrhunderts – »Formeldiplomatie«, »Scheckbuchdiplomatie«, das Streben »to be everybodies darling« sowie die »Reisediplomatie« von Heerscharen inkompetenter Parlamentarier – haben, z. B. in der sogenannten »Nahostfrage«, arabische Diplomatie nie erfaßt und deshalb außer Kosten und der Selbstprofilierung öffentlichkeitsbewußter Politiker nichts bewirkt. Arabische Politik ist und war stets nationale und vor allem persönliche Machtpolitik. Und den Respekt der Araber fand und findet deshalb in der politischen Auseinandersetzung nur der Politiker und Diplomat, der rücksichtslos und gerissen die Interessen seines Landes verfolgt.

Geschenke ohne Gegenleistung lösen bei Arabern insgeheim nur Verständnislosigkeit aus. Nahostformeln, die, wie »Land gegen Frieden«, bedenkenlos Konkretes gegen Abstraktes eintauschen wollen, oder wie »Gesicherte Grenzen für Israel bei gleichzeitiger Anerkennung des Selbstbestimmungsrechts der Palästinenser« schon in sich widersprüchlich sind, werden von Arabern nur mit höflichem Scheinverständnis quittiert, innerlich aber als zivilisatorische Dekadenz belächelt. Die im Falle Saudi-Arabiens, wiederum von Leerformeln begleiteten Auseinandersetzungen um deutsche Rüstungslieferungen in den achtziger Jahren führte gar zur unverhohlenen Verachtung spießbürgerlicher deutscher Außenpolitik.

Arabische Politik ist oft irrational und zu sehr von Emotionen bestimmt – sie ist und war dabei aber stets harte Realpolitik. Die ersten national-arabischen Realpolitiker waren, zeitlich nur unwesentlich versetzt, Mohammed Ali und Faisal. Saudische Politik ist seit Faisal und bis in die Gegenwart knallharte Realpolitik geblieben. Sie folgte schon zu Zeiten Faisals nur zwei Zielen: der Festigung der eigenen

Macht, die der Imam mit absolutistischem Selbstverständnis als gott-gewollt ansah, und der strikten Einhaltung der Gebote des Islam, so wie sie von dem großen Abd el Wahab und den fürstlichen Vorfah-ren des Imam interpretiert worden waren. Daraus ergab sich unter Faisal ein Traditionalismus, der sich bis heute oft darin zeigt, daß Saudis eine ihnen nicht genehme Neuerung mit der einer mora-lischen Verdammung gleichkommenden Feststellung verwerfen, daß sie »gegen das Herkommen« sei.

Faisal war Traditionalist. Als solcher hat er sein Land in seiner zwei-ten Herrschaftsperiode stabilisiert und konsolidiert. Er hat demnach sein Land noch nicht in die Moderne geführt – das sollte erst seinem Enkel vorbehalten sein. Aber er hat die Arabische Halbinsel mit großem politischem und militärischem Geschick über die Schwelle zur neueren Geschichte geleitet.

Faisals Hauptaugenmerk war zunächst auf die arabische Küste des Persischen Golfs gerichtet. Buraimi, der alte Stützpunkt der Waha-biten im Hinterland von Oman, wurde 1845 wieder zurückerobert. Dies fiel den Wahabiten nicht sonderlich schwer, weil der große omanische Herrscher, Sultan Said, der noch bis 1856 herrschen soll-te, sich hauptsächlich auf seine Besitzungen in Ostafrika konzen-trierte. Bereits 1829 hatte er Mombasa eingenommen und dort die Herrschaft der Mazari, einer ebenfalls omanischen Dynastie, been-det. Sansibar war zur zweiten Hauptstadt seines Sultanats geworden und entwickelte sich zum wirtschaftlichen Mittelpunkt, wozu vor allem der Sklavenhandel und der Anbau von Gewürznelken beitrug.

Im Zusammenhang mit den Auseinandersetzungen um Buraimi und auch, um die Region insgesamt nicht zu vernachlässigen und das hi-storische Bild abzurunden, muß hier auch die Geschichte des Scheichtums und der Stadt Abu Dhabi sowie des Herrscherge-schlechts der Al Nahiyan kurz erwähnt werden. Denn Buraimi war vor dem Hintergrund vermuteter Ölvorkommen noch in jüngster Zeit ein Zankapfel im Kräftedreieck der Herrscher des Wahabiten-staates, Omans und Abu Dhabis, und erst seit 1975 akzeptiert Sau-di-Arabien die gegenwärtigen Hoheitsverhältnisse, nach denen die Großoase, die aus neun Dörfern besteht, zwischen Oman und Abu Dhabi (El Ain) aufgeteilt ist. Zuvor hat sich das Scheichtum im Windschatten seiner übermächtigen wahabitischen und omanischen

Nachbarn mit Erfolg bemüht, sich deren gefräßiger Aufmerksamkeit möglichst vollständig zu entziehen und bei deren unternehmungsfreudigen Herrschern keinerlei Eroberungsgelüste wach werden zu lassen. Denn die Al Nahiyan, mittlerweile Anhänger eines protzigen Lebensstils und selbstgefälliger Eigenerhöhung, hielten es früher lieber mit den bescheidenen Freuden der Falkenjagd, mäßig florierenden Fischfangs und gemächlicher Piraterie. Den Aufregungen osmanischen Großmachtdenkens und dem Asketentum des Wahabitismus vermochte man in dem Scheichtum nichts abzugewinnen, und frühzeitig vertrauten die Al Nahiyan sich England an und schlossen sich mit anderen kleinen Scheichtümern, nämlich Dubai (unter den Al Maktoum), Katar (seit 1871 unter den Al Thani), Scharjah (Al Qassimi, die in der Pluralform auch einfach Qawasim genannt wurden), Ras es Khaima (Al Qassimi), Umm el Qaiwan (Al Mu'alla), Adjman (Al Nuami) und Fujjairah (Al Scharqi) zu den »Trucial States« zusammen, aus denen 1971 (ohne Katar) die »Vereinigten Arabischen Emirate« (VAE) hervorgehen sollten.

Aber noch Anfang der 60er Jahre unseres Jahrhunderts war Abu Dhabi, die spätere Hauptstadt der Vereinigten Arabischen Emirate, in der es heute außer dem Fort kein Gebäude mehr gibt, das älter als 35 Jahre alt ist, ein armseliges Fischerdorf, das sich hinter einer unübersichtlichen Lagunenlandschaft versteckt hielt. Es ist schwierig, sich heute noch vor der scheußlichen Manhattan-Kulisse der Stadt den Charme des einstigen Araberdorfes vorzustellen, wie es im Fort-Museum in einem liebevoll nachgebildeten Relief versucht wird: Eine unregelmäßige Ansammlung von im Dünensand verstreuten Lehmhütten mit Palmblattdächern, die sich in die Ortsteile der geschlossen zusammenlebenden achtzehn Familienclans unterteilten, von denen einer die Nahiyans waren. Dazwischen einige wenige Palmen und das vorsintflutliche Fort, in dem, inzwischen von den heutigen, wenig geschichts- und kulturbewußten Stadtbewohnern bis zur Unkenntlichkeit restauriert, Scheich Saiyid ibn Khalifa Al Nahiyan (1855–1909) mehr hauste als wohnte; eine große Moschee, das moderne »Beachhotel« am Rande der Ansiedlung, in dem die ersten Öltechniker sich vom Wüstenalltag erholten, und das Haus des allmächtigen britischen Residenten, der täglich zu Fuß durch den Wüstensand zu Scheich Saiyid in seinem Fort hinübergehen konnte, um die »Empfehlungen« Ihrer bzw. Seiner Majestät Regierung mit Nachdruck erläutern zu können.

156

Zweihundert Jahre früher hatten umherstreifende Beduinen aus dem Stamm der Beni Yas, der vor langer Zeit aus Innerarabien in die Liwa-Oase gewandert war, bei einem Jagdausflug auf einer Insel im Golf eine Gazelle gesehen, die aus einer Quelle trank. Die Insel versprach mit der Süßwasserquelle eine Existenzgrundlage auch für Menschen und die Beduinen nannten sie »Abu Dhabi« (Vater der Gazelle). 1761 zog der ganze Stamm dorthin und siedelte sich um die Quelle an. Von den verschiedenen Clans des Stammes übernahmen die Nahiyan die Herrschaft und bauten später über der Quelle die eingangs erwähnte Festung. Das Scheichtum des »Vaters der Gazelle« war damit entstanden.

Nach der Eroberung von Buraimi machte die gesamte Region von Buraimi über Katif bis in die Stammesgebiete der Beni Khaled Faisals ständige Wachsamkeit gegenüber potentiellen Aufrührern erforderlich, und tatsächlich verübten im Jahr der Eroberung von Buraimi, 1845, die Adjman einen Überfall auf die irakische Pilgerkarawane, als diese auf dem Weg nach Mekka Hasa durchquerte. Dieser Überfall stieß bei den meisten Stämmen, die sonst eigentlich nichts gegen honorige Raubüberfälle einzuwenden pflegten, auf Abscheu, und vom Herrscher der Wahabiten wurde eine energische Bestrafung des Frevels in Form eines Kriegszuges gegen die Friedensstörer erwartet.

Die meisten dieser Kriegszüge in Zentralarabien fanden im Winter oder im Frühjahr statt, um der mörderischen Hitze des Sommers zu entgehen. Strafaktionen gegen Stämme wurden häufig aber auch gerade in der heißen, trockenen Jahreszeit unternommen, weil die Beduinen, die ihre Tiere in der Sommerhitze häufiger tränken mußten, dann enger um die wenigen Brunnen versammelt und somit leichter zu finden waren, während sie sich im Winter mit ihren Herden über große Weideflächen verteilten. Und bei Kriegszügen gegen die Türken bevorzugten die Araber auch die heißesten Monate, weil die Soldaten aus Anatolien oder dem Balkan der Hitze natürlich weniger gewachsen waren, als die Söhne der Wüste. Alles hing aber immer noch von der Aussicht auf Beute ab, die die Löhnung ausmachte. Wie aber wurden die Stammesaufgebote des Imams entlohnt?

Ganz allgemein hatte der Herrscher seine Kämpfer mit Waffen und Munition zu versorgen, während die Stammeskrieger für einen

Kriegszug ihre Kamele, manchmal ein Kamel für zwei Mann, mitbrachten. Höher angesehen waren die Besitzer von Pferden, weil nur diese für Kavallerieattacken geeignet waren. Für sie gab es besondere Anreize, zumal auch diese Reiter zur Schonung ihrer kostbaren Pferde für lange Strecken noch Kamele benutzten. Aber allgemein galt, daß von der Kriegsbeute ein Fünftel an den Herrscher beziehungsweise an die Staatskasse fiel und der Rest auf die Stammeskrieger verteilt wurde – wobei Pferdebesitzer auch hier wieder begünstigt wurden und das Doppelte von dem erhielten, was Kamelreitern und Fußsoldaten zustand.

Für Konfliktstoff sorgten Mitte des Jahrhunderts auch die Insel Bahrain und die Halbinsel Katar: Schon seit einiger Zeit hatten die Herrscher von Bahrain gefährliche Unabhängigkeitsbestrebungen gezeigt und die Tributzahlungen an den Herrscher von Nedjd verweigert. Aber infolge anderer Engagements war Faisal erst im Dezember 1850 in der Lage, sich wieder der Golfküste zuzuwenden. Dann aber beorderte er seinen Sohn Abdullah, der mit einer Stammesstreitmacht in Kasim stand, nach Hasa, wo er sich mit ihm vereinigte und auch noch Kontingente der Murra, Adjman und Beni Hajr zu ihnen kamen. Mit dieser vereinigten Streitmacht stießen die Saud, obwohl die Khalifa inzwischen freundliche Versprechungen machten, um die unerbetene Nachbarschaft der Wahabiten wieder loszuwerden, nach Katar vor. Das Ziel war die Hafenstadt Doha, die sich im Besitz von Ali ibn Khalifa aus der Familie der Al Thani befand. Mit der Belagerung der Stadt beauftragte Faisal seinen Sohn Abdullah. Aber Ali ibn Khalifa flüchtete mit einem Schiff und die Bevölkerung unterwarf sich daraufhin Abdullah.

Aber Faisal war damit noch nicht zufrieden und ließ nun die Festung von Musaimir durch Ahmed es Sudairi erobern. Hier erbeuteten die Wahabiten 300 Schiffe (Dhaus). Das Wüstenreich Nedjd war damit erstmals zur Seemacht geworden.

Inzwischen hatte der Herrscher von Bahrain, dessen Söhne auf der Seite Faisals kämpften, den Herrscher Said ibn Tahnum von Abu Dhabi, den Vorgänger des erwähnten Scheich Saiyid, um Hilfe gerufen und dieser rückte nun mit einer Flotte heran. Seine Begeisterung für eine wie immer geartete Waffenbrüderschaft mit Bahrain hielt sich aber wohl in Grenzen. Denn noch bevor es zu einer Auseinandersetzung kommen konnte, trat er in Verhandlungen mit Sudairi ein. Am Ende, es war inzwischen Juni oder Juli 1851, unterwarfen sich die Scheichs wieder, nahmen folgsam auch die Tributzahlungen wieder auf, blieben ansonsten aber straffrei und bedingt souverän. Nicht ein einziger Tropfen Blut war geflossen.

Dennoch blieb das Verhältnis der Wahabiten zu Bahrain stets problematisch, was sowohl mit der Insellage des Emirates, wie auch mit seiner Einbettung in ein kompliziertes Dreieck arabischer, persischer und englischer Machtinteressen zusammenhing: Schon vom frühen Mittelalter bis in das 19. Jahrhundert war die Geschichte des Emirates, mit Ausnahme einer hundertjährigen portugiesischen Vorherrschaft im 16. Jahrhundert, nämlich durch Vormachtkämpfe zwischen Arabern und Persern gekennzeichnet gewesen. Unter ausdrücklicher Anerkennung der persischen Oberhoheit wurde die bis in die Gegenwart regierende Dynastie der Al Khalifa, deren Ahnen aus einem innerarabischen Beduinenstamm hervorgegangen waren, begründet. 1820 hatten die Khalifa gegen persischen Protest mit England einen Schutzvertrag geschlossen, und dieser hatte die Lösung Bahrains von Persien zur Folge; aber auch, daß weder die Osmanen noch die Wahabiten dort wirklich jemals Fuß fassen konnten. 1906 sollte Bahrain dann sogar britisches Protektorat werden.

Etwa zur gleichen Zeit wurde im Westen ein weiterer Kriegsschauplatz eröffnet; die sich dort abspielenden militärischen und diplomatischen Operationen könnte man als »Krieg der Geschenke« bezeichnen, wenn man ihnen einen Namen geben müßte. Der Großscherif, Mohammed ibn Abd el Muin, war nämlich im April 1847 auf Betreiben seines Gastes, des früheren saudischen Imam Khaled und anderer Flüchtlinge aus dem Wahabitenreich in Kasim einmarschiert. Khaled und andere Exilanten aus Innerarabien beteiligten sich und der Feldzug schien anfangs durchaus erfolgreich zu verlaufen. Auch einige türkische Truppen standen auf Seiten des Großscherifen. Die Einwohner von Kasim waren nämlich bisher keine besonders harten Verfechter arabischer Unabhängigkeit und der turko-ägyptischen Besatzer liebste Untertanen der Arabischen Halbinsel gewesen. Hinzu kam, daß die Einwohner von Kasim erbitterte Feinde der Schammar waren, die immer noch auf Seiten der Al Saud standen, und dem Motto arabischer Bündnispolitik »Die Freunde meiner Feinde sind meine Feinde; die Feinde meiner Freunde sind meine Feinde« folgten. Ihnen schlossen sich auch die Scheichs der Mutair und andere Stämme an.

Aber der Großscherif sah sich getäuscht, wenn er annahm, Faisal sei zu sehr im Osten seines Reiches engagiert und an Kasim weniger interessiert. Faisal entsandte sofort seinen Sohn Abdullah mit einer rasch zusammengestellten Truppe nach Majma'a, von wo aus er die weiteren Geschehnisse in den Sudair- und Tuwayk-Bezirken beobachten konnte. Dies wieder beunruhigte den Großscherifen Mohammed, der Faisal einen Boten schickte, der ihn von seinen angeblich friedlichen Absichten überzeugen sollte. Ob Faisal dem Boten glaubte oder nicht – er antwortete in der traditionell höflichen Form arabischer Diplomatie, indem er seinen Bruder Abdullah ibn Turki mit Geschenken zu Mohammed schickte.

Aber der Großscherif verweigerte die Annahme mit der Erklärung, Faisal solle gefälligst selber kommen – eine an sich schon tödliche Beleidigung – und nötigte stattdessen Abdullah ibn Turki seinerseits Geschenke auf. Dieser mußte die Geschenke natürlich, wollte er sein Leben nicht aufs Spiel setzen, erst einmal annehmen, sah dann aber zu, daß er das Lager seines merkwürdigen Gastgebers so schnell wie möglich verlassen konnte, schickte die Geschenke aus sicherer Entfernung mit beleidigenden Bemerkungen an den Großscherifen zurück und an Faisal einen Boten, der diesem von den Geschehnissen, die nach arabischem Verständnis einer Kriegserklärung gleichkamen, Mitteilung machte.

Faisal stellte nun eine weitere Streitmacht auf, mit der er Riadh verließ, um sich mit den Truppen seines Sohnes zu vereinigen und gegen den Großscherifen zu ziehen. Dieser hatte jetzt aber doch wohl inzwischen Angst vor der eigenen Courage bekommen und war bestürzt über das Resultat seiner »diplomatischen« Aktivitäten. Jedenfalls schickte er nun Faisal einen Boten mit dem Versprechen ewigen Friedens und »aufrichtiger« Freundschaft. Faisal akzeptierte dieses Angebot unter der ausdrücklichen Bedingung, daß der Großscherif auf alle Ansprüche in Kasim und gegenüber den Stämmen des Nedjd verzichtet. Und um diese Pille zu versüßen, schickte er noch einmal kostbare Geschenke und eine Summe Geldes mit, die der Großscherif, um sein Gesicht auch gegenüber der Hohen Pforte zu wahren, als Tribut eines angeblich wieder zum Gehorsam gezwungenen

Vasallen nach Istambul weiterleitete. Das wiederum war höchst ärgerlich, und um sich wenigstens teilweise schadlos zu halten, überfiel er auf seinem Rückmarsch im Juni noch die nichtsahnenden Mutair, die ihn sogar unterstützt hatten, und ließ es zu, daß die türkische Soldateska seiner Armee deren Frauen und Mädchen raubten. Aber auch Faisal mochte bei dem aufwendigen Unternehmen nicht ganz leer ausgehen und plünderte im Vorbeiziehen bei den Brunnen von El Banna die Schamir und andere harmlose Stämme aus. Das wenigstens war man beduinischem Brauchtum schuldig!

Wenige Jahre später, Anfang 1852, erforderte der Westen noch einmal Faisals Aufmerksamkeit: Gerüchte waren nach Riadh gedrungen, daß der Khedive Abbas eine Invasion gegen das Nedjd plane. Und bald darauf landeten tatsächlich einmal wieder ägyptische Truppen an der Küste vor Medina. Faisal versammelte daraufhin seine Truppen in Majma'a, um schnell in Kasim einmarschieren zu können. Aber die Vorsichtsmaßnahme war überflüssig, weil die Ägypter nach Süden in die Provinz Asir abdrehten, wo ihnen aber auch kein großer Erfolg beschieden war. Abbas wurde 1854 ermordet. Seine Nachfolger wurden sein Onkel Said Pascha und ab 1863 ein weiterer Sohn von Mohammed Ali, Ismail Pascha. Zu dieser Zeit spielte aber Ägypten auf der Arabischen Halbinsel längst keine Rolle mehr. Die Türken führten wieder unmittelbar die Oberaufsicht und bedienten sich dazu des 1851 wieder eingesetzten Großscherifen Abd el Muttalib aus der Linie der Dewi Zed, den die Hohe Pforte aber schon 1856 wieder durch Mohammed ersetzte. Nur im Hedjas unterhielten sie zu diesem Zeitpunkt noch türkische Garnisonen.

Zwischen den bisher geschilderten größeren Kriegszügen Faisals kam es immer wieder zu kleineren Feldzügen als Strafaktionen gegen aufsässige Stämme oder, um Steuern einzutreiben, sowie, um einfach einmal wieder Machtansprüche zu betonen, wie es 1853 in Oman erforderlich schien. Meist wurde damit, wie es schon immer gute Tradition im Hause Saud war, der vorgesehene Thronfolger Abdullah beauftragt. Und in dieser Zeit wurde auch die bis heute gültige Tradition begründet, in den beherrschten Provinzen nicht mehr, wie bisher üblich, einheimische Stammesfürsten als Provinzgouverneure mit dem Titel »Emir« einzusetzen, sondern Prinzen aus dem Haus Al Saud. Den Beginn machte dabei Faisals Bruder Djiluwi als Gouverneur von Kasim mit Sitz in der stets zu Aufsässigkeit neigenden Stadt

Anaiza. Schon bald wurde Djiluwi aber 1854 während eines Aufstandes vertrieben und die Einwohner der Stadt mußten von Faisal mit einer Strafexpedition, zu der das übliche Fällen der Palmen gehörte, diszipliniert werden.

In der Zwischenzeit waren die Mutair und die Ataiba wieder zu züchtigen. Faisal mußte sie zwar als Untertanen des Großscherifen anerkennen, konnte aber von ihnen Gehorsam verlangen, wenn sie auf ihren Wanderwegen im Nedjd ihre Zelte aufschlugen; dabei kam es aber oft zu Unbotmäßigkeiten. 1852/53 mußte Abdullah auch in Hasa einmarschieren, um sich mit Angehörigen der Murra auseinanderzusetzen, die den Frieden der Provinz störten. Auch der Emir von Buraida begehrte auf und wurde mit Hilfe seiner Todfeinde, der Fürsten der Schammar von Hail, besiegt. Er wollte noch nach Mekka flüchten, wurde aber an einem der Brunnen auf dem Wege dorthin von einigen Wahabiten unter dem Kommando von Faisals Bruder Mohammed eingeholt und mitsamt drei Söhnen, einem Vetter und zwei Leibsklaven kurzerhand erschlagen.

Die meisten Probleme gab es für Faisal aber mit den Adjman, Schwierigkeiten, die auch das Emirat von Kuwait und den türkischen Wali von Basra berührten. Zum Verständnis sei hier noch einmal an das Jahr 1845 erinnert, in dem die Adjman die Pilgerkarawane aus dem Irak überfallen und die frommen Gläubigen auf ihrem Weg nach Mekka gründlich ausgeraubt hatten. Dafür hatte Faisal den Stamm bestraft sowie den Scheich gefangennehmen und in Hofuf hinrichten lassen. Dessen Sohn hatte er daraufhin als neuen Scheich nur gegen das Versprechen bestätigt, sich einen solchen unerhörten Frevel nie wieder zuschulden kommen zu lassen. Aber es vergingen nur wenige Jahre, bis der neue Scheich auf die Idee kam, dem Imam seine private Kamelherde zu rauben und mit der Beute in das Scheichtum Kuwait zu fliehen. Von Anfang an war klar, daß der Herrscher auf diesen typischen Ghasu gegen ihn selber mit aller Härte reagieren würde, zumal sich die Adjman auch bei dem türkischen Wali von Basra schon mit allen möglichen Räubereien unbeliebt gemacht hatten.

Faisal rief den Djihäd aus und bestimmte, wie üblich, Abdullah zum Führer der Strafexpedition, die in Richtung Kuwait zog und bei Wafra (wo heute bedeutende Ölfelder liegen, südlich von Kuwait-City) auf die ersten Adjman stieß und diese in die Flucht schlug. Aber bei Jahra, wo sich das Hauptlager der Adjman befand, trat den Wahabiten der gesamte Stamm entgegen – an der Spitze sieben große Kamele mit unverschleierten, schönen Jungfrauen, die die Männer ermutigen sollten, ihre Ehre und Unberührtheit mit gebührendem Ungestüm zu verteidigen. Die Schlacht wurde am 3. April 1860 mit äußerster Härte geschlagen. Doch die Taktik der Adjman vermochte die Wahabiten nicht zu beeindrucken – am Ende des Tages flüchteten die Adjman in wilder Unordnung hinter die Mauern von Kuwait, nachdem siebenhundert ihrer Stammesangehörigen den Tod auf dem Schlachtfeld gefunden hatten. Der Wali von Basra und der Emir von Zubair (südwestlich von Basra) beglückwünschten Abdullah zu seinem Erfolg. Beduinische Walküren sah man nie wieder.

Die Adjman waren zwar geschlagen, indessen aber noch nicht vernichtet. Sie verbündeten sich nun, nachdem sie sich etwas von ihrer Niederlage erholt hatten, mit den Muntafik und plünderten mit diesen gemeinsam in blinder Zerstörungswut die Dattelplantagen des Schatt el Arab. Von hier wurden sie jedoch von einer Allianz von Türken und Wahabiten sowie Kämpfern des Emir von Zubair vertrieben. Doch zogen sie sich bloß in die Wüste zurück und bereiteten sich hier auf erneute Angriffe auf Kuwait und Nedjd vor. Dies aber war ausschlaggebend für Faisal, nun die Entscheidungsschlacht zu suchen.

Unter dem Kommando von Abdullah zogen die wahabitischen Milizen, vereinigt mit Stammeskriegern der Mutair und Beni Hajr, erneut nach Wafra und von dort nach Jahra, von wo sie die Adjman zur Küste trieben. Hier ereilte ihre Gegner dann ein schreckliches Schicksal: Die Wahabiten trieben sie bei Ebbe in die seichten Gewässer des Golfes hinaus und warteten die Flut ab, in der die Adjman, denen die Wahabiten hohnlachend die Rückkehr an das trockene Ufer verwehrten, elend ertranken. Denn sich zu ergeben hatte keinen Sinn, da die Wahabiten keine Gefangenen machten.

Trotz dieses Erfolges der Wahabiten gingen die Rebellionen im Lande weiter und während Faisals letzter Lebensjahre befand sich der unermüdliche Thronfolger Abdullah weiterhin meistens im Felde – immer noch gegen die so schwer angeschlagenen Adjman, aber auch gegen die stets aufsässigen Einwohner des Kasim, vor allem in Anaiza und Buraidah. Am 2. Dezember 1865 schloß der Imam für immer die Augen. Er starb nach einer 31-jährigen Herrschaft, die nur von der fünfjährigen Internierung in Kairo unterbrochen war. Sein Nachfolger wurde sein Sohn Abdullah. Der Wechsel fand statt in einer Zeit großer weltpolitischer Veränderungen: In Nordamerika ging 1865 der Bürgerkrieg zuende. In Italien wurden während des französisch-sardinischen Krieges gegen Österreich die Schlachten von Magenta und Solferino geschlagen. In Deutschland fand der zweite Schleswig-Holsteinische Krieg statt und begann 1866 der preußisch-österreichische Krieg mit der Schlacht von Königgrätz. Während dieser Zeit wurde das Osmanische Reich von einem Verrückten regiert, dem irren Sultan Abdul Asis, und hatte mit Unabhängigkeitsbestrebungen auf dem Balkan zu ringen. In Ägypten herrschte Mohammed Ali's Enkel Ismail, der sein Reich bis an die Grenze Äthiopiens ausdehnte und den Suezkanal bauen ließ.

Bruderzwist im Hause Saud

Die nächsten 25 Jahre waren vor allem durch drei Entwicklungen gekennzeichnet: den Niedergang der Dynastie der Al Saud, den sich daraus ergebenden Aufstieg des Hauses der Raschid und den zunehmenden Einfluß Englands in der Golfregion.

Um mit letzterem zu beginnen: Ein Markstein in der Entwicklung der britischen Interessen in der Region war sicher der Besuch des britischen »resident« für die Golfregion, Colonel Pelly, im Todesjahr Faisals in Riadh. Auch wenn dieser mehrtägige Besuch, der noch zu Lebzeiten Faisals stattfand, politisch unergiebig war, so hob er doch die britisch-saudischen Beziehungen auf eine höhere Ebene und band Zentralarabien sichtbar in die englische Interessensphäre ein. Außerdem vermittelte Pelly erstmalig ein zuverlässiges Bild über die Struktur und Interessenlage des Saud-Staates. Er reihte sich damit als erster in den Kreis der sechs herausragenden englischen Beobachter der bis dahin weitgehend unbekannten Region ein, dem neben ihm als Diplomaten oder Berater noch Gertrude Bell, Cox, Philby, Lawrence und Shakespear, die alle an entsprechenden Stellen noch genannt werden, angehören sollten. Sie waren es, die in einer kurzen Zeitspanne den Schleier vor den Geheimnissen der Geschichte Arabiens wegrissen und Englands Fuß auf die Türschwelle der arabischen Halbinsel setzten. Wie sah es zu dieser Zeit aber überhaupt um den britischen Einfluß in der Golfregion aus?

Aus britischer Sicht war der Golf für die Verteidigung Indiens und für die Verbindung zwischen England und dem Subkontinent von vitalem strategischem Interesse – der Golf war ein »british lake«. Bei dieser Ausrichtung auf die sicherheitspolitischen und militärischen Interessen Indiens war es kein Wunder, daß die Verantwortung für die englische Golfpolitik bei der britischen Indienregierung beziehungsweise bei dem englischen Vizekönig in Bombay lag, während das westliche Arabien, also Hedjas, vom Foreign Office und seiner späteren Vertretung in Kairo, dem »Arabischen Büro«, wahrgenommen wurde. Diese Konstellation führte natürlich zu der Frage, wer für den saudischen Machtbereich in Zentralarabien zuständig war – in der englischen Außenpolitik ein ständiger Stein des Anstoßes und ein Kompetenzgerangel, das auch die zentralarabischen Staaten der Saud und der Raschid und vor allem das argwöhnisch die Briten beobachtende Osmanische Reich berührte.

Ursprünglich hatte die Indische Regierung politische Agenten, sogenannte »Raj« (aus dem Hindu-Sprachgebrauch übernommen, eigentlich: Herrschaft) in die ehemaligen Piraten-Scheichtümer am Golf entsandt, die als »Trucial States« britischen Schutz genossen. Daraus entwickelten sich bald einflußreiche »Political Agents« und später »Political Residents« mit Sitzen in Kuwait, Bahrain und (zugleich Konsulat) in Muskat. Sie alle unterstanden, solange sie nur »Political Agents« waren, einem »Political Resident«, bei dem es sich zur Zeit des Todes von Faisal um den schon erwähnten Oberst Pelly handelte. Colonel Pelly war zugleich britischer Generalkonsul für Persien und Khusistan und hatte seinen ständigen Dienstsitz in Buschehr an der nördlichen Golfküste von Persien. Sein Amtsbereich kreuzte sich später etwas mit dem des »Political Resident« in Bagdad, dem ein Konsul in Basra unterstand und der später noch entscheidend die Geschichte Zentralarabiens beeinflussen sollte. Beide unterstanden dem Vizekönig in Bombay (später Delhi) und sollten damit, wie schon an anderer Stelle angedeutet, oft genug im Gegensatz zu der in London und später auch in Kairo formulierten Arabienpolitik des Foreign Office stehen; wobei hervorzuheben ist, daß England zunächst überhaupt kein Interesse daran hatte, sich in die zentralarabischen Angelegenheiten einzumischen.

Das hatte sich schon bei der Wiedereroberung von Buraimi durch Faisal im Jahr 1845 erwiesen. Damals hatten die Scheichs von Buraimi über den »Political Agent« in Muskat die britische Indienregierung in Bombay um Hilfe gerufen. Aber die Engländer zeigten sich sehr zurückhaltend. Der »Agent«, dessen noch im selben Jahrhundert errichteter, heute leerstehender, Dienstsitz in unmittelbarer Nachbarschaft des Sultanpalastes von seinem Einfluß zeugte, richtete den Scheichs aus, daß Großbritannien sich nicht berührt sehe, solange keine unmittelbare Bedrohung von Ägypten oder der Türkei ausginge. Englands Interesse sei nur darauf gerichtet, in der Golfregion den Frieden zu erhalten. Aber auch das Wahabitenreich hatte Großbritannien bis zu Pelly's Besuch nicht weiter ernst genommen, was dazu führte, daß Faisal sich zeitweise, von den Engländern wohl nicht bemerkt oder nicht sehr wichtig genommen, den verhaßten Türken annäherte. Für England scheinen die Al Saud damals wohl nur innerarabische Unruhestifter und verworrene religiöse Fanatiker gewesen zu sein, die nicht in das Empire-Denken in Eton erzogener stocksteifer Diplomaten paßten. Tatsächlich hätten sie mit der einzigen militärischen Macht, über die sie in der Golfregion verfügten, nämlich einigen wenigen Kriegsschiffen, natürlich in Innerarabien auch nichts ausrichten können.

Faisal hatte in der Tat Erwartungen gehegt, die für England unerfüllbar sein mußten. So hatte der Imam z. B. 1848 von den Briten gefordert, daß sie die »Trucial States« daran hindern sollten, die Versorgungskarawanen von Hasa nach Innerarabien zu überfallen, ein Vorgehen, das wohl auch die Briten als ein althergebrachtes Ghasu-Recht der Stämme, in das man sich besser nicht einmischte, anerkannten. Und 1850/51 hatte Faisal den »Political Resident« um Hilfe in seinem Krieg gegen Bahrain und Katar ersucht, weil Bahrain den Al Saud angeblich zur Zahlung von Steuern, der »Zakat« (bisweilen auch »Zakah« genannt), verpflichtet sei. Aber der »Resident« hatte geantwortet, daß England keinerlei Form wahabitischer Souveränität über die verbündeten Staaten am Golf anerkenne. Die Beziehungen waren also nicht besonders gut und sie sollten bald sogar noch schlechter werden.

1864/65 gab es im Hause der omanischen Saiyids, wie die späteren Sultane sich zu dieser Zeit immer noch nannten, erhebliche Wirren. Denn nach dem Tod des großen Said Al Bu Said war das aus Muskat und Sansibar bestehende Reich geteilt worden: Saiyid in Sansibar wurde 1856 Saids Sohn Majid, dem in schneller Folge seine Brüder Bargasch, Khalifa und Ali folgten. In Muskat dagegen wurde Thuwaini, ein weiterer Sohn Saids, Saiyid. Doch mußte sich dieser sofort gegen eifersüchtige Machtansprüche eines anderen Bruders, Turki, wehren. Zehn Jahre später, 1866, wurde er schließlich von seinem eigenen Sohn, Selim, erschossen, als er sich in Sohar gerade darauf vorbereitete, den Wahabiten Buraimi wieder zu entreißen. In einem heute dort noch befindlichen schlichten Grab ohne Inschrift wurde er in der Küstenfestung von Sohar aufgebahrt, und Selim wurde nun neuer Herrscher von Muskat. Allerdings nur für kurze Zeit, denn schon 1868 wurde er von einem Prinzen aus einer Seitenlinie, Assan, verdrängt, dem 1871 der schon erwähnte Bruder Thuwainis, Turki, der jetzt endlich seine Stunde gekommen sah, folgte. Dieser Turki sollte damit die Linie begründen, die in direkter Erbfolge bis auf den jetzigen Herrscher, Sultan Qabus, führte.

Was Sansibar anbelangte, folgte auf die oben genannten vier Brüder wieder ein Sohn Thuwainis beziehungsweise ein Bruder des Vatermörders Selim, so daß die dynastische Verbindung der beiden Reiche Muskat und Sansibar auch nach ihrer Trennung noch erhalten blieb. Dies zeigte sich auch daran, daß Hamad, der eben erwähnte Herrscher von Sansibar, noch 1895 einen Umsturzversuch in Maskat unternahm, der gegen Turkis Sohn und Nachfolger Faisal gerichtet war. – Dies alles erscheint reichlich verworren; es beleuchtet aber anschaulich das komplizierte dynastische Machtdenken Arabiens und wurde natürlich auch in Zentralarabien genau beobachtet.

Deshalb zurück zum Beginn all dieser Wirren, die der Saud-Herrscher sofort auszunutzen suchte, indem er die omanische Hafenstadt Sur am äußersten östlichen Zipfel Arabiens überfallen und plündern ließ. Im gleichen Jahr erfolgte ein ähnlicher Überfall an der Küste des Golfs von Oman, der »Batina« – typische arabische Querelen, die für einen britischen »Political Resident« sicher nichts Bestürzendes an sich hatten.

Bestürzend für das Empire war aber, daß in beiden Fällen je ein Anglo-Inder ums Leben gekommen war. Dies war die Weltmacht nicht gewillt, ohne weiteres hinzunehmen, und der britische Löwe zeigte die Zähne: Pelly verlangte von Riadh Kompensation und ließ, bevor eine Antwort überhaupt erteilt werden konnte, gleich die Hafenstadt Dhamman von Kriegsschiffen der Navy beschießen: Von der im folgenden Jahrhundert so gerne erfolglos praktizierten Beschwichtigungsdiplomatie des Westens hielten die Briten damals nicht viel, von wirksamer »Kanonenbootpolitik« umso mehr: Viel Schaden entstand durch die Beschießung nicht, aber der Löwe hatte eine Drohgebärde vollzogen, und das zeigte Wirkung: Beide Seiten traten in Verhandlungen ein, an deren Ende ein Abkommen geschlossen wurde, mit dem sie glücklich sein konnten: Abdullah, der neue Imam, verpflichtete sich, die »Trucial States« zukünftig in Ruhe zu lassen und war auf der anderen Seite zufrieden, ähnlich wie die »Trucial States« ein geachteter Vertragspartner Großbritanniens zu sein. Zumindest glaubte er das, denn an sich war das entsprechende Dokument kein Vertrag, sondern nur eine einseitige schriftliche Verpflichtungserklärung des Wahabitenstaates; es stellte aber immerhin einen ersten völkerrechtlich verbindlichen Akt zwischen England und dem Saud-Reich dar. Und England sah die Ruhe seiner Vertragspartner am Golf und damit die Sicherheit seiner Verbindung nach Indien gefestigt.

Inzwischen kam es nach dem Machtantritt von Abdullah im Hause Al Saud zu erheblichen Unruhen. Der Imam, ein stolzer und hochfahrender Mann, der seit Jahren schon das Heer geführt und den erblindeten Vater vertreten hatte, ließ von Anfang an jedermann spüren, wer jetzt das Zepter in der Hand hielt. Als erstes ließ er sich einen neuen, befestigten Palast, die heute noch als nationales Denkmal inmitten der chromblitzenden, neon-beleuchteten Hochhäuser von Riadh zu bewundernde Festung »Musmak« errichten. Dann aber mußte er sich einem ernsteren Problem zuwenden: Sein Bruder Saud wollte seine Herrschaft nicht anerkennen, verließ Riadh und ging in die Gebirgsprovinz Asir, um die Unterstützung des dortigen Emirs Mohammed ibn Aidh für einen Feldzug gegen den regierenden Imam zu gewinnen.

Aber Abdullah reagierte sofort, indem er Mohammed vor einer Unterstützung Sauds warnte, seinem Bruder aber gleichzeitig Vergebung und die straffreie Rückkehr nach Riadh anbot. Obwohl ihm der Emir von Asir jede Unterstützung versagte, lehnte Saud ein Einlenken ab und wanderte weiter nach Nedjran im Südwesten, wo ihm, vermutlich aufgrund mütterlicher und ehelicher Verwandtschaft, Unterstützung zugesagt wurde. Mit einer beachtlichen Beduinenstreitmacht zog er daraufhin ins Wadi Dawasir südlich von Riadh und dem Tuwayk-Gebirge, wo sich ihm weitere Stämme anschlossen. Ein Bruderkrieg entbrannte, der den Niedergang des zweiten Reiches der Al Saud einleitete, sich aber noch über Jahre hinziehen sollte.

Zunächst ergriff Abdullah, auf dessen Seite sich andere Stämme des dichtbevölkerten Wadi Dawasir gestellt hatten, die Initiative und schickte unter seinem Bruder Mohammed eine Streitmacht nach Süden, die sofort von Saud angegriffen wurde, aber Sieger auf dem Schlachtfeld blieb. Saud selber wurde während der Kämpfe mehrfach verletzt und ging zu den Murra, wo er sich pflegen ließ. War die Gefahr für den Imam damit gebannt?

Keineswegs. Denn kaum genesen, zog Saud in Richtung Oman, wo er sich unter den Schutz des Gouverneurs von Buraimi, des Emirs Turki aus dem Hause der Sudairi, stellte. Dieser wurde aber bald darauf ermordet und die Einwohner der Großoase luden den Herrscher von Oman ein, die Macht zu übernehmen.

Es mag sein, daß Saud diesem mißtraute. Jedenfalls zog er nun nach Bahrain, wo die Al Khalifa bereit waren, ihn bei einem Angriff auf die Halbinsel Katar, die sich zu diesem Zeitpunkt zumindest teilweise in saudischer Hand befand, zu unterstützen. Auch dieses Unternehmen blieb aber erfolglos. Der unermüdliche Saud ließ jedoch nicht locker: Kaum nach Bahrain zurückgekehrt, verständigte er sich mit den Adjman und besetzte mit diesen die Provinz Hasa. Nur Hofuf hielt dem Angriff von Saud stand und wieder entsandte Abdullah Mohammed, um die Stadt zu unterstützen.

Aber Saud fing seinen Bruder nordwestlich von Hofuf bei dem Brunnen von Juda, den er vor Mohammed erreichte, ab, und es kam am 1. Dezember 1870 zu einer verheerenden Schlacht, aus der Saud als Sieger hervorging. Mohammed geriet in die Gefangenschaft seines Bruders und wurde in Katif eingesperrt. Saud war nun der unumstrittene Herr Ostarabiens.

Zu Recht mochte er sich jetzt schon als Sieger fühlen – tatsächlich war er aber der Totengräber des Zweiten wahabitischen Reiches, denn wie die Geier hatten die Großen der Arabischen Halbinsel den selbstzerstörerischen Machtkampf der Brüder belauert, der viele Folgen hatte: Der Imam sah sich genötigt, die Adjman zu bestrafen und schickte seinen Onkel Abdullah ibn Turki zu einem Feldzug gegen sie. Die Sudairi mußten ebenfalls gezüchtigt werden und Mohammed Al Sudairi, der Bruder des ermordeten Turki Al Sudairi, mußte als Gouverneur von Hasa abgesetzt werden, was wiederum in dem komplizierten Geflecht der Stammes- und Familienbeziehungen für Unruhe sorgte.

Die Niederlage von Juda scheint den Imam kopflos gemacht zu haben. Offenbar erwartete er nun den Angriff seines Bruders Saud auf Riadh und flüchtete, um im Herrschaftsbereich des Schammar-Fürsten Raschid in Hail Schutz zu suchen. Unterwegs schickte er Boten an die türkischen Paschas von Bagdad und Basra und bat sie um

Hilfe gegen Saud. Von der eigenen Aktivität beflügelt, fand er aber plötzlich den Mut wieder, der ihn in Riadh verlassen hatte; er änderte seine Absichten und kehrte, mittlerweile von dem mächtigen Stamm der Kahtan unterstützt, im Eilmarsch nach Riadh zurück – gerade noch rechtzeitig, bevor Saud die Stadt besetzen konnte. Inzwischen hatten aber Anarchie und eine allgemeine Hungersnot das Land in einen so desolaten Zustand gestürzt, daß sich Saud im April 1871 erneut ermutigt fühlte, Riadh zu besetzen. Und auf der Stelle flüchtete Abdullah wieder – diesmal zu den Kahtan im Süden. Zuvor hatte er noch seine Truppen Saud entgegengeschickt. Diese wurden von Saud aber bei Jiza (südlich von Manfuha) geschlagen und Saud konnte ungehindert in die Hauptstadt seiner Vorfahren einmarschieren, die er zunächst einmal bedenkenlos plündern ließ. Damit war er der Herr des Nedjd und seine Aufforderung an die Scheichs des Landes, ihm zu huldigen, wurde allgemein sofort befolgt. Daraufhin, es war inzwischen Juni geworden, machte sich Saud daran, seinen Bruder und die Kahtan im Lande zu verfolgen. Abdullah verlor dabei mehrere Gefechte und zog sich schließlich in die Provinz Hasa zurück, wo inzwischen der zu Hilfe gerufene türkische Pascha Farik aus Basra mit Interventionstruppen eingetroffen war.

Aber Abdullah sollte sich getäuscht sehen, wenn er annahm, der Pascha würde ihm nun zur Wiedererlangung seiner Rechte als Imam verhelfen. Denn Farik Pascha setzte zwar in Hofuf den von Saud eingesetzten Emir ab und befreite dort auch Abdullahs Bruder Mohammed aus der Gefangenschaft. Zugleich nahm er aber auch Abdullah in eine Art Ehrenhaft und zeigte deutlich, daß er nach Hasa gekommen war, um diese Provinz für das Osmanische Reich zu gewinnen.

Diese Entwicklung der Dinge war natürlich nicht nur für Abdullah ärgerlich, sondern ebenso für Saud. Gegen Saud erhoben sich nun sogar die Einwohner von Riadh, belagerten ihn in der Festung Musmak und machten ihm schließlich das Zugeständnis, sich mit seinen Gefolgsleuten aus der Stadt zu entfernen. Er zog daraufhin nach Dilam in der Oase Kharj. In Riadh übernahm daraufhin sein Onkel Abdullah ibn Turki, der den rechtmäßigen Imam unterstützt hatte, die Kontrolle.

Inzwischen gewann Abdullah in Hofuf den Eindruck, daß die Türken ihn auf Befehl des osmanischen Wali, Midhat Pascha, deportieren wollten und deshalb entzog er sich mit seinem Sohn und seinem treuen Bruder Mohammed ibn Faisal der türkischen Überwachung, um nach Riadh zurückzukehren und seinerseits von dort aus Saud zu jagen. Dazu zogen sein Sohn Mohammed und sein Onkel Abdullah nach Dilam, wo sie aber von Saud geschlagen wurden. Mohammed gelang noch die Flucht, aber sein Onkel geriet in Sauds Gefangenschaft und starb wenige Tage später im Kerker seines Neffen.

Während das Land nun immer mehr in Anarchie versank, hielten die dynastischen Turbulenzen an: Saud zog jetzt gegen Riadh zu Felde und in Jiza kam es zu einer zweiten Schlacht, aus der Saud wieder als Sieger hervorging. Erneut war Abdullah gezwungen, zu den Kahtan zu flüchten und wieder übernahm Saud in Riadh die Macht.

Aber Sauds Herrschaft wurde nun immer problematischer, da mittlerweile das ganze Land im Aufruhr war. Selbst für die fehdegewohnten Bewohner Innerarabiens waren die immer schneller aufeinanderfolgenden Machtwechsel, die sie zu immer neuen Treueschwüren zwangen, zuviel. Im Juni 1873 mußte Saud in das Hochland von Nedjd marschieren, um einen Aufstand der Ataiba niederzuwerfen und bald darauf sah er sich veranlaßt, seine Aufmerksamkeit auf die stets unruhige Provinz Hasa zu richten.

Denn dort hatte ein neuer Akteur die Bühne betreten, ein weiterer Bruder der so einträchtig verfeindeten Faisal-Söhne Abdullah, Mohammed und Saud: Abdul Rahman. Dieser war aus Bagdad zurückgekehrt, wo er vermutlich in Abdullahs Auftrag die Türken zu Hilfe rufen sollte, die dann auch prompt kamen und ohne sonderliche zukünftige Abzugsgelüste Hasa besetzten. Nach diesem diplomatischen Fehlschlag zettelte Abdul Rahman in Hofuf einen Aufstand gegen die türkische Besatzung an, der aber von den Türken grausam niedergeschlagen wurde und für den die Besatzer blutige Rache nahmen. Hofuf wurde geplündert und jeder, der im Verdacht stand, mit den Wahabiten sympathisiert zu haben, wurde ermordet. Nur die Schiiten der Region, die den sunnitischen Wahabiten stets ablehnend gegenübergestanden hatten, wurden verschont.

Abdul Rahman konnte dem Blutbad entgehen und ritt nun, während sich der Imam Abdullah und sein Bruder Mohammed noch als Flüchtlinge in Kuwait befanden, nach Riadh, wo Saud etwa zur sel-

ben Zeit schwer verwundet von einem neuen Feldzug gegen die Ataiba zurückgekehrt war und kurze Zeit darauf verstarb. Nun übernahm
Abdul Rahman für den Imam Abdullah die Kontrolle über die Stadt,
was natürlich nicht ausschloß, daß er, dem traditionellen Machthunger der Al Saud folgend, auch weitergehende Überlegungen, die
seine Person betrafen, anstellte. Aber solche Herrschaftsambitionen
hatten auch die Söhne des verstorbenen Saud namens Saad, Abd el
Asis, Abdullah und Mohammed. Und als nun Abdul Rahman not-
gedrungen den Kampf seines Bruders gegen die Ataiba fortsetzte, versuchten sich seine Neffen auf seine und des rechtmäßigen Imam Kosten in Riadh zu etablieren. Allerdings nur für kurze Zeit, denn
inzwischen waren auch der Imam Abdullah und sein Bruder Mohammed mit einer Beduinenarmee herangerückt, hatten sich mit Abdul Rahman vereinigt und zogen nun in Riadh ein, von wo die aufrührerischen Saud-Söhne sich diskret nach Dilam in der Provinz
Kharj absetzten. Ende März 1873 übernahm Abdullah zum drittenmal die Macht.

Der Untergang des zweiten Wahabitenreichs

Arabien vor der Schwelle zum 20. Jahrhundert: Wer von Ma'an in Jordanien kommend mit dem Auto in Richtung Medina reist, und sich nicht nur ängstlich an der großen Nord/Süd-Trasse orientiert, fährt über weite Strecken entlang der ehemaligen Hedjasbahn und macht eine stimmungsvolle Nostalgiereise: Entlang der einsamen Bahntrasse mit herumliegenden Bahngeleisen, die den Prägestempel »Borsig« tragen. Vorüber am Bahnhof von Tabuk, dessen von deutschen Ingenieuren erbaute Häuser vermutlich als einzige in ganz Arabien spitze Giebel tragen und nachträglich mit Schießscharten zur Verteidigung gegen räuberische Beduinen versehen worden sind. Vorbei an einsamen Wüstenbahnhöfen inmitten endloser Einöden, die jeweils aus einem Brunnen, einem Verteidigungsturm und einem winzigen festen Quartier für die türkische Wachmannschaft bestanden. Erbaut wurde die Bahn kurz nach der Jahrhundertwende und etwa vierzig Jahre nach der Eröffnung des Suezkanals, der das Mittelmeer mit dem Roten Meer und dem Indik verband.

Mit beiden Verkehrswegen wurde der Westen der Arabischen Halbinsel an das Mittelmeer und an die moderne Zivilisation angebunden. Aden war schon seit 1839 in britischem Besitz, und auch der Norden des Jemen geriet wieder unter Fremdherrschaft: 1849 waren die Osmanen zurückgekehrt und 1882 eroberten sie Sana'a. Sie gewährten den Zaiditen, die sich immer wieder gegen sie auflehnten, nur noch im nördlichen Gebirge begrenzte Autonomie. 1905 einigten sie sich mit den Briten auf eine gemeinsame Grenzlinie zum Süden, aus der später die Grenze zwischen den beiden jemenitischen Staaten der jüngeren Geschichte hervorgehen sollte.

Auch in Mekka hatten die Türken nach dem Rückzug der Ägypter, wie schon in einem früheren Kapitel beschrieben, wieder Fuß gefaßt und nach Belieben die Großscherifen ein- und abgesetzt. Auf Abdallah war 1877 dessen Bruder Hussein gefolgt, ein kraftloser Herrscher, der 1880 wegen seiner gefügigen Hinnahme türkischer Übergriffe von Arabern ermordet wurde. Auf ihn folgte als Großscherif Abd el

Muttalib, den die Hohe Pforte damit zum drittenmal auf den scherifischen Thron setzte, aber schon nach zwei Jahren wieder durch Aun el Refik ersetzte, der sich eine gewisse Selbständigkeit erzwang und mit mittelalterlicher Willkür herrschte – auch nicht gerade zur großen Freude der Pforte.

Wie von der rechten Zange eines Krebses, dessen Schwanz im Norden lag, war Zentralarabien vor der Wende zum 20. Jahrhundert im Westen umfaßt. Und ganz ähnlich sah es im Osten aus: Der Golf war von der englische Navy beherrscht; an der nördlichen Golfküste – von Basra über Kuwait bis Hasa – saßen die Türken. Im Süden konnten die »Trucial States« auf britischen Schutz rechnen und sich entsprechend herausfordernd verhalten. Und die Spitze der linken Krebszange, Oman, hatte sich während des saudischen Bruderkrieges von aller wahabitisch-saudischen Bevormundung freigemacht. So blieb also nur noch der Norden, die Schammar-Provinz der Ibn Raschid, wo sich der Kopf des Krebses befand. Von dort sollte der Todesstoß für das Reich des Imam Abdullah erfolgen und der Blick sei auf die schon anfangs umrissene Geschichte der Ibn Raschid und auf die blutigen Geschehnisse nach dem Selbstmord des schwermütigen Fürsten Talal ibn Abdallah gerichtet:

Talals Bruder und Nachfolger Met'eb war ja von seinem Neffen, dem neunzehnjährigen Bender, erschossen worden, woraufhin Met'ebs Bruder Mohammed, der von einer Reise als Führer des von Irak nach Mekka führenden transarabischen Pilgerzuges zurückkehrte, als Rächer seines Bruders Bender ohne viel Federlesens mit seinem Säbel erschlug. Und um nun vor der unvermeidlichen Blutrache der Familie des Erschlagenen sicher zu sein, ließ er von Benders ehemaligen fünf Brüdern auch noch gleich vier weitere Prinzen umbringen. Nur der fünfte Bruder, ein Kind namens Naif, entging dem grausigen Familienmassaker und sollte später noch der Großvater des letzten Fürsten aus dem Hause Raschid werden.

Mohammed, der Rächer von Met'eb, war also nach dieser umfassenden Regelung raschidischer Familienangelegenheiten der unangefochtene Herrscher in Hail und bald auch auf der ganzen Arabischen Halbinsel. Denn er war es, der bald die Provinz Kasim, vor allem die Städte Anaiza und Buraida, der Herrschaft des Wahabitenreichs teilweise entzog und sich hörig machte. Im Nordwesten dehnte er sein

Reich auf Kosten osmanischen Einflusses über den Djof hinaus in das Wadi Sirhan, und schließlich bis an den Rand des Hauran-Gebirges in Syrien aus. Mohammed ibn Raschid war es dann auch, der aus dem Bruderzwist der Al Saud den größten Nutzen zog und das Wahabitenreich zerschlug. Allerdings nicht ohne Zutun des unglückseligen Imam Abdullah, der einige folgenschwere und nicht verständliche Fehler beging.

Sein Reich war jetzt auf Nedjd zusammengeschrumpft und auch hier war seine Macht nicht unangefochten. Denn von Kharj aus intrigierten die Saud-Söhne unverdrossen gegen ihn, und im gesamten Land herrschte immer noch ein Zustand der Anarchie. Wie in vergangenen Zeiten zogen im Schutz der nächtlichen Dunkelheit wieder Kamelkarawanen und Reitertrupps durch die tödliche Stille der mondbeschienenen Wüsten, überfielen mit plötzlich einsetzendem Gewehrgeknatter bei Sonnenaufgang verschlafene Beduinenlager, wo sie die kreischend aus den Ziegenhaarzelten stürzenden Frauen beiseite stießen und die Männer niedermachten, oder umstellten armselige Lehmhütten-Dörfer und trieben deren Kamel- und Schafherden fort. Überall gab es wieder Hinterhalte und die Ghasawat, die traditionellen Raubzüge, gehörten wieder zum Beduinenalltag. Mekkapilger waren ihres Lebens nicht mehr sicher und die Blutrache, ebenso wie die ersatzweise Forderung von »Blutgeld« überschritt die Grenzen, des bisher von den Al Saud akzeptierten Herkommens.

Während dieser Zeit allgemeiner Auflösung im Nedjd geschah es, daß in Buraida Angehörige des von Faisal abgesetzten Emirgeschlechts der Alaiyan dem Nachfolger Muhanna Abu'l Khail auflauerten, ihn auf dem Weg zum Freitagsgebet in der Moschee ermordeten und anschließend die Zitadelle besetzten. Aber Hassan, der Sohn des ermordeten Muhanna, ließ daraufhin den Palast belagern, brachte unter einem der Türme eine Mine an, deren Wucht einen Teil der Festung in Trümmer legte, stürmte das Bauwerk und nahm furchtbare Rache. Jedoch gelang es einem Mitglied des Alaiyan-Clans, nach Riadh zu entkommen und dort den Imam Abdullah um Hilfe gegen Hassan ibn Muhanna zu bitten.

Unverständlicher Weise kam Abdullah diesem Ersuchen nach und marschierte mit einer schnell zusammengestellten Truppe nach Anaiza, um von dort aus Buraida anzugreifen. Inzwischen war aber auch Hassan nicht untätig geblieben, sondern hatte sich hilfesuchend an Mohammed ibn Raschid in Hail gewandt, der nun ebenfalls eingriff und mit seinen Schammar-Truppen nach Buraida marschierte. Woraufhin Abdullah seine Absichten wieder änderte und ohne viel Aufhebens nach Riadh zurückkehrte. Aber der Krieg war nun ausgebrochen, und 1877 ergriffen Ibn Raschid und Hassan ibn Muhanna die Initiative, griffen die mit den Al Saud verbündeten Ataiba auf saudischem Territorium an, zerstörten deren Ernte, und, wie üblich, die Dattelpalmen und die Brunnen – beides die wesentlichen Lebensgrundlagen in der Wüste.

Inzwischen hatten sich drei Mitglieder der Alaiyan-Sippe nach Hail aufgemacht, um, enttäuscht von Abdullahs Fehlschlag, Ibn Raschids Unterstützung für sich zu gewinnen. Aber zu ihrem Unglück hatte Hassan von ihrer Mission erfahren, fing sie in der Wüste ab und ließ sie umbringen. Es war, wie so oft in dem fortwährenden, unerbittlichen Überlebens- und Machtkampf in der Wüste, einmal wieder der gnadenlose Kampf aller gegen alle.

Ibn Raschid konnte die weitere Entwicklung nun in aller Ruhe abwarten. Er beobachtete Abdullah nun mit der Reglosigkeit, mit der der Falke in der Luft zu stehen scheint, bevor er auf die Wüstenmaus herunterschießt. Und es dauerte nicht lange, da beging der Imam den nächsten verhängnisvollen Fehler, beziehungsweise wurde in die nächste Niederlage getrieben. Diesmal ging es um die Provinz Sudair mit der Hauptstadt Majma'a, deren Einwohner sich unabhängig machen wollten. Ohne zu zögern marschierte Abdullah 1882 mit seinen Ataiba und Stämmen aus Aridh dorthin; aber wieder rückte dort auch Ibn Raschid vor. Und erneut zog sich Abdullah schleunigst auf Riadh zurück und dem Schammarfürsten fiel eine weitere Provinz kampflos in die Hände.

Der nächste Fehler ging von den unvernünftigen Saud-Söhnen aus, die 1883 mit den Ataiba Ibn Raschid und die mit ihm verbündeten Mutair angriffen. Ohne viel Erfolg, versteht sich, aber sie zerstörten damit auch die letzten Aussichten auf ein friedliches Nebeneinander der beiden innerarabischen Reiche.

Man fragt sich an dieser Stelle, welchen Einfluß die beiden Brüder des Imam, Mohammed und Abdul Rahman, auf die Geschehnisse genommen haben. Aber die Chronisten geben darauf keine Antwort, und es ist nicht bekannt, wo sich die beiden Prinzen während dieser kritischen Phase aufhielten. Bekannt ist nur, daß 1885 die Neffen des Imam und seiner beiden Brüder, die wenig zurechnungsfähigen Saud-Söhne, nach Riadh zogen, dort ihren Onkel, den Imam, ergriffen und ihn einsperrten. Damit hatte das Chaos seinen Höhepunkt erreicht und Mohammed ibn Raschid zögerte nun nicht mehr, seine Chance zu ergreifen.

Unverzüglich zog er mit seinen Truppen nach Riadh, wo er den unglücklicher Abdullah aus seinem Gefängnis befreite und einen Emir aus der mit den Raschid verwandten, einflußreichen Familie Sebhan als seinen Gouverneur einsetzte, während er den abgesetzten Imam in einer Art Schutzhaft mit nach Hail nahm. Damit hatte das Saudreich, wenn man von den Saud-Söhnen, die sich rechtzeitig nach Kharj abgesetzt hatten, absah, zu bestehen aufgehört. Und auch mit diesen Wirrköpfen machte Selim Al Sebhan, wie der Gouverneur mit ganzem Namen hieß, kurzen Prozeß. Selim, ein besonders rigoroser und nicht sehr zimperlicher Mann, zettelte nämlich einen Aufstand an und ließ sich von den Einwohnern von Kharj »zu Hilfe rufen«. Dann schickte er einen Trupp von Soldaten nach Kharj und ließ drei von den fünf Saud-Söhnen, nämlich Mohammed, Saad und Abdullah, kaltblütig töten und schickte ihre Familien als Geiseln nach Hail. Der vierte Sohn, dem Namen nach wieder ein Abdul Rahman, war kurz zuvor schon gefallen und der fünfte, Abd el Asis, befand sich zur Zeit dieser Tragödie auf Staatsbesuch in Hail, wo Ibn Raschid ihn gleich einsperren ließ. Abd el Asis' Sohn, Saud, der zu dieser Zeit erst zwei Jahre alt war, sollte später noch in der Geschichte der Al Saud eine Rolle spielen.

Ibn Raschid behandelte Abdullah ritterlich und großzügig. Als der Imam nach zwei Jahren erkrankte, ließ er ihn in seine Heimatstadt Riadh zurückreisen und setzte ihn als Souverän über seine engere Heimat ein. Nur für kurze Zeit allerdings, denn Abdullah verstarb kurz darauf am 24. November 1889. Ein tragisches Leben und 24 Jahre der Herrschaft lagen hinter ihm, während derer er zahlreiche Fehler gemacht hatte; der größte davon war sicher, daß er die Türken ins Land gerufen hatte, um seinen Thron zu retten. Ein Drittel seiner Herrschaftszeit war er auf der Flucht gewesen und am Ende hatte er den Zerfall seiner Familie nicht mit der sonst üblichen

Härte verhindert. Alles in allem ist er in die saudische Geschichte aber dennoch eher als ein sympathischer Herrscher eingegangen, dem auch sein größter Gegner, Ibn Raschid, Respekt zollen mußte.

Was sich nun ereignete, kann man nur noch als die Abwicklung der Herrschaft der Al Saud bezeichnen. Den Wahabitenstaat gab es nicht mehr; nur noch den kleinen Rest, dem Abdullah mit eingeschränkter Souveränität als Verwalter der Raschid vorgestanden hatte. Und es gab noch die Familie der Saud und mithin einen Chef des großen Familienverbandes. Diese Funktion hätte eigentlich Mohammed, der vertraute älteste Bruder des verstorbenen Imam, übernehmen müssen. Aber Mohammed verzichtete darauf zugunsten seines jüngeren Bruders Abdul Rahman, der ebenso wie er selbst stets treu zu Abdullah gehalten hatte.

Abdul Rahman schickte nach Abdullahs Tod sofort eine Botschaft an den Herrscher in Hail, in der er Mohammed ibn Raschid über den Todesfall informierte und ihm mitteilte, daß er die Nachfolge Abdullahs angetreten habe. Ibn Raschid mag über die eigenmächtige Nachfolge Abdul Rahmans, auch wenn sie ihm formvollendet mitgeteilt worden war, verärgert gewesen sein, und entsandte wohl deshalb als neuen Statthalter den wilden und erbarmungslosen Selim, der ja früher schon einmal Gouverneur in Riadh gewesen war und der die Ermordung der Saud-Söhne zu verantworten hatte. Abdul Rahman konnte sich also denken, was ihm bevorstand. Er beabsichtigte deshalb, Selim zuvorzukommen und dazu bot sich ein religiöser Feiertag, der »Id el Fitr« im Juli 1889 an.

An diesem Tag besuchte Selim mit großem Gefolge, so wie es das arabische Protokoll gebot, die versammelte Saud-Familie (womit natürlich nur die Männer gemeint sind), um ihr die Glück- und Segenswünsche seines Souveräns in Hail zu übermitteln. Ob diese wirklich aufrichtig gemeint waren, sei dahingestellt, und Abdul Rahman wird wohl eher angenommen haben, daß er bei dieser einmaligen Gelegenheit mit seiner ganzen Familie in der Empfangshalle umgebracht werden sollte. Deshalb drehte er den Spieß um, machte aus der Not eine »Tugend« und stürzte sich während des Empfanges mit gezücktem Dolch und unterstützt von all seinen Söhnen, Brüdern, Onkeln, Vettern, Schwiegersöhnen und den nicht minder kriegerischen führenden Geistlichen auf seine Gäste, von denen mehrere erschlagen wurden und andere, darunter Selim, die Flucht vor ihren unfreundlichen Gastgebern gelang. Zu den Obsiegenden dieses merkwürdigen Empfanges gehörte übrigens auch ein gewisser Abdul Asis, ein zehnjähriger Sohn von Abdul Rahman, der später der Gründer des modernen Saudi-Arabien werden sollte und dem der letzte Teil dieses Buches gewidmet ist.

Erst einmal gilt die Aufmerksamkeit jedoch noch Abdul Rahman, der nach den Ereignissen von Riadh natürlich mit der sofortigen Vergeltung Ibn Raschids rechnen mußte. Aber er hatte Glück, und dieses Glück beschied ihm einen kurzen Aufschub der Rache des Herrschers der Schammar. Denn gerade zur Zeit des Tumultes im Palast von Riadh gab es in der Provinz Kasim einen großen Aufstand der Bevölkerung und des inzwischen bei Ibn Raschid in Ungnade gefallenen Emirs Hassan ibn Muhanna gegen die Herrschaft der Raschid. Die Einwohner von Anaiza und Buraida riefen gar Abdul Rahman zu Hilfe. Also schickte Ibn Raschid seinen stets kampfbereiten, umtriebigen Heerführer Selim Sebhan ins Kasim – noch schneller zog er aber selber mit einer zweiten Abteilung nach Riadh, wo es zur Belagerung der Stadt mit den üblichen Verwüstungen kam – alleine 8 000 Palmen soll der Schammar-Fürst in den Palmengärten vor Riadh gefällt haben.

Schließlich einigte man sich auf einen Waffenstillstand, der aber nicht lange Bestand hatte. Ibn Raschid erhielt Verstärkungen von den Schammar, Dhafin, Harb und sogar von den an der Grenze zum Irak beheimateten Muntafik, und in der nun folgenden Schlacht wurden die Föderierten unter Hassan ibn Muhanna und Abdul Raschid geschlagen und verloren 600 Mann. Hassan geriet verwundet in Ibn Raschids Gefangenschaft und wurde nach Hail gebracht, wo er fünf Jahre später starb. Abdul Rahman dagegen gelang noch die Flucht nach Riadh, wo er sich jedoch nicht lange aufhielt, sondern mit seiner Familie das Weite in der Wüste suchte. Nur Mohammed blieb in Riadh zurück und unterwarf sich der Gnade Ibn Raschids, der ihn für einige Zeit noch als Gouverneur verwendete. Er ließ jedoch alle Mauern und Türme der Stadt schleifen, so daß sie nun völlig wehrlos allen Beduinenüberfällen ausgesetzt war.

Indessen schickte der Flüchtling Abdul Rahman aus der Wüste Boten zu den Türken und zu den Fürsten von Kuwait, Bahrain und Katar, um Asyl für sich zu erbitten. Und nach einigen Verhandlungen während derer sich Abdul Rahman in der Wüste verbarg und stets auf der Flucht vor den Spähern Ibn Raschids war, gestattete ihm der osmanische Mutassarif von Hasa, sich in Kuwait niederzulassen.

Dort setzte ihm die Hohe Pforte sogar eine monatliche Rente von sechzig Pfund aus – vermutlich unter der Bedingung, daß sich die Saud mit ihrem Schicksal abfanden und die mit den Türken verbündeten Schammar in Ruhe ließen.

Saudi-Arabien –
Abdul Asis II. ibn Abdul
Rahman Al Saud

Die Rückeroberung von Riadh

W er frühmorgens mit dem Flugzeug auf dem Flughafen einer arabischen Hauptstadt, sei es Damaskus, Kairo oder Sana'a, landet, spürt die erhabene Schönheit der arabisch-nordafrikanischen Wüsten in besonderer Deutlichkeit: Eben noch aus großer Höhe langsam herabgleitend, erlebt er, wie die Sonne hinter einer grenzenlos erscheinenden Einöde den Horizont violett verfärbt, wie sich die Schatten hinter Felsen und Vulkanen scharf konturiert verkürzen und wie das Sonnenlicht beim tieferen Landeanflug wieder für einige Minuten verschwindet. Bei seinem erneuten Erscheinen hat sich das Szenario völlig verändert: Der Horizont ist aus scheinbarer Endlosigkeit dichter herangerückt; an die Stelle des dunklen Violett ist gleißend helles oder rötliches Gelb getreten und je nach Art der Wüste sind nun weiche Sanddünen mit vom Wind scharf gezogenen Kämmen, schroffe Felsen, glitzernde Flächen mit Kieselsteinen oder die graubraunen Bruchstücke erstarrter Lavaströme zu erkennen; dazwischen Erdspalten und kleinere Wadis, die sich in der Ferne verlieren. Auf dieser archaisch anmutenden Landschaft liegt ein weitgespanntes Netz von Pisten, die uralten Karawanenwegen folgen, die in ihrer scheinbaren Ziellosigkeit keiner Planung zu entsprechen scheinen und dennoch den Geländegegebenheiten und der Lage der wenigen Brunnen folgen. Sie verschwinden irgendwo in der Ferne und vermitteln das Gefühl endloser Weite und der Unberührtheit der Wüste. Fast körperlich spürt man schon in der Höhe die beinahe tödliche Stille, die dort unten herrscht.

Jäh und ohne Übergang tauchen dann plötzlich die Ränder der Zivilisation auf: scharf abgegrenzt vom gelben Sand das Dunkelgrün künstlich bewässerter Gärten und Felder, die Flachdächer ländlicher Lehmhütten, die von quadratisch angelegten primitiven Mauern umgeben sind, in denen sich Schafe und Ziegen drängen. Aus den Dörfern ragen die spitzen Minarette schmuckloser, weißgetünchter Moscheen. Auf den sandigen Wegen sind Esel zu erkennen, die mit vermummten Reitern oder hochbeladen mit Gemüse zur Stadt ziehen.

Nach der Landung und dem Verlassen des angenehm klimatisierten und in mildes Licht getauchten Flugzeuginneren folgt im Freien dann der plötzliche Faustschlag der Helligkeit und des heißen Wüstenwindes, der inzwischen fast übergangslos die Kühle der Nacht verdrängt hat. Der Morgen ist nun erwacht, und von den Minaretten nah und fern ertönen gellend und herrisch fordernd die Gebetsrufe der Muezzins.

Dies etwa war die auf die Jahrhundertwende projizierte Atmosphäre, als sich am Morgen des 15. Januar 1902 das Tor der Festung Musmak öffnete und Ibn Adjlan, der Gouverneur der Ibn Raschid in Riadh, der die Nächte aus Sicherheitsgründen in der Festung verbrachte, mit seinen Leibwächtern über den Platz zu seinem auf der anderen Seite gelegenen Wohnhaus gehen wollte. Und als sich dort eine Tür öffnete und ihm ein Trupp Bewaffneter, an deren Spitze sich ein besonders großer, junger Mann befand, mit erhobenen Waffen entgegenstürmte. Dies war der Beginn des dritten saudisch-wahabitischen Reichs, der Anfang Saudi-Arabiens. Was war bis zu diesem Zeitpunkt seit 1892, seit der Flucht Abdul Rahmans nach Kuwait, geschehen; wie waren die Karten im Kräftespiel Arabiens jetzt gemischt?

Auf der Arabischen Halbinsel lebten um die Jahrhundertwende etwa 3–4 Millionen Einwohner. Eine Bevölkerungskonzentration gab es dabei außer im Jemen und im Städtedreieck Mekka-Medina-Djidda im Nordosten – an der Golfküste von Basra bis in die Provinz Hasa. Dort, in Kuwait, herrschte seit 1765 die Anfang des 18. Jahrhunderts aus dem Hedjas eingewanderte und von den Anaiza abstammende Familie der Es Sabah.

Das Emirat der Sabah war wegen seiner herausragenden Lage am Persischen/Arabischen Golf ein Zankapfel der Großmächte: Die Türkei sah in Kuwait die unverzichtbare Verbindung zur Provinz Hasa. Deutschland plante in Kuwait die Endstation der geplanten »Bagdadbahn«, die dem Reich im osmanischen Süden Absatzmärkte erschließen und die britische Verbindung nach Indien stören sollte. England rang gerade dieser deutsch-türkischen Interessen wegen in dem Emirat um Einfluß und Rußland verhandelte Ende des Jahrhunderts mit dem Golffürstentum über den Bau einer Eisenbahn von Tripolis am Mittelmeer nach Kuwait, um den Suezkanal umgehen zu können. Dies allerdings wurde von dem britischen Lord Curzon verhindert, und Kuwait geriet zunehmend in britische Abhängigkeit. Seit 1900 mit dem Schammar-Reich im Krieg, stellte die Herrscherfamilie der Sabah ihr Land seit diesem Zeitpunkt unter britischen Schutz. Daneben pflegte sie aber auch gute Beziehungen nach Istambul, weil ein Teil ihres Grundbesitzes im Schatt el Arab, also auf osmanischem Territorium, lag. Herrscher von Kuwait war seit 1894, nachdem er seine beiden Brüder hatte ermorden lassen, Mubarak es Sabah, der bestimmt war, während der folgenden zwanzig Jahre erheblichen Einfluß auf die Angelegenheiten der Arabischen Halbinsel auszuüben.

Sein großer Zeitgenosse sollte für drei Jahre noch der Fürst der Schammar Mohammed ibn Raschid sein, auf den 1897 dessen Neffe (Sohn des ermordeten Met'eb) Abdul Asis, ein junger Mann von etwa dreißig Jahren, folgte. Diesem sollte es vorbehalten sein, innerhalb einer Dekade das große Erbe seines Onkels zu verspielen. Vor allem die Türken mußten dies wohl bald erkennen und mochten spüren, daß sie mit Abdul Asis keinen gleichwertigen Ersatz für ihren bisherigen Verbündeten, den großen Mohammed, erhalten hatten.

Ein weiterer Zeitgenosse Mubaraks und bedeutsamer Akteur auf der arabischen Bühne war Sa'dun, der von den Türken mit dem Titel eines Pascha geehrte oberste Scheich der irakischen Muntafik. Allerdings war Sa'dun Pascha vornehmlich an seiner Macht im Irak und weniger an den Geschehnissen in Zentralarabien interessiert. Für seine innerarabischen Ambitionen bediente sich Mubarak deshalb lieber seiner Gäste, der Familie Saud, deren Hoffnungsträger der junge Prinz Abdul Asis war. Diesen weihte Mubarak gründlich in die Politik ein und erschloß ihm die ersten Kontakte zu den Vertretern der Großmächte, die am Golf Einfluß hatten oder suchten und bei Emir Mubarak ein- und ausgingen.

Alle drei Parteien, Mubarak, Sa'dun und die Al Saud, waren während der nächsten Jahre vor allem mit dem neuen Herrscher der Schammar konfrontiert. 1899 begann dieser einen Feldzug, der zunächst nur wie ein ganz normaler Ghasu gegen einige Beduinenstämme an der Grenze zum Irak aussah, sich dann aber schnell gegen Kuwait richtete. Dort besiegte der Raschid die ihm entgegengestellten Truppen von Emir Mubarak, schlug die Muntafik unter Sa'dun in die Flucht und verfolgte sie bis zum Euphrat.

Kurz darauf unternahm aber Abdul Rahman Al Saud mit seinen Getreuen, die ihm aus dem Nedjd ins Exil gefolgt waren, einen Ghasu in die Provinz Sudair – eine Art Erkundungszug – und kehrte zu seinen Verbündeten mit der Mitteilung zurück, daß die Zeit günstig für einen größeren Feldzug gegen das Schammar-Reich sei. Und während der nichtsahnende Raschid zu einem neuen Raubzug gegen das Schatt el Arab zog, vereinigte sich Mubarak mit Sa'duns Muntafik und den saudischen Prinzen, zu denen noch Adjman und Mutair stießen, zu einer ansehnlichen Streitmacht, mit der er zu den Dahna-Sanddünen, nordöstlich von Hail, vorrückte. Damit war klar, daß Ibn Raschid von Hail abgeschnitten war. Klar war aber auch, daß Ibn Raschids Hauptziel weiterhin Kuwait war, und ebenso klar wurde bald auch, daß die Türken ihn dabei unterstützten.

Das Kriegsglück schien trotzdem auf Seiten Mubaraks und seiner Verbündeten zu sein. Im Eilmarsch zogen sie jetzt zur Provinz Kasim weiter, wo sie, vor allem in Buraida, als Befreier empfangen und bejubelt wurden. Währenddessen zog der junge saudische Prinz Abdul Asis, der jetzt zwanzig Jahre alt war, aber immerhin schon einen dreijährigen Sohn namens Turki hatte, mit einer kleinen Kolonne nach Riadh, deren Mauern ja von den Raschid geschleift worden waren. Entsprechend leicht konnten die saudische Kämpfer in die Stadt eindringen und sie besetzen. War dies der Anfang der Wiedergeburt des Wahabitenreiches?

Noch nicht. Denn mit allen verfügbaren Kräften zog nun auch Ibn Raschid ins Kasim. In der Salzwüste von Tarafiya nordöstlich von Buraida trafen die beiden Heere zusammen, und es kam 1901 zu einem furchtbaren Gemetzel, bei dem die Salzkruste des Bodens vom Blut der Toten und Verletzten in tiefes Rot getaucht wurde. Die Alliierten wurden geschlagen und zogen sich in wilder Flucht nach Kuwait zurück. Auch Abdul Asis war damit gezwungen, Riadh schleunigst wieder zu verlassen.

Ibn Raschid nahm währenddessen in Buraida an der Bevölkerung für deren Solidarisierung mit den Befreiern aus Kuwait schreckliche Rache. Zugleich schickte er den grausamen Selim Sebhan nach Riadh, der dort unter der Bevölkerung erbarmungslos wütete. Mit vereinten Kräften zog er dann zur Oase Hafr il Batn, einem Karawanenkreuzpunkt (heute die größte saudische Militärgarnison) zwischen den Dahna-Dünen und Kuwait und entsandte von hier aus eine Abteilung seiner Truppen in Richtung Kuwait, die zunächst aber den westlichen Nachbarort Jahva belagerte.

Inzwischen hatte aber Mubarak den britischen »political agent« in Kuwait um Unterstützung gebeten, woraufhin ein britisches Kriegsschiff in der Bay von Kuwait erschien und die Schammartruppen unter Feuer nahm – eine wirksame »Kanonenbootdiplomatie«, denn Ibn Raschid war augenblicklich klar, daß England niemals die Zerschlagung der Sabah-Herrschaft in Kuwait gestatten würde und zog sich nach Hail zurück, wo er den Sommer verbrachte und seine Truppen auffrischte. Auf beiden Seiten wurden jetzt die Eisen für die unvermeidliche Auseinandersetzung geschmiedet. Diese erfolgte nun allerdings völlig anders, als man nach der bisherigen Art der Kriegführung hätte erwarten dürfen.

Denn der junge Abdul Asis ibn Abdul Rahman verkörperte zu sehr die Unruhe und den Machtanspruch seiner über lange Generationen zur Machtausübung geborenen Vorfahren, um untätig in Kuwait herumsitzen zu können. Mit kleinen Kamelreitertrupps trieb es ihn immer wieder zu Ghasawat tief in das Land seiner Ahnen, und die dabei gemachte Beute war ein willkommenes Zubrot zu der seiner Familie von den Osmanen ausgesetzten Pension. Ein solcher Ghasu, an dem auch mehrere Angehörige seiner Familie, nämlich sein Bruder Mohammed, die Vettern Abdullah ibn Djiluwi, Abdul Asis ibn Musai und Mohammed Al Sudairi – alle noch langjährige Kampfgefährten von Abdul Asis – teilnahmen, begann im Herbst 1901 und führte den Trupp, zunächst etwas ziellos, tief in das Gebiet der Ibn Raschid. Es war zunächst ein typischer Beutezug, bei dem man sich nahm, was einem gerade über den Weg lief, und so natürlich den verhaßten Gegner in Hail ärgerte.

Über dieses Unternehmen, das vielleicht nur mit ein oder zwei Dutzend Männern begann, denen sich unterwegs aber noch Freiwillige anschlossen, haben sich viele Legenden gebildet, die einander in den Details widersprechen. Deshalb soll nur eine mehrfach bestätigte Version wiedergegeben werden: Gesichert ist, daß der Raubzug die Gruppe zu den noch wenig zivilisierten Murra am Rande des »Leeren Viertels« führte, als deren Gäste die Reiter den Fastenmonat Ramadan begannen, in dem Kriegszüge ohnehin verboten waren. Noch

189

während der Fastenzeit zogen sie darauf nach Harad, einer kleinen Oase zwischen Riadh und der südlichen Golfküste. Vermutlich an dieser Stelle faßten die Reiter den Entschluß, noch einmal zu versuchen, Riadh mit einem Handstreich zu nehmen. Von hier ritten sie dann durch die kargen, baumlosen und menschenleeren Steppen weiter zu den Brunnen von Abu Jifan, etwa 100 Kilometer östlich von Riadh, wo sie einige Tage blieben und das Ende des Ramadan abwarteten. Denn während des Fastenmonats hatte der Prophet den Beginn von Feindseligkeiten verboten und die Reiter wären durch das Fasten auch viel zu geschwächt für den bevorstehenden Kampf gewesen.

Die Schlucht von Abu Jifan ist eine tiefe Kluft in der Steppe, ein mit Felsblöcken überstreutes Wadibett von etwa fünfundfünfzig Meter Breite zwischen fünfzehn bis dreißig Meter hohen Felsklippen. Mitten darin lagen die Brunnen – etwa 25 an der Zahl, die natürlich unterirdisch alle derselben Wasserader beziehungsweise demselben Wasserbecken zugeordnet waren. Von diesen Brunnen konnten nur einige wenige benutzt werden, die übrigen waren teilweise unter Schutt begraben, zum Teil aber auch ausgeschöpft und versandet. Philby, der später dieses Etappenquartier einmal besuchte, gab von den Brunnen eine Beschreibung, die auf viele Brunnen Innerarabiens zutreffen konnte und deshalb hier wiedergegeben werden soll. Danach maßen die Brunnen bis zum Wasserspiegel ungefähr dreieinhalb Meter Tiefe und waren mit Kalksteinblöcken roh ausgelegt. Die Brunnenseile hatten im Laufe der Jahrhunderte an den Rändern tiefe Rillen gezogen. Das Wasser in den Brunnen war süß und reichlich vorhanden. Der Boden zwischen den Felswänden der Schlucht war sandig und überall mit der Losung von Kamelen bedeckt. Mitten in der Schlucht hatte man auf einem engen Raum den Sand entfernt und an dieser Stelle eine Betstelle durch aneinandergereihte Steine markiert; auch das Mihrab war dabei nicht vergessen. Hier hatten Generationen hindurch die Kamelreiter durchziehender Karawanen ihre Stimmen zu Gebet und Danksagung vor ihrem Gott erhoben, während die Kamele ihren Durst löschten. Und an solchen Orten, an denen Steine bequem zur Hand waren, verbrachten die Reiter die ein oder zwei Stunden des Nichtstuns damit, ihrem Allmächtigen zu Ehren mit aufgeschichteten Steinhaufen einfache, aber dauerhafte Denkmäler zu errichten – zweifellos in der Tradition heidnischer Gebräuche, die vor allem den Wahabiten sicher nicht immer ganz geheuer waren. Die

Brunnen sind heute noch fast unverändert – nur sieht man anstelle lagernder Kamelreiter die rastenden Fahrer moderner Landrover.

Hier, am Lagerfeuer in der Schlucht von Abu Jifan, wurde im einzelnen der Kampfplan entworfen und von hier zog die Truppe im Eilmarsch und unter größter Vorsicht, nicht vorzeitig entdeckt zu werden, weiter. Denn wie leicht konnten umherstreifende Beduinen oder Hirten Abdul Asis und seinen Männern begegnen und den Gouverneur von Riadh warnen. So menschenleer die Wüste auch war, so war auf den meist endlos flachen Ebenen jede Reiterkavalkade auf größte Entfernung zu erkennen, und nirgendwo sonst waren die aus Vorsicht geborene Neugierde und der schnelle Flug von Nachrichten und Gerüchten ausgeprägter als in der Wüste.

Über die weite Turabi-Ebene, die nicht mehr ganz so öde war wie die bisher durchquerten Wüstengebiete, und auf der es Buschwerk gab und damals noch gelegentlich Gazellen, Steinböcke und Adler zu sehen waren, jagten die Kamele mit lang vorgestreckten Hälsen weiter nach Westen; entlang dem Nordrand des dicht bewohnten Wadi Hanifa und der Großoase von Kharj, hinter der im Dunst der Ferne die Umrisse der Hochsteppen des mächtigen Tuwayk-Gebirges, das das Rückgrat der ganzen Arabischen Halbinsel darstellt, auftauchten. In der Nacht zum 15. Januar erreichten sie schließlich den Palmengürtel von Riadh, wo Abdul Asis seine Truppe teilte.

Dem größeren Teil befahl er, sich als Reserve für den Handstreich in den Palmengärten zu verstecken und den Morgen abzuwarten. Aus dem Rest, der aus etwa ein bis zwei Dutzend seiner besten Kämpfer bestand, bildete er einen Stoßtrupp, mit dem er in die schlafende Stadt eindringen und sich zur Festung Musmak, dem Sitz des Gouverneurs, schleichen wollte.

Dunkel lag der bis heute als nationales Denkmal bewahrte quadratische Festungsbau auf dem Platz. Ein fensterloser Lehmziegelbau mit vier runden, sich nach oben etwas verjüngenden Ecktürmen und einem einzigen Einlaß – einer kleinen Pforte, die sich unmittelbar neben einem der Ecktürme befand und von diesem gesichert wurde. Keinerlei Schmuck zierte den Bau und nur einige Luftlöcher unterbrachen die Einförmigkeit der Lehmmauern. Ein Sturm auf dieses Fort, ohne daß es zunächst mit Geschützen zusammengeschossen würde, versprach keinerlei Erfolg und kam deshalb nicht in Frage.

Aber Abdul Asis wußte, daß der Gouverneur nur die Nächte in der Musmak verbrachte und tagsüber ein bequemeres Haus, das dem Fort gegenüber lag, bewohnte. Dorthin pflegte er frühmorgens zu seiner Familie zu gehen und dies war der Zeitpunkt, zu dem die Pforte der Festung geöffnet wurde und Ibn Adjlan den Schutz der Mauern verließ – der Zeitpunkt, zu dem er getötet werden und der Stoßtrupp durch die Pforte in die Festung eindringen konnte.

In der Nähe des Thumairi-Tors kletterten die Männer des Stoßtrupps deshalb über die Trümmer der einstigen Mauer und huschten durch die engen Gassen zu Adjlans Privathaus, in das sie hineinschlüpften und die überraschten Frauen und Kinder zum Schweigen zwangen. Dort warteten Abdul Asis und seine Getreuen und als dann der Morgen graute und der Gebetsruf des Muezzin verhallt war, öffnete sich die Pforte der Festung und der Gouverneur trat mit seinem Gefolge ins Freie. Dies war die Stunde Abdul Asis'!

Unter wildem Gewehrgeknatter und mit dem Kampfschrei »Allahu Akbar« und »Al Saud« stürzten seine Kämpfer aus dem Haus und auf die Festungspforte zu, wo es schnell zum Handgemenge mit den überraschten und verwirrten Wachen des Gouverneurs kam. Dieser wollte bestürzt in die Festung zurückfliehen und bückte sich gerade, um durch die niedere Pforte in das Gebäudeinnere zu gelangen, als ihn Abdul Asis' Vetter Ibn Djiluwi respektlos bei den Beinen packte und den zappelnden Adjlan auf den Platz zurückzerrte, wo er kurzerhand geköpft wurde – »Salam alehu« (Freide sei mit ihm!).

Inzwischen waren die Angreifer durch die Pforte in die Musmak gelangt, wo im Kampf Mann gegen Mann mit Revolvern, Säbeln und Dolchen fast die ganze Besatzung niedergemacht wurde und die letzten lebenden Verteidiger über die Burgmauer oder in das brennende Herdfeuer geworfen wurden. Zum Schluß, nach etwa einer Stunde, erschien Abdul Asis auf der Burgmauer, zeigte der inzwischen herbeigeeilten, jubelnden Bevölkerung von Riadh den abgeschnittenen Kopf von Ibn Adjlan und warf ihn in die Menge. Nach elfjährigem Exil war wieder ein Saud Herr der Musmak und damit Herr von Riadh, der Hauptstadt des Nedjd. Ein tief empfundenes »ilhamdulillah«(Gelobt sei Gott) erfüllte die Herzen der Menschen, als die inzwischen aufgegangene Sonne die Kühle der Winternacht verdrängte. Ein junger Prinz, Abdul Asis ibn Abdul Rahman oder auch Abdul Asis Al Saud, den die westliche Welt später fälschlich Ibn Saud nannte, und der hier zukünftig zur Vereinfachung und um Verwechslungen mit anderen Personen zu vermeiden, Al Saud genannt werden soll, hatte die Schwelle überschritten, ein rückständiges Nomadenland in die Weltgeschichte zu führen.

Krieg gegen das Schammar-Reich

Wie bei den meisten Arabern, drückten sich auch bei den Nedjd-Arabern Emotionen – Haß und Liebe, Trauer und Triumph, Euphorie und Depression – nur im Überschwang aus und eine Welle der Begeisterung erfaßte die Menschen in Riadh sowie die Familie Saud im Exil, die nun zurückkehrte und in ihrer Heimatstadt einen glänzenden Einzug hielt.

Abdul Rahman erkannte sofort das Verdienst und die beherrschende Rolle seines Sohnes an und beide kamen überein, sich die Herrscherposition zu teilen. Der Vater behielt den Titel des Imam, während der Sohn die tatsächliche Staatsmacht ausübte und den Oberbefehl über die Streitkräfte übernahm. Mit Bewunderung berichten die Chronisten von dem Stolz des Vaters auf seinen Sohn und dem Respekt des Sohnes für den Vater; von einem Verhältnis, das so bis zum Tode des Imam im Jahr 1928 ungetrübt anhalten sollte. Der Imam vertrat seinen Sohn loyal während dessen zahlreicher Abwesenheiten auf Feldzügen und Reisen und Al Saud wird nachgesagt, daß er niemals eine wesentliche Entscheidung traf, ohne vorher seinen Vater konsultiert zu haben. Beide gemeinsam, unterstützt von Al Sauds Brüdern, denen der Bruderzwist früherer Generationen völlig fremd war, meisterten jetzt den Wiederaufbau ihres Reiches. Dieser vollzog sich in einem über mehrere Jahre anhaltenden Bewegungskrieg.

Zunächst einmal aber etablierte Al Saud die Macht der Saud in der Umgebung von Riadh und reiste in die Provinzen von El Kharj und Aflaj, Hauta und Harik und in die näheren Stammesgebiete, um sich huldigen zu lassen. Aus dem Wadi Dawasir kam eine Delegation, um ihm Treue zu schwören und dem Stamm der Kahtan wurde eine scharfe Züchtigung zuteil, um ihn für die mangelnde Loyalität zu strafen.

Inzwischen hatte sich Ibn Raschid von seiner ersten Überraschung erholt und bereitete einen Gegenschlag vor. Dazu schlug er sein Lager nördlich des Tuwayk-Gebirges auf und nahm mit den Stämmen der Adjman Verbindung auf. Aber auch Al Saud blieb nicht untätig, wandte sich an die Murra, besetzte das Wadi Hanifa, schickte seinen Bruder Saad nach Harik im Tuwayk, um dort die Stämme um sich zu scharen, und schickte Mohammed Sudairi mit einer starken Streitmacht nach Dilam, der Hauptstadt von Kharj.

Hier lag auch das erste Angriffsziel von Ibn Raschid, dem es aber entgangen war, daß Al Saud in der Nacht vor dem geplanten Angriff seinen Vetter Sudairi mit zusätzlichen Truppen verstärkt hatte. So brach der Angriff der Schammar-Truppen im Feuer der Wahabiten zusammen, und in dem anschließenden Gegenangriff der saudischen Kavallerie gerieten Ibn Raschids Truppen in Unordnung und zogen sich nach Salamiya am Ostrand der Kharj-Oase zurück. Aber auch hierher setzten die saudischen Truppen nach und Ibn Raschid sah sich gezwungen, weit nach Norden zu den in einer tiefen, flachen Mulde am Rande der Sandwüste, die die Nefudwüste mit dem »Leeren Viertel« verbindet, gelegenen einsamen Brunnen von Hafr el Atk auszuweichen.

Einmal auf dem Kriegszug und dem unerbittlichen Gesetz der Wüste folgend, unternahm er von hier, ungestört durch seinen Hauptgegner Al Saud, einige Ghasawat gegen die nichtsahnenden, neutralen und an dem Krieg zwischen Ibn Raschid und Al Saud völlig uninteressierten Stämme der Subai und Suhul – vermutlich nur, um sich Kamel- und Schaffleisch zu beschaffen und um seine stets beutehungrigen Stammeskrieger bei Laune zu halten. Doch dabei geriet er in die Nähe Kuwaits und Emir Mubarak wandte sich daraufhin hilfesuchend an seinen ehemaligen Schützling Al Saud, der sofort mit 10 000 Mann anrückte. Vereinigt mit 4 000 kuwaitischen Kämpfern unter dem Befehl von Mubaraks Sohn Djaber griffen die Verbündeten zunächst die mit Ibn Raschid verbündeten Mutair an und zerschlugen sie.

Währenddessen verlegte Ibn Raschid sein Lager von Hafr el Atk nach Süden und hoffte, während der Abwesenheit Al Sauds Riadh überfallen und einnehmen zu können. Aber sein Anmarsch wurde erkannt und die Einwohner besetzten rechtzeitig die inzwischen provisorisch wieder aufgerichteten Verteidigungsanlagen. Damit kam ein Überraschungsangriff nicht mehr in Frage und Ibn Raschid begnügte sich damit, einige harmlose Bauern außerhalb der Stadt zu erschlagen und, wie üblich, die Palmen fällen zu lassen.

Sein Hauptaugenmerk galt jetzt aber den Städten und Oasen von Waschm und Kasim, von denen Schakra und Majma'a den Wahabiten am nächsten lagen. Und tatsächlich dauerte es nicht lange, daß die gut befestigte Stadt Schakra im Westen von Riadh, sowie Majma'a und Zilfi im Norden sich Al Saud ergaben.

Damit war die Lage für Ibn Raschid prekär geworden. Im Kasim hatte er nur noch in den beiden größeren Städten Buraida und Anaiza einen festen Rückhalt und deshalb wandte er sich jetzt an den osmanischen Wali von Bagdad und bat diesen um militärische Unterstützung durch die Türken. Er wußte zweifellos, daß er damit nicht auf taube Ohren stoßen würde. Denn der Pascha war in dem Machtpoker am Golf sehr wohl daran interessiert, sich für die Provinz Hasa, die der Türkei ja vor 30 Jahren aufgrund des Hilfsersuchens des Imam Abdullah bereits in die Hände gefallen war, auch noch ein tieferes Hinterland zu schaffen. Auch die von England gestützten »Trucial States« würden sich von dort aus bestens ausflankieren lassen.

Aber auch Al Saud verlor keine Zeit. Ende März gelang ihm die Eroberung von Anaiza und kurz danach fügte er den raschidischen Truppen in offener Feldschlacht im »Wadi er Rima«, einem breiten Tal, das von der Lavawüste von Kaibar über das Wadi Rumma bis nach Anaiza reichte, eine empfindliche Niederlage bei.

Bei dieser Schlacht von Raudhat el Muhann gab es am Ende für die Wahabiten noch eine kleine Überraschung: Als die siegreichen Stammeskrieger beim Beutemachen unter gutturalem Geschrei mit der üblichen Beutegier der Beduinen und unter gegenseitigen Handgreiflichkeiten Lebensmittel, Decken, Kleider und Waffen an sich rafften und die Vorräte im raschidischen Lager plünderten, entdeckten sie drei verängstigte Vettern von Al Saud, Enkel seines abtrünnigen, toten Onkel Saud beziehungsweise Söhne der von dem rabiaten Gouverneur Selim Sebhan hingerichteten, aufsässigen Saud-Söhne. Sie waren damals, wie geschildert, nach Hail deportiert worden und hatten sich in der Hoffnung, so eines Tages den saudischen Thron für ihren Familienzweig zurückgewinnen zu können, den Truppen ihres »Gastgebers« Raschid angeschlossen.

Natürlich wurde in einem solchen Fall normalerweise nicht viel Federlesens gemacht, und die jungen Burschen konnten wirklich keine Gnade erwarten. Aber sie hatten sich getäuscht. Zum erstenmal zeigte Al Saud hier eine Großzügigkeit und Ritterlichkeit, die seine ganze Herrschaft durchziehen sollte. Er schonte seine jungen Verwandten, nahm sie in die Familie auf und ließ sie nach Riadh ziehen. Seinen Großmut sollte er später allerdings noch bereuen. Unter der Bezeichnung »Ara'if« (abgeleitet von dem Verb »arafa« = erkennen), mit der Beduinen Kamele, die ihnen gestohlen worden waren und die sie zurückeroberten und dabei wiedererkannten, zu bezeichnen pflegten, sollten sie später in der Tradition ihrer aufrührerischen Väter nochmal versuchen, zur Macht zu greifen.

Bald fiel nach längerer Belagerung Anfang Juni 1904 auch Buraida, das danach aber noch öfter den Besitzer wechseln sollte, und die Lage wurde allmählich für Ibn Raschid brenzlig. Aber in dieser Situation sprangen endlich die Türken für ihn ein. Noch im gleichen Monat, im Juni 1904, erschienen sie mit acht Bataillonen im Kasim, waren allerdings so unbeweglich und zu so verschiedenen Zeiten aus Bagdad und Medina in Marsch gesetzt worden und außerdem den harten, klimatischen Bedingungen eines Wüstenkrieges so wenig gewachsen, daß sie in der anschließenden Schlacht von Bukairiya den Niedergang der raschidischen Macht nicht mehr abwenden konnten. Und als sich herausstellte, daß das eigentliche Ziel der Türken, ganz wie seinerzeit in Hasa, die dauerhafte Erwerbung des Kasim war, verlor Ibn Raschid sehr schnell das Interesse an seinen unzuverlässigen Verbündeten. Die Türken versuchten daraufhin noch, ihre durchsichtigen Ziele teils durch Verhandlungen mit Al Saud, teils durch Intrigen unter den Stämmen, vor allem bei dem Scheich der Mutair, Faisal el Duwisch, zu erreichen. Auch Mubarak von Kuwait, dem sein ehemaliger Schützling Al Saud allmählich unheimlich wurde, ließ sich dazu gewinnen.

Doch da erlitt das Schammar-Reich noch einen weiteren Rückschlag: Es war Ende März/Anfang April 1905, als die raschidischen und saudischen Streitkräfte erneut im östlichen Kasim und in Sudair gegeneinander operierten und dabei auf dem kampfvertrauten Boden zwischen der Sandwüste von Asiya, der Oase von Zilfi und der Stadt Majma'a umherzogen. Auf Al Sauds Seite stand der unzuverlässige Salih ibn Muhanna mit Truppen aus Buraida; auf Raschids Seite Faisal ibn Duwisch mit seinen Mutair. Am 13. April kam es zur Begegnung und zu einem einstündigen Gefecht, dessen Ausgang noch unentschieden war, als Ibn Raschid, neben dem sein Bannerträger postiert war, seine Truppen neu zum Angriff ordnete. In diesem Augenblick traf den Herrscher, der durch das Banner ja auch für die Gegner deutlich auszumachen war, ein Schuß, und er sank tot zu Boden. Ein großer Krieger beendete so sein Leben auf dem Schlachtfeld; zugleich aber ein Monarch, der wenig politisches Gespür gezeigt hatte und offenbar stets der Meinung gewesen war, alle Probleme seines Reiches auf dem Schlachtfeld lösen zu können.

Die Geschichte belegt, daß orientalische Armeen immer schon im Kampf sehr auf ihren Anführer fixiert waren, und der plötzliche Ausfall des Führers meist den Verlust der Schlacht zur Folge hatte. Auch im vorliegenden Falle war es nicht anders. Hinzu kam noch, daß nach seinem Tod sofort alle Prinzen des Hauses Raschid und die sonstigen Befehlshaber die Truppe verließen und in getrennten Gruppen machtbesessen nach Hail hasteten, um dort, ganz in der Tradition bisheriger Machtkämpfe der Raschids, den mörderischen Kampf um den freigewordenen Thron, der im ersten Teil dieses Buches schon umrissen worden ist, wieder aufzunehmen. Die Chronisten berichten nichts darüber, daß die verschiedenen Interessengruppen und Thronanwärter sich schon auf dem Weg in die Hauptstadt gegenseitig auszuschalten versucht hätten – naheliegend wäre es gewesen. Anzunehmen ist auch, daß jeder argwöhnisch darauf achtete, ob in der Ferne eine Staubwolke anzeigte, daß eine kleine Kamelreitergruppe in scharfem Trab versuchte, als erste in Hail anzulangen. Um die Truppe in der Schlacht kümmerte sich jetzt jedenfalls niemand mehr und die Milizen und die Stammeskrieger zogen sich daraufhin zurück.

Damit waren Kasim und Sudair nun wieder in der Hand der Saud und Al Saud ließ den unzuverlässigen Salih ibn Muhanna in Riadh einsperren und durch dessen Vetter Abdullah Al Abu'l Khail als Emir von Buraida ersetzen.

Als Pfahl im Fleisch blieben jetzt nur noch die von den Raschid ins Land gerufenen Türken. Aber nachdem Abd el Asis ibn Raschid gefallen war, schlief der Krieg im Frühjahr 1906 ohnehin ein, und gegen Ende des Jahres gelang es Al Saud, die Türken auf dem Verhandlungswege aus Arabien hinauszukomplimentieren. Ganz einfach war das allerdings nicht und Al Saud mußte dabei seine erste diplomatische Bewährungsprobe bestehen. Äußere Umstände kamen ihm dabei aber zu Hilfe:

Im Jemen hatte es nämlich eine Revolte des Imam Yahia gegen die türkische Vorherrschaft gegeben und die Hohe Pforte hatte entschieden, das türkische Engagement in Zentralarabien zugunsten eines militärischen Eingreifens im Süden zu lockern. Dazu sollte der osmanische Befehlshaber der Interventionsstreitkräfte in Zentralarabien, Ahmed Faisi Pascha, so schnell wie möglich mit dem größten Teil seiner Truppen in den Jemen abziehen, während sein Nachfolger, Sidki Pascha, mit Al Saud über einen Frieden verhandeln sollte.

Währenddessen hatte auch der Wali von Basra über Scheich Mubarak von Kuwait Imam Abdul Rahman zu Verhandlungen eingeladen, und der Imam war zu den Gesprächen mit dem Wali und dem Scheich nach Kuwait gereist. Hier hatte ihm der türkische Statthalter vorgeschlagen, daß das Kasim als Pufferzone zwischen dem Schammar- und dem Wahabiten-Reich dienen und dazu eine schwache türkische Besatzung erhalten sollte, die solange bleiben müsse, bis die Raschid und die Saud sich auf eine friedliche Nachbarschaft geeinigt hätten – inschallah (so Gott will) am Nimmerleinstag!

Abdul Rahman scheint trotz mancher Bedenken mit dem Vorschlag erst einmal einverstanden gewesen zu sein und kehrte nach Riadh zurück, wo Al Saud inzwischen angekommen war. Beide entschieden aber nun, die Abmachungen von Kuwait zu ignorieren und mit saudischen Truppen in Kasim einzumarschieren. Und Al Saud, der damit zunächst Zeit gewonnen hatte, nahm in Anaiza Verhandlungen mit den beiden Paschas Faisi und Sidki auf, die dort immer noch warteten, aber allmählich keine Zeit mehr verstreichen lassen wollten, den Firman ihres Oberherrn auszuführen.

Und bei ihnen erreichte Al Saud in glänzender diplomatischer Mission, daß am Ende überhaupt keine Rede mehr von einer türkischen Pufferzone war, sondern daß die osmanischen Befehlshaber froh waren, daß ihre Truppen heil und unter dem sicheren Geleit saudischer Stämme nach Medina und Bagdad abziehen konnten; wobei Al Saud es sogar durchsetzte, daß das Medina-Kontingent, gewissermaßen als Geisel in Al Sauds Hand, seinen Abzug erst beginnen durfte, nachdem das Bagdad-Kontingent die Grenze zu Mesopotamien überschritten hatte.

Ein beachtlicher Prestigeerfolg für Al Saud war in dieser Zeit auch, daß er danach in Riadh den Besuch einer Deputation des osmanischen Herrschers Abdul Hamid erhielt, die ihm den Dank des Oberherrn für seinen maßvollen Umgang mit den türkischen Truppen während deren Aufenthalt in Innerarabien und bei deren Rückzug übermittelte. Welch eine Veränderung! Der wagemutige, einflußlose, junge Mann, der einst mit wenigen Getreuen todesverachtend auf die Musmak losgestürmt war und sich mit dem blutigen Kopf des Schammar-Befehlshabers in der Hand als Befreier hatte feiern lassen, war jetzt der geachtete Partner eines der mächtigsten Männer der Welt geworden!

Das Nachsehen bei all diesen diplomatischen Manövern hatte natürlich der bisherige Verbündete der Türken, der Fürst der Schammar, der seine Truppen nun nach Hail zurückzog. Was sollte er auch anderes tun?! Wer aber war jetzt Herrscher in Hail?

Im Wettlauf um die Macht hatte sich zunächst nach dem Tod des Raschid-Herrschers Mohammed dessen rechtmäßiger Erbe Met'eb durchgesetzt, war aber kurz darauf ermordet worden und Prinz Sultan ibn Hamud hatte sich widerrechtlich die Macht angeeignet. Aber die Mordmaschinerie lief weiter auf vollen Touren und bereits im Januar wurde Sultan von seinen Brüdern Saud und Faisal umgebracht. Ersterer wurde nun der Herrscher in Hail und letzterer Gouverneur des Djof und des nördlichen Bezirks, dessen Zugehörigkeit zum Schammar-Reich allerdings von Nuri ibn Scha'lan, dem mächtigen Fürsten des Stammes der Ruwala, die zur Stammesgruppierung der Aneze gehörten, in Frage gestellt wurde. Zweifellos nicht ohne die Ermutigung und Unterstützung durch die Türken, die wieder versuchten, ihren Einfluß im Djof und Hedjas zu stärken.

Doch zurück zu den Ereignissen in Hail, wo nie Langeweile aufzukommen schien. Dort war die Familie Raschid durch die Morde unter den Herrschern und durch das gegenseitige Mißtrauen der Prinzen so geschwächt, daß sie im Frühjahr 1908 in einen demütigenden Frieden mit Al Saud einwilligen mußte, der sie auf den Djebel Schammar beschränkte. Damit wurden auch die Harb und Mutair im Westen Al Saud steuerpflichtig. Erst als 1908 ein treuer Diener des Schammar-Hauses aus der schon bekannten Familie Sebhan, Hamud, für den noch unmündigen Prinzen Saud die Regentschaft in Hail übernahm, begann sich die Lage allmählich wieder zu wenden und der Regent suchte mit Al Saud Verhandlungen über eine Revision des Verzichtvertrages anzuknüpfen. Dieser wies das Verlangen allerdings erst einmal ab, lenkte aber ein, als Hamud Al ibn Sebhan einen zweiten Unterhändler schickte. Nun aber zeigte sich bei den Verhandlungen Hamud hartnäckig. Der Krieg begann von neuem, beschränkte sich aber auf Raubzüge klassischer Art, bis der Ausfall des Herbstregens beide Parteien zwang, nach Hause zurückzukehren.

Was das mörderische Treiben im Schammar-Reich betraf, so setzte sich die grausige Tradition fort. Folgt man den Chronisten, was angesichts der sich überschlagenden Vielzahl der Bluttaten allmählich schwer fällt, so wurde der Regent Hamud schon nach wenigen Monaten vergiftet und ihm folgte sein Vetter und Vertrauter Zamil ibn Sebhan. Um sich nun seinerseits in dieser mordgewohnten Umgebung zu schützen, heiratete dieser die Mutter des toten Saud ibn Hamud, die schon zuvor nacheinander mit dem großen Mohammed, dessen Neffen Abd el Asis ibn Met'eb und Sultan ibn Hamud verheiratet gewesen war und somit eine gewisse Verbindung zwischen den sich stets argwöhnisch gegenüberstehenden Familienzweigen sicherstellte. Deutlich zeigt diese Heiratspolitik übrigens, daß landläufige Meinungen über eine nur persönlichen Bedürfnissen gehorchende Haremswirtschaft an orientalischen Höfen zu den Legenden von »Tausendundeine Nacht« gehören und daß auch bei der Heiratspolitik orientalischer Aristokraten dynastische Überlegungen eine große Rolle spielten. Im übrigen sollten sich die einschlägigen Erfahrungen von Zamils Ehefrau als ehemalige Frau eines Mörders und Witwe eines Mordopfers sicher noch als nützlich erweisen, denn auch Zamil sollte sich noch, wie schon im ersten Teil des Buches angemerkt, in herkömmlicher Weise dem erlauchten Kreis ermordeter Vorgänger zugesellen. Allahs Wille geschehe – als fromme Moslems akzeptierten die Raschids und Sebhans offenbar, daß das gewaltsame Lebensende ein unvermeidliches Zugeständnis für das außergewöhnliche Machtverlangen ihrer Familien war. Der Mörder kam in diesem Fall aus Zamils eigener Familie und hieß Saud ibn Salah Al Sebhan.

Welche Entwicklung hatte aber seit 1906 das Herrscherhaus Al Sauds genommen? Im Jahre 1907 gedachte sich Al Saud mit den Erbfeinden der Schammar, den Aneze, gegen die Raschids zu vereinigen. Vorher mußte er aber noch einige unruhige Stämme bändigen und als er darauf nach Riadh zurückkehrte, erfuhr er, daß die Ara'if, also die Enkel des Usurpators Saud ibn Faisal, die er in der Schlacht von Raudhat so verschüchtert aufgelesen und großzügig mit nach Riadh genommen hatte, schmollend die Hauptstadt verlassen und sich zu ihren mütterlichen Verwandten, den Adjman, begeben hatten. Von dort aus konspirierten sie nun gegen ihn. Schon zuvor hatten zwei von ihnen, immerhin die Neffen des Herrschers, versucht, Al Saud zu vergiften. Dies alles greift aber der übrigen Entwicklung etwas voraus und der Blick sei deshalb zunächst wieder auf die politische Interessenlage rund um den Golf sowie auf das Hedjas vor Beginn des Ersten Weltkrieges gerichtet:

Je näher die Welt auf diese große Katastrophe zusteuerte, umso schneller drehte sich in der Region zwischen dem Roten Meer und dem Persischen Golf das politische Karussell. Die Mittelmächte bemerkten es kaum, und nicht einmal ihre Historiker arbeiteten die Entwicklung im nachhinein angemessen auf. Auch das Osmanische Reich war zwar von allen Ereignissen am Südrand seines Machtbereichs unmittelbar betroffen, reagierte aber nur wenig einfühlsam und traditionell ungeschmeidig. Nur Großbritannien maß der Region größte Aufmerksamkeit bei. Eine Aufmerksamkeit, für die es allerdings in London und Kairo andere Gründe gab als am Sitz des britischen Vizekönigs in Delhi. In dem sich daraus ergebenden Interessenkonflikt bewegte sich das Reich der Al Saud nach der vorläufigen, aber noch nicht endgültigen Niederschlagung des Schammar-Reichs auf den Ersten Weltkrieg zu; im Schatten des Osmanischen Reiches und in der Nachbarschaft inzwischen wiedererstarkter alter Gegner, der Scherifen von Mekka. In dieser Konstellation entwickelte sich Zentralarabien vom konturlosen, halbnomadischen Gemeinwesen ohne internationale Beachtung und ohne völkerrechtlich definierte Grenzen zu einem Staat des 20. Jahrhunderts, dessen stete Entwicklung nur noch vom Ersten Weltkrieg unterbrochen wurde. Auf diesem Weg in die Moderne brauchte der Wahabitenstaat aber einen Begleiter, und Al Saud erkor dazu die Engländer, die aber anfangs noch zögerten, diese Rolle zu übernehmen.

Deshalb wandte sich der Herrscher zunächst an die Türken, deren Verhältnis zu dem wie ein Phönix aus der Asche aufsteigenden Reich der Saud deshalb hier als erstes skizziert werden soll.

Es gab einige Ereignisse und Entwicklungen, die auch die eher lethargische Haltung des Osmanischen Reiches an seinem Südrand etwas aufrüttelte. Dazu gehörte vor allem der Aufstand der »Jungtürken« in Istambul, der von den Arabern, die an den starren Panislamismus Sultan Abdul Hamids und den behäbigen Despotismus des Osmanentums gewöhnt waren, völlig falsch verstanden wurde. Denn sie verwechselten den großtürkischen Nationalismus der Jungtürken mit einer nie vorhandenen Bereitschaft, nationale, völkische Bewegungen in den unterdrückten Provinzen zuzulassen oder gar, wie die Syrer es erhofften, anstelle der diktatorischen Militärautokratien irgendwelche Formen von Liberalismus zu tolerieren. Nichts lag den Jungtürken aber ferner, als den Arabern Autonomie zu gewähren oder gar einem arabischen Nationalismus Tür und Tor zu öffnen.

Auch Al Saud strebte so etwas allerdings nicht an. Seine Ziele waren ein absolut autoritärer Staat, ein frommer Gottesstaat, die Rückgewinnung der Gebiete, die seiner Familie einmal gehört hatten und seine eigene absolutistische Selbsterhöhung. Daraus ergab sich ein natürlicher Gegensatz zum Osmanischen Reich, das in dem Saudreich aber auch einen friedlichen Nachbarn suchte, der weder seine Golfinteressen noch seine südlichen Vasallen in Mekka und Hail, die sich untereinander auch schon nicht grün waren, stören sollte. Die daraus resultierende Ambivalenz äußerte sich darin, daß die Hohe Pforte schon Zamil ibn Sebhan, den Regenten von Schammar, zu dessen Lebzeiten mit 12 000 Gewehren und entsprechender Munition beliefert hatte, was für Al Saud natürlich eine akute Bedrohung darstellte. Andererseits versprach die Türkei auch Al Saud 1914 Waffen, wenn er die osmanische Souveränität über Hasa anerkenne. Und 1914 ernannte die Pforte Al Saud gar, mit den Vollmachten eines Mutassarif und dem Recht zur Aufstellung einer eigenen Miliz, zum osmanischen Gouverneur von Nedjd, was natürlich eine protokollarische Farce war, da Nedjd unabhängig und sein Herrscher kein türkischer Untertan war. Wie der zukünftige Gouverneur es mit seinem Oberherrn halten würde, hatte er übrigens erst kurz zuvor bewiesen, als er 1913, wie später noch beschrieben wird, den Türken ohne viel Aufhebens Hofuf und die Provinz Hasa entrissen hatte. Und was die

Ernennung zum osmanischen Beamten anbelangt, sei hier bemerkt, daß dies nicht ganz ungewöhnlich war und die Türken häufig arabische Stammesführer zu Kaimakams oder Mutassarifs in ihren Stammesgebieten ernannten.

Ein anderes Ereignis war für die Türken noch von größerer Wichtigkeit: Nachdem die Idee der Bagdadbahn, die bis nach Kuwait führen sollte, etwa 1903 aufgegeben worden war, hatte sich das Vorhaben der Hedjasbahn 1908 mit deutscher Unterstützung realisieren lassen. Eine Fortführung über Medina hinaus bis nach Mekka war zwar am Widerstand des Großscherifen gescheitert. Aber auch so war die Hohe Pforte jetzt in der Lage, sowohl die Mekkapilger als auch türkische Soldaten nicht mehr auf dem zeitraubenden Fußmarsch durch Syrien und Jordanien oder über das Nadelöhr des britisch kontrollierten Suezkanal nach Hedjas zu transportieren, sondern über die viel schnellere Bahnverbindung. Dies beeinflußte natürlich alle türkischen strategischen Überlegungen mindestens für Hedjas und Südarabien und berührte in starkem Maße England, den zweiten großen Akteur auf der arabischen Bühne. Wenden wir uns deshalb jetzt den britischen Interessen zu:

Wie schon an anderer Stelle einmal erwähnt, sah England in der Arabischen Halbinsel zunächst vor allem die geostrategische Verbindung zu Indien, und auch die Briten erfaßten anfänglich nicht die volle Bedeutung einer Entdeckung im südpersischen Masjid es Suleiman im Jahr 1908: des Erdöls – einer Entdeckung, die sich bald auf der gegenüberliegenden arabischen Küste in zahlreichen Vorkommen fortsetzen sollte. Vorläufig sahen die Briten am Golf nur die Existenz des Osmanischen Reichs und der sich an seinen Grenzen bewegenden Araber. Dabei unterlagen letztere ja, wie schon angedeutet, unterschiedlichen Betrachtungsweisen aus London beziehungsweise Kairo und aus Delhi beziehungsweise Buschehr, später Basra und Bagdad. Denn, wie später noch zu sehen sein wird, maßen Kairo und Delhi auch den Sauds unterschiedliche Bedeutung zu. Das heißt, Al Saud sollte von Delhi immer mehr Wohlwollen und Unterstützung erfahren als von Kairo. Diese Feststellung ist hier deshalb von Bedeutung, weil das Reich Al Sauds nicht etwa von vornherein der Obhut Delhis zugeteilt war, sondern aufgrund seiner zentralen Lage auf der Arabischen Halbinsel gewissermaßen im außenpolitischen Niemandsland zwischen Delhi und Kairo lag.

Während die britischen Behörden in Kairo den Kontakt zu arabischen Intellektuellen und Nationalisten suchten und an einer anglo-arabischen Koalition gegen die Türken schmiedeten, nahm die anglo-indische Regierung gegenüber den eher tribal denkenden Ostarabern eine patriarchalische Haltung ein und suchte am Golf den Ausgleich mit den Türken. Genervt von den Erfahrungen mit dem Nationalismus der Inder hatten die Behörden in Delhi auch wenig Sympathie für jegliche Form von arabischem Nationalismus. Und Sorgen hatten sie auch, daß das Kalifat von Istambul und der Pan-Islamismus Abdul Hamids die Moslems in Indien gegen ihre britischen Herren aufbringen könnte.

Nachdem Al Saud 1902 Riadh erobert und das Emirat von Nedjd zurückgewonnen hatte, bemühte er sich sofort um britische Unterstützung und schickte 1903 einen Emissär zu dem britischen »political agent« nach Bahrain, um mit England eine mögliche Vertreibung der Türken aus der Provinz Hasa abzustimmen. Aber die Regierung in Delhi, die darüber zu entscheiden hatte, ging auf dieses Ansinnen nicht weiter ein. Im Zusammenhang mit der damals noch projektierten Bagdadbahn fürchteten die Briten aus nicht ganz erklärlichen Gründen eine Ausdehnung des Saudreiches bis an den Golf. Der »political resident« für die Golfregion, Colonel Kemball, lehnte es sogar ab, mit den Saud überhaupt in Verbindung zu treten und die Wahabiten zur Kenntnis zu nehmen, weil das seiner Meinung nach den Schammarfürsten auf den Plan rufen würde – mit unabsehbaren Folgen für die Ruhe und Sicherheit der Region, das heißt der Verbindungszone zwischen England und Indien.

Etwa zur gleichen Zeit, im Jahre 1903, machte der russische Generalkonsul in Buschehr Al Saud ein Angebot zur Lieferung russischer Waffen, und angeblich lieferten die Russen auch einige Waffen, was allerdings historisch nicht einwandfrei belegt ist. Belegt ist aber, daß die Türken in dieser Zeit die Raschid in Hail mit Waffen versorgten und die Saud auch die Briten um Waffen baten. Ebenso bezeugt ist auch, daß die indische Regierung fürchtete, daß die Raschid mit türkischer Hilfe wieder erstarken könnten, den Türken den Zugang nach Zentralarabien ermöglichen und damit die Sicherheit der »Trucial States«, Omans und Kuwaits gefährden könnten. Geschehen ist trotzdem nichts, was aber auch damit zusammenhing, daß Al Saud 1905 mit einigen provozierenden Truppenbewegungen in

Richtung der »Trucial States« Katar und Abu Dhabi in höchstem Maße alarmierte und der neue »political resident«, Major Cox (später Sir Percy Cox), sich veranlaßt sah, Al Saud vor einem Ausgreifen bis zur Golfregion zu warnen. Dennoch sollte Cox, einer der herausragendsten britischen Nahost-Fachleute, der früher schon einmal stellvertretender »resident« in Britisch Somalia und Konsul in Maskat gewesen war, noch einer der stärksten Förderer des Saud-Reiches und ein persönlicher Freund von Al Saud werden. Cox vertrat aber die Interessen Delhis, und deshalb stießen seine Bemühungen in London oft auf Ablehnung. Denn London setzte in Zentralarabien, anders als in Nord- und Westarabien, auf ein spannungsfreies Verhältnis zum Osmanischen Reich. Für das Foreign Office scheinen Ägypten und das Hedjasgebiet in der Vorkriegszeit weit wichtiger als Indien und die vorgelagerte Golfregion gewesen zu sein. Vermutlich zu Recht, wenn man die spätere Offensive während des Ersten Weltkrieges aus Ägypten und dem Hedjas in Richtung Syrien in Rechnung stellt.

Aber nach der befristeten Schönwetterperiode zwischen Al Saud und den Türken zeitigte das Werben des saudischen Herrschers um die Gunst Großbritanniens doch allmählich Wirkung. Dies war neben den beharrliche Bemühungen Al Sauds vor allem den Bemühungen von Cox und einem weiteren Briten, des »political agent« in Kuwait, des jungen Captain Shakespear, der ebenfalls noch ein persönlicher Freund von Al Saud werden sollte, zu verdanken. Beide, Cox und Shakespear, kann man in ihrem Wirken als Taufpaten des saudischen Reichs betrachten. Beide haben nämlich maßgeblich dazu beigetragen, die Position des wahabitischen Reichs im Kräftespiel der Arabischen Halbinsel zu stärken, womit der Blick wieder auf den westlichen Nachbarn des Wahabitenreichs, auf Hedjas, gerichtet werden soll.

Dort hatten die letzten Großscherifen, Aun el Refik (-1905) und Ali ibn Abdallah (-1908) eine fast mittelalterliche Willkürherrschaft aufgerichtet. Davon unberührt hatten aber auch die Türken ihre Stellung gefestigt. Der osmanische Statthalter, nunmehr im Range eines Wali des Hedjas, hatte auch seinen Amtssitz nach Mekka verlegt. In Djidda und den anderen für die Türken bedeutsamen Hafenstädten waren die Stadtverwaltungen völlig osmanisiert worden. Der Zoll war in die türkische Verwaltung übergegangen und als Folge des Aufstandes der Jungtürken waren neben die religiösen und auf der Scharia basierenden scherifischen Gerichte säkulare Gerichte des osmanischen Herrschers getreten.

Der reaktionäre Aun el Refik war der Revolution der Jungtürken zum Opfer gefallen, deren Wahl nun auf einen Neffen Auns, Hussein ibn Ali, fiel. Wie die meisten Haschimiten vor ihrer Einsetzung als Großscherifen, hatte auch Hussein, und zwar seit 1893, sein Leben mit seinen Söhnen Ali (dem späteren Herrscher des Hedjas), Abdullah (dem späteren Emir von Transjordanien – König von Jordanien) und Faisal (dem späteren König von Syrien – König des Irak) in Istanbul verbracht; sein Sohn Abdullah war dort sogar Abgeordneter im Parlament gewesen. Sultan Abdul Hamid hatte Hussein in den letzten Jahren seines Aufenthaltes in Istanbul verdächtigt, zu enge Beziehungen zur britischen Botschaft zu unterhalten. Und tatsächlich hat England, das in den ersten Monaten nach der jungtürkischen Revolution eine starke Position am Bosporus eingenommen hatte, Husseins Kandidatur sehr unterstützt, was sich im Ersten Weltkrieg noch auszahlen sollte.

Von den Zeitzeugen und Arabienkennern Philby und Lawrence wird Hussein als kluger und gerissener Taktierer geschildert, zugleich aber auch als eitel und unzuverlässig. Die Geschichte der Arabischen Halbinsel sollte er bereits zwei Jahre nach seinem Machtantritt mitgestalten, als es zu den ersten heftigen Auseinandersetzungen mit Al Saud kam, bei denen der erste Grundstein für den späteren Zusammenbruch des scherifischen Haschimitenstaates von Mekka gelegt wurde. Das Interesse sei damit wieder auf Al Saud und auf Zentralarabien gerichtet.

Dort hatte es 1907 die ersten größeren Schwierigkeiten bei den Bemühungen, das Reich zu konsolidieren, gegeben, und wieder waren es die Mutair und die Emir-Familie von Buraida, die für Unruhe sorgten. Faisal el Duwisch, der Scheich der Mutair, zettelte im Mai eine Revolte an und zwang Al Saud zum Eingreifen. Bei Majma'a wurde Faisal besiegt und er persönlich wurde schwer verwundet. Daraufhin kam es zu der üblichen Farce der Unterwerfung und Vergebung – die obligatorischen Brüderküsse eingeschlossen – und nach gebührender Frist fand man Faisal im Herbst schon wieder, verbündet mit Sultan, dem Herrscher von Hail, und dem Emir Mohammed

Abu'l Khail von Buraida, unverdrossen auf dem Schlachtfeld gegen Al Saud – arabische Sentimentalität! Al Saud aber hatte sich mit den Ataiba, Kahtan, Subai und Suhul verbündet und schlug die Anhänger Ibn Raschids, Al Khails und Al Duwischs in die Flucht.

Nach Sultan Al Raschids im ersten Teil des Buches beschriebener Ermordung 1908 suchte dessen Nachfolger Saud den Ausgleich mit Al Saud, und dieser hatte damit die Hände frei, Buraida völlig zu unterwerfen. Durch Verrat der Einwohner gelang es ihm, in die Stadt einzudringen und Mohammed Abu'l Khail nach kurzer Belagerung am 29. Mai 1908 zur Übergabe der Zitadelle zu zwingen. Al Saud gewährte ihm freien Abzug nach Irak und damit verließ der letzte einheimische Emir die stets unruhige Stadt. Sein Nachfolger wurde Al Sauds treuer Vetter und Kampfgefährte Abdullah ibn Djiluwi.

Kurz nach diesen Ereignissen, aber durchaus noch im Zusammenhang mit den Wirren im Schammar-Reich und in Kasim, tat sich ein neuer Kriegsschauplatz an der irakischen Grenze auf. Dort hatte es Spannungen zwischen Scheich Mubarak von Kuwait und Raschids damaligem Verbündeten Sa'dun Pascha von den Muntafik gegeben, und Mubarak bat die Sauds um Hilfe. Daraufhin rückte Al Saud mit einer vereinigten Streitmacht von 7000 Mann, deren Großteil aus kuwaitischer Kavallerie unter Mubaraks Sohn Djaber bestand, zur irakischen Grenze vor. Offenbar hatte man die Kräfte Sa'duns aber unterschätzt, denn auch der arabische Stammesfürst verfügte über Tausende von Reitern und unbemerkt von den Historikern fand hier vermutlich das letzte große Reitergefecht der Weltgeschichte statt:

Unter wildem Gewehrgeknatter, den Schlachtrufen der Stämme und dem immer wiederkehrenden »Allahu Akbar« brausten die Reiterschwader der Beduinen und der ausgehobenen Städter, um ihre im Wüstenwind zerrenden Banner geschart und unter wehenden Mänteln und Kopftüchern, über den trockenen Wüstenboden aufeinander zu und versuchten, den Gegner beim ersten Aufprall der Pferde und Kamele zu überrennen. Die Kamele schrien auf, die Pferde scheuten, bäumten sich auf und schlugen und bissen um sich. Die ersten Reiter stürzten zu Boden. Die Ordnung ging von Anfang an verloren und die Schlacht löste sich in Hunderte oder Tausende von

Einzelduellen auf, auf die kein Führer mehr einwirken konnte und bei denen mit Lanzen, Säbeln, Keulen und Gewehrkolben zugeschlagen wurde. Gestürzte wälzten sich auf dem Boden, wurden von den Hufen der Reittiere getroffen, hieben mit ihren leicht gekrümmten, langen Dolchen aufeinander ein oder versuchten, den Gegner an der Kehle zu packen und zu erdrosseln. Gnade wurde auch dem Wehrlosen nicht gewährt. Bei jedem Zweikampf gab es einen Toten, dem der Sieger gierig die Waffen und die Kleider als Beute vom Leib riß, bevor er sich den nächsten Gegner suchte. Über allem lag eine dichte Staubwolke, die Gesichter der Kämpfer waren vom Schweiß und Staub zur Unkenntlichkeit verschmiert und der Sand der Wüste vermischte sich mit dem Blut der Toten und Verwundeten zu einem grausigen Brei. Von weither wurden die Geier angezogen und fast noch gieriger wüteten die Leichenfledderer zwischen den noch Kämpfenden – Ausgestoßene der Stämme, Frauen und Kinder, um sich anzueignen, was die Sieger von der Beute übrig ließen. Wobei sich auch die gefiederten und die menschlichen Aasgeier die Beute noch gegenseitig mit Klauen, Fäusten und Messern streitig machten.

Al Saud und Mubarak verloren die Schlacht. Ihre Truppen zerstreuten sich in der Wüste und strebten in Gruppen und Grüppchen dem Schutz der Mauern Kuwaits entgegen, während die Muntafik ihre Lager plünderten. Denn fast nie hatte bei den Beduinen ein Führer die Macht, im Anblick der Beute seine Leute noch zu einer den Sieg erst richtig vervollkommnenden Verfolgungsschlacht zu bewegen. Dazu fehlte es an jeglicher Disziplin. Aber die Schlacht war nur Teil eines umfassenden Feldzuges gewesen, der auf mehreren Kriegsschauplätzen stattfand eines Feldzuges, mit dem eine große Koalition versuchte, die Wiedererstarkung des Schammar-Reichs unter dem Regenten Zamil ibn Sebhan zu ersticken. Auch an allen übrigen Grenzen waren die Raschid durch die dort ansässigen Stämme gefährdet. Denn die Beziehungen der Schammar zu ihren näheren und ferneren Nachbarn, den Aneze im Norden und Westen, den Harb im Südwesten und den Mutair im Südosten und Osten, sowie den Dafir im Nordosten, waren nicht durch Stammes-, sondern durch harte Reichspolitik bestimmt. Allenfalls in das Verhältnis zu den mächtigen Aneze hat die schon lange vor der Gründung des Schammar-Reiches entstandene Feindschaft zwischen den Schammar und den Aneze später noch hineingespielt. Der großen Stammesföderation der Aneze trat der Staat nicht nur in Gestalt der türkischen Paschas gegenüber, sondern verkörperte sich auch in den Machthabern von Hail. Das waren seit dem Jahr 1838 die Fürsten des Hauses Raschid, in deren Herrschaftsbereich auf dem Djebel Schammar und westlich davon vor allem der Aneze-Zweig der Ruwala lebte. Als Besitzer des Djof waren die Raschid imstande, die Ruwala zu kontrollieren, deren Winterbasis diese Oase bildete und der große Mohammed Al Raschid hatte sie dort, ebenso wie die Amarat, oft genug seine Macht fühlen lassen.

Aber unter seinen Nachfolgern mit ihren unentwegten, blutigen Familienstreitigkeiten verfiel die Macht der Raschid gegenüber den Stämmen. Diese Lage machten sich sofort die Scha'lan, die Scheichfamilie der Ruwala, zunutze. Im Jahr 1909 nahm Nauwaf, der Sohn des Oberscheichs Nuri ibn Scha'lan, mit einem Handstreich die Oase Djof. Der Krieg zwischen Aneze und Schammar, der auf diesem Kriegsschauplatz jahrzehntelang geruht hatte, entbrannte daraufhin aufs neue und ergänzte den aus dem Süden erfolgenden Druck Al Sauds auf das Schammar-Reich. Allerdings hatte es Al Saud selbst zu dieser Zeit auch noch mit den Adjman zu tun, die von seinen undankbaren und verräterischen Verwandten aus der »Saud«-Linie, den »Araif«, aufgestachelt worden waren. Ganz Arabien schien also einmal wieder im Aufruhr zu sein, und es war ein Glück, daß alle Parteien sich dabei so verausgabten und so gewaltige Verluste hinnehmen mußten, daß Zamil 1911 schließlich Al Saud anbot, sich auf den Djebel Schammar zu beschränken, wenn Al Saud ihm diese Herrschaft garantiere.

Al Saud konnte natürlich nichts Besseres tun, als darauf einzugehen, denn eine neue Krise hatte sich inzwischen im Westen aufgetan. Dort hatte Großscherif Hussein den Türken, die den Aufstand des Imam Yahia im Jemen niederringen mußten, den Rücken mit einem Feldzug gegen die Idrisiden der Provinz Asir so erfolgreich freigehalten, daß die Hohe Pforte ihn nun damit beauftragte, sein Hoheitsgebiet weiter nach Osten zu verschieben und damit in die Interessensphäre Al Sauds einzudringen. Spannungen hatte es im übrigen auch vorher schon gegeben. Denn Hussein hatte von Al Saud Steuern für die Provinz Kasim gefordert und die Einwohner von Kasim aufgefordert, ihm, dem Großscherifen, und nicht mehr dem Herrscher des Nedjd, zu gehorchen. Woraufhin Al Saud die Ataiba, die das Rückgrat der scherifischen Herrschaft darstellten, zur Zahlung von Steuern zwang.

Also rückte nun der Großscherif bis zu der auf halbem Weg zwischen Medina und Riadh gelegenen Oase Quaiya vor, und ein unglücklicher Zufall wollte es, daß sich zu dieser Zeit, es war jetzt Anfang 1912, in dem fraglichen Gebiet Al Sauds Lieblingsbruder Sa'ad aufhielt, um Stammeskrieger gegen die immer aufsässiger und einflußreicher werdenden Araif zu werben.

Pech für Sa'ad, daß er dabei Hussein in die Hände fiel und von dem Großscherifen als Geisel mitgeführt wurde. Pech auch für Al Saud, daß er die scherifischen Streitkräfte zwar bis zum Hedjas verfolgen, nicht aber, ohne das Leben seines Sohnes zu gefährden, angreifen konnte; daß er ein Lösegeld versprechen und die scherifisch-osmanische Souveränität über bestimmte Gebiete und Stämme des Kasim anerkennen mußte. Pech allerdings schließlich für den Großscherifen, daß Al Saud nach der Freilassung seines Bruders nicht im entferntesten daran dachte, eines seiner erzwungenen Versprechen einzulösen.

Das war aber auch völlig gleichgültig, denn nach einer immerhin 63-jährigen Friedenszeit herrschte jetzt natürlich ohnehin wieder Unfriede zwischen den beiden Herrscherhäusern. Und es bleibt zum Abschluß dieser Episode nur noch zu erwähnen, daß die Araif bis auf eine Ausnahme zum Großscherifen nach Mekka flüchteten. Diese Ausnahme, ein gewisser Saud ibn Abdullah ibn Saud, fiel dem Wahabitenherrscher in die Hände, der ihm erneut vergab, und wurde nun ein loyaler und verläßlicher Gefolgsmann des Herrschers und kam in dessen Diensten noch zu Amt und Würden.

Der unerbittlichen Konsequenz arabischen Vergeltungsdenkens folgend war nun aber die Zeit reif zur Bestrafung der Adjman, die die Araif unterstützt hatten und nach wie vor den alten Verbündeten Al Sauds, Mubarak, bedrohten. Ein neuer Feldzug wurde erforderlich und dieser ließ die Wahabiten tief in das Schatt el Arab und in gefährliche Nähe von Basra und Zubair vordringen.

Aber die Türken waren zu dieser Zeit von den nationalen Bewegungen in Syrien und im Irak derart in Anspruch genommen, daß sie sich nun nicht auch noch dem störrischen Al Saud entgegenstellen mochten. Ganz im Gegenteil – beeindruckt von seinem eben gewonnenen Format als echter Fürst der Wüste, suchten sie nun seinen Rat und seine Mitarbeit zur Eindämmung des arabischen Nationalismus. Soliman Schafik Pascha, der Wali von Basra, wurde von der Pforte beauftragt, mit Al Saud in Verbindung zu treten und Al Saud gab, als er um Rat gefragt wurde, eine Antwort, die überliefert ist und zeigt, wie schnell der junge Monarch zum Staatsmann herangereift war. Denn allen diplomatischen Schmeicheleien der Türken zum Trotz gab Al Saud ihnen selbst die Schuld für die angespannte Lage in den arabischen Vilaiyets. Er warf ihnen mangelnde Fürsorge für ihre Untertanen – seiner Meinung nach die Hauptpflicht eines jeden Herrschers – vor und regte ein Treffen der Türken mit den wichtigsten Repräsentanten der arabischen Provinzen an. Dieses sollte seiner Meinung nach in einem Drittland stattfinden, damit jeder frei sprechen könne. »...Das Hauptziel eines solchen Treffens sollte die Herstellung voller Harmonie zwischen Türken und Arabern sein«. Konkret nannte er zwei Optionen: »...Entweder sollten die arabischen Länder eine einzige geschlossene Gruppe unter einem Herrscher eigener Wahl darstellen oder das bestehende System der getrennten Vilaiyets sollte so umgewandelt werden, daß die Verwaltung arabisiert wird und die arabischen Herrscher osmanische Walis werden«. In beiden Fällen erkannte er die alles überwölbende Oberherrschaft des Sultans an, der auch für die gesamte Landesverteidigung (und dementsprechend wohl auch für die Außenpolitik) verantwortlich sein sollte. »Nur auf diese Weise...« schloß er in dem Dokument »...können Eure und unsere Interessen in Übereinstimmung gebracht und der Schutz gegen äußere Feinde gewährleistet werden«.

Um die Bedeutung dieser Erklärung vollständig zu verstehen, muß man bedenken, daß man erst das Jahr 1908 schrieb und daß Al Saud vermutlich kaum jemals etwas von der Französischen Revolution, dem Preußenkönig Friedrich II. – »ich bin der erste Diener meines Staates« – oder modernem Föderalismus gehört hatte, sondern nur in der absolutistischen, patriarchalischen Tradition arabischer Stämme groß geworden war. Der Wali von Basra scheint von der Erklärung Al Sauds auch sehr beeindruckt gewesen zu sein und schickte sie zur Hohen Pforte. Dort gab man sich düpiert und unterstellte, daß da ein Scheich mit seinen herumstreunenden Beduinen sich mit türkischer Unterstützung und auf Kosten des Osmanischen Reiches zum Herrscher über alle Araber erheben wolle. Eine Chance wurde so vertan, die dem Osmanischen Reich möglicherweise einen völlig anderen Ausgang des Ersten Weltkriegs beschert hätte, und das vermutlich nur, weil man den Wahabitenherrscher falsch einschätzte und seine staatsmännische Weitsicht unterschätzte.

Zaungast des Ersten Weltkriegs

Al Saud suchte nun allerdings wieder Kontakt zu den Briten und richtete seine militärische Aufmerksamkeit auf die Provinz Hasa, die seit 1872 in osmanischer Hand war und deren Hauptstadt Hofuf 1200 türkische Soldaten besetzt hielten – anatolische Bauernsöhne, die dem Klima nicht gewachsen waren und die von Offizieren geführt wurden, die, an die äußerste Grenze des Reiches versetzt, in besonderem Maße den Schlendrian der türkischen Armee verkörperten. Jedenfalls hatten sie bis zum Abend des 8. Mai 1913 nichts davon bemerkt, daß die Wahabiten nach längeren Vorbereitungen in Hasa aufmarschiert und am Abend vor den Mauern von Hofuf, einer Stadt von damals 30.000 Einwohnern, angelangt waren.

Hier ließ Al Saud gegen Mitternacht einige Leitern an die Stadtmauern stellen und die ersten Kundschafter huschten im Schutz der Dunkelheit auf die Mauer, brachten die sorglos schlummernden Wachen um und ließen die Seile, die jeder Beduine zum Wasserschöpfen an den Brunnen mit sich führte, die Mauern herab. Daran kletterten nun Hunderte weiterer Angreifer hoch. Und noch bevor die türkische Garnison überhaupt richtig erwachte, war die Zitadelle El Kut schon in der Hand der Araber und die Türken flüchteten in die Große Moschee. Unter dieses Gebäude aber trieben daraufhin die Wahabiten eine Mine und drohten den Türken, sie allesamt in die Luft zu sprengen. Diesen blieb danach nichts anderes übrig, als sich gegen die Zusicherung freien Abzuges zu ergeben, und geschlossen wurden sie nach Uqair (am Persischen Golf südlich von Bahrain) eskortiert, wo sie alle dort verfügbaren Fischerboote besteigen mußten und nach Bahrain segelten.

Indessen hatten die Herrscher von Bahrain aber schon 1911 mit England einen Exklusivvertrag geschlossen, der ihnen den Schutz der Briten gewährte, und die Türken konnten deshalb dort nicht bleiben. Ihr Kommandeur, der nach der Schlappe von Hofuf für seine militärische Karriere wohl nicht mehr allzu viel Gutes erhoffte, machte noch Versuche, zunächst in Uqair und später in Katif wieder auf dem

214

Festland Fuß zu fassen. In beiden Fällen waren aber die Truppen Al Sauds bei seinem Erscheinen schon zur Stelle und die Türken wurden zurückgeschlagen. Die Provinz Hasa war wieder fest in saudischer Hand und Al Saud setzte seinen bewährten Freund Abdullah ibn Djiluwi, den bisherigen Gouverneur von Buraida, dort als Emir ein. Die Pforte hatte zu dieser Zeit keine Hand frei, um die Lage in Hasa wieder zu bereinigen.

Um den osmanischen Ärger zu besänftigen, schrieb der saudische Herrscher unmittelbar nach der Eroberung von Hasa der Hohen Pforte einen Brief mit einer untertänigen Loyalitätserklärung, die die Türken eigentlich nur noch als blanken Hohn empfinden konnten. Aber der Stern des Osmanischen Reichs begann, zumindest im Mittleren Osten, schon vor dem Ausbruch des Ersten Weltkrieges zu sinken und die Türken versuchten, das Beste aus der Niederlage zu machen, indem sie Al Saud zum osmanischen Mutassarif von Hasa ernannten, womit der Herrscher nun schon ein zweites Amt innehatte.

Al Saud hatte Hasa gerade rechtzeitig erobert. Denn er war damit zwei wesentlichen Ereignissen zuvorgekommen, die beide die Golfprovinz berührten. Das erste Ereignis war ein Geheimvertrag, den England mit der Türkei noch am 9. März 1914, also nur sieben Monate vor Ausbruch des Ersten Weltkrieges im Oktober desselben Jahres abschloß und der die gesamte Arabische Halbinsel in zwei Interessensphären aufteilte. Darin wurde der Norden bis zu einer Linie, die von der Halbinsel Katar bis zu der Grenze zwischen dem Jemen und dem britischen Protektorat Aden führte, dem Osmanischen Reich zugeschlagen, also auch der »Qada Hasa« sowie der »Sandjak Nedjd«, während der südliche Teil den Briten als Interessengebiet zugedacht war. Der Erste Weltkrieg verhinderte natürlich die Umsetzung dieses merkwürdigen Vertrages, und die Briten machten sich frohgemut an andere geheime Gebietsaufteilungspläne, wie das unheilvolle Sykes-Picot-Abkommen, mit dem sie, wie später noch zu erläutern sein wird, gemeinsam mit Frankreich, die Tragödie des späteren Palästinakonflikts einleiteten.

Das zweite Ereignis war der Kriegsausbruch 1914 und die Landung britischer Truppen in der Golfregion. Wäre zu diesem Zeitpunkt Hasa noch türkisch gewesen, wären die Engländer mit Sicherheit dort zuerst gelandet und Hasa wäre auf unabsehbare Zeiten unter britischem Einfluß geblieben.

So also war die Lage des Saud-Reiches zu Beginn des Ersten Weltkrieges: Die Türken respektierten Al Saud, sahen aber ihre Hauptverbündeten auf der Arabischen Halbinsel in den Raschid von Hail, die sie auch mit militärischer Logistik unterstützten. England hatte bisher, um Verständigung mit der Pforte in allen arabischen Fragen bemüht, die Wahabiten als Untertanen des Sultans betrachtet, änderte aber bei Kriegsbeginn seine Haltung unter dem Einfluß von Cox und Shakespear. Dennoch galt der Großscherif von Mekka, obwohl osmanischer Untertan, insgeheim als der bevorzugte Verbündete der Briten. Dies äußerte sich später noch darin, daß die Haschimiten 1916 mit dem Aufstand der Araber gegen die Türken beauftragt wurden, während Al Saud darüber nicht einmal rechtzeitig informiert wurde. Beide Territorien, Hedjas und Djebel Schammar, standen dem Wahabitenreich feindlich gegenüber.

Die »Trucial States« waren vertraglich und wirtschaftlich mit England verbunden. Die Herrscher von Abu Dhabi und Dubai mißtrauten Al Saud, der die jetzt von Abu Dhabi kontrollierte Oase von Buraimi beanspruchte.

In Katar war 1913 im Alter von 111 Jahren Scheich Qasim ibn Thani, ein Freund der Sauds, gestorben, der dafür dankbar gewesen war, daß die Wahabiten ihm 1905 geholfen hatten. Auch er war osmanischer Kaimakam gewesen und auch er hatte dessen ungeachtet gegen die Türken revoltiert und britischen Schutz gegen sie erbeten. Sein Nachfolger war sein Sohn Abdullah, der sich um die Fortsetzung der freundschaftlichen Beziehungen zum Wahabitenstaat bemühte.

In Kuwait sollte Ende 1915 Scheich Mubarak, der auf seine alten Tage seinem früheren Schützling Al Saud dessen Erfolge mißgönnte, sterben. Djaber, sein ältester Sohn und Erbe, bemühte sich um gute Beziehungen zu dem wahabitischen Herrscher. Aber seine Herrschaft dauerte nur bis 1916 und ihm folgte sein Bruder Selim, der gegenüber dem Saudreich eine ausgesprochen feindliche Haltung einnahm.

Mit den zwei südlichen arabischen Staaten Oman und Jemen gab es keine territorialen Probleme, da beide zu dieser Zeit – Oman durch die Oase Buraimi und Jemen durch Hedjas und Asir – vom Reich der Saud getrennt waren.

Grob vereinfacht kann man also sagen, daß der Herrschaftsbereich Al Sauds im Norden und Westen von Einflußgebieten der Hohen Pforte flankiert war, während sich an der Ostflanke, also an der Golfküste, die Briten ihren Einfluß mit Kuwait und den Saud teilten und der Süden durch das undurchdringliche »Leere Viertel« begrenzt wurde. Akute Grenzstreitigkeiten gab es bei Kriegsbeginn nirgends.

Probleme gab es aber ständig mit denjenigen Beduinenstämmen, die, wie die teilweise in Mesopotamien angesiedelten Muntafik, grenzüberschreitende Streifgebiete hatten oder, wie die nach Kuwait geflüchteten Adjman, aus anderen Ländern gegen den Wahabitenstaat operierten. Unruhen und Ungehorsam gab es aber auch immer wieder bei den Stämmen im Herrschaftsbereich Al Sauds, und der Herrscher spürte sehr genau, daß die Lehre Abd el Wahabs nicht mehr ausreichte, seine Untertanen unter sein Kommando zu zwingen, und daß es dringend neuer Impulse bedurfte.

Neue Impulse versuchte Al Saud zunächst dadurch zu vermitteln, daß er in einer Art Innerer Mission Religionslehrer, »Mutauwaʾin«, zu den in religiösen Fragen stets etwas rückständigen Beduinen schickte. Dies hatte unvorhergesehene Folgen: Aufgewühlt durch den religiösen Eifer der Missionare schlossen sich in der Gegend von Majmaʾa einige der stets leicht entflammbaren Beduinen der Mutair und der Harb zu einer Bruderschaft, der »Achwan«, zusammen, die sich bald durch besonders fanatische religiöse Rechthaberei auszeichnete und sich damit bei ihren Stammesbrüdern unbeliebt machte. Denn neben der hohen Emotionalität, und etwas im Widerspruch dazu, war ein beherrschendes Element beduinischer Mentalität auch ein starker Hang zu lethargischem Beharren, der jeder Neuerung zunächst höchst mißtrauisch begegnete. Es kam zu Gereiztheiten und um den sich daraus entwickelnden Anfeindungen innerhalb der Stämme zu entgehen, beschlossen die Mitglieder der Achwan, etwa fünfzig Männer mit ihren Familien, eine eigene, stammesübergreifende Lebensgemeinschaft zu bilden. Auf der Suche nach einer eigenen Wohngegend, d. h. auf der Suche nach Wasser, zogen sie zu den Brunnen von Artawiya, einem Brunnengebiet an der Piste, die das Kasim mit Kuwait verband. Dort machte sie Al Saud, der von den religiösen Hitzköpfen gehört hatte, seßhaft, indem er sie reichlich mit Geld, Ackergerät und Tieren, aber auch mit Waffen und nicht zuletzt mit weiteren Mutauwa'in versorgte. Sein Ziel muß es wohl von Anfang an gewesen sein, sich aus dem großen Reservoir der Beduinen einen seßhaften Orden zu schaffen, der, ähnlich wie die abendländischen Ritter des Mittelalters oder die frühen islamischen Militärorden in Syrien und Nordafrika, eine religiöse und militärische Speerspitze seines Staates darstellte und ihm zugleich ein stehendes Heer in Form einer Miliz verschaffen sollte.

Das Experiment gelang: Unter Führung des Oberscheichs der Mutair, Faisal el Duwisch, ließen sich die sonst stets so unruhigen beduinischen Fanatiker in Artawiya seßhaft machen, und es entstand ein Dorf von kriegerischen, streng religiösen Wehrbauern, das sich schnell vergrößerte und schließlich zu einer Stadt von 10 000 Einwohnern anwuchs. In dieser Stadt wurden die Männer zu grenzenloser Todesverachtung und zu blindem Haß auf alle tatsächlichen oder vermeintlichen Feinde des Islam erzogen – das waren nicht etwa nur europäische Christen, die »Beni asfar« (gelbe Söhne), sondern viel mehr noch alle Moslems, die im Verdacht der Vielgötterei standen, die etwa rauchten, die sich ihren Bart länger wachsen ließen, als der Prophet ihn getragen hatte oder die die Gebote des Korans nicht buchstabengetreu befolgten. Für diese »Glaubensfeinde« gab es keine Gnade und der Tod war ihnen gewiß, wobei die Achwan auch vor Greisen und Kindern nicht Halt machten. Alle Kriege, an denen sie teilnahmen, waren für sie Glaubenskriege, bei denen es für sie oberstes Gebot war, den Glaubensfeind nicht nur zu überwinden, sondern auch zu töten. Grundsätzlich machten sie deshalb keine Gefangenen, so daß es also auch nicht zur Bekehrung von überwundenen Gegnern kommen konnte. Aber sie erwarteten selber auch niemals Gnade und verachteten den Tod völlig, womit sie nicht nur Furcht erregten, sondern auch, zumindest anfänglich, ein hohes Maß an Bewunderung in der Bevölkerung. Schon an der Kleidung erkennbar – sie trugen Turbane und anstelle der langen arabischen »Thobe« knielange Hemden – stellten sie künftig unter eigenen Bannern die Speerspitze der saudischen Streitkräfte dar, auch wenn ihr Fanatismus häufig zu Disziplinlosigkeiten führte und später sogar zu einer Gefahr für den Herrscher werden sollte.

Die Siedlungen der Achwan breiteten sich schnell über den ganzen Machtbereich Al Sauds aus – häufig stammesübergreifend, meist aber doch mit gewissen Stammeskonzentrationen. So gab es neben den Mutair von Artawiya bald eine Konzentration der Ataiba in Ghatghat und andere Siedlungen der Ruqa, Harb, Schammar, Aneze, Hutaina, Kahtan, Dawasir, Awasim und Subai im ganzen Land. Von diesen schlossen sich bisweilen ganze Unterstämme, so z. B. von den Harb und Mutair, Ataiba, Subai und Dawasir, den Achwan an, und in ihren besten Zeiten konnten die Achwan ein stehendes Heer von 30 000 Mann zusammenbringen, dessen einzelne Gemeinschaften von Emiren geführt wurden und in dem die sonst immer so blutigen Stammesdifferenzen völlig unterdrückt wurden.

Aber die Achwan gerieten in ihrer zunehmend blutigen, religiösen Raserei bald in Widerspruch nicht nur zum Islam im allgemeinen, sondern auch zur Mehrheit der frommen Wahabiten, für die der Islam nicht nur eine Religion, sondern auch eine eigenständige, humane Kultur und menschenwürdige Lebensform war, die die religiös-kulturelle und politische Einheit aller friedliebenden Gläubigen garantierte. Grauen und Abscheu vor der einst wegen ihrer Todesverachtung bewunderten Bruderschaft machte sich in den Dörfern und Oasen breit, die jederzeit fürchten mußten, daß die Achwan-Horden in ihrem kollektiven Blutrausch über sie herfielen und in blutbesudelten Hemden in Anlehnung an atavistische Tötungsrituale von Opfertieren und dem »Schächten« von Schafen all denjenigen bei lebendigem Leibe die Kehlen durchschnitten, die auch nur im leisesten Verdacht standen, nicht ihren finsteren Vorstellungen von Frömmigkeit zu entsprechen.

Aber immerhin hatte sich Al Saud nun mit den Achwan zu Beginn des Ersten Weltkrieges die Anfänge eines stehenden Heeres geschaffen. Unmittelbar an den Kämpfen der Kriegsmächte sollte diese Armee aber nicht teilnehmen und das Land wurde ohnehin nicht unmittelbar vom Kriegsgeschehen berührt. Denn wie eine von der Weltgeschichte vergessene Oase des Friedens lag das Reich am Südrand zweier durch das Schammar-Reich verbundenen beziehungsweise getrennten Kriegsschauplätze: Hedjas und Mesopotamien.

In Mesopotamien griffen die Briten mit einer indischen Division vom Golf her an und hofften, das Schatt el Arab von Süden her aufrollen zu können. Der Versuch, Basra einzunehmen, erwies sich aber zunächst als ein Fehlschlag, und bei Kut el Amara erlitten die eingeschlossenen Briten vom Dezember 1915 bis zum 29. April 1916 eine schwere Niederlage, bei der fast die ganze indische Division verloren ging. Ein Aufstand der Bevölkerung im Rücken der Türken in der Gegend von Kerbela wurde von den Engländern nicht richtig erkannt, und erst im März 1917 gelang ihnen mit neu herangeführten Kräften die Einnahme von Bagdad.

Die Schlacht von Kut el Amara hatte, ebenso wie die im gleichen Jahr erfolgende Niederlage der Briten bei Galipoli neben der strategischen auch noch eine hohe psychologische Bedeutung für die Moslems auf beiden Seiten. Denn bei beiden Schlachten waren auf türkischer Seite vor allem muslimische Araber eingesetzt, die also auf Seiten des Kalifen, der zum »Heiligen Krieg« gegen die Christen aufgerufen hatte, kämpfen mußten. Zumindest in Kut el Amara standen ihnen aber nicht Christen, sondern vor allem muslimische Inder gegenüber. Das waren natürlich schlechte Vorbedingungen für die Türken – es waren aber auch schlechte Voraussetzungen für die Briten, die Araber als Verbündete gegen das Osmanische Reich zu gewinnen.

Dennoch bemühten sich die Briten jetzt intensiver als bisher um Al Saud. Und während die Türken von Al Saud forderten, ihnen bei der Verteidigung von Basra zu helfen und das Schammar-Reich, das die strategisch wichtige Hedjasbahn flankierte, in Ruhe zu lassen, verlangte England, daß Al Saud gemeinsam mit dem Scheich von Kuwait den Briten bei der Einnahme von Basra helfe. Als Gegenleistung versprachen die Briten, Al Saud als Herrscher von Nedjd und Hasa anzuerkennen, sein Territorium gegen See zu verteidigen und gegen mögliche Angriffe der Türken zu unterstützen. Nur die Außenpolitik sollte für den Wüstenstaat durch Großbritannien bestimmt und vertreten werden.

Das Eis war damit gebrochen: Am 26. Dezember 1915 kam es zu einem ersten anglo-saudischen Vertrag, von dem sich die Briten eine begrenzte saudische Kriegsrolle erhofften: die Neutralisierung des Schammar-Reiches und die Unterstützung des im Hedjas geplanten Aufstandes der Araber gegen die Türken. Wie aber war die Lage nun dort, an der Westflanke des Wahabiten-Reiches?

Englands wichtigstes Kriegsziel an der Westküste der Arabischen Halbinsel war es, den Seeweg nach Indien, d. h. den Suezkanal und die Meerenge bei Aden offenzuhalten. Dabei war die Lage für die Briten äußerst prekär: Die Türken hatten an der Westküste insgesamt vier Divisionen stationiert, von denen alleine zwei die Kronkolonie Aden bedrohten. Darüber hinaus hatte sich auch der Imam des Jemen für die Türken erklärt. Und zu allem Überfluß hatte sich in der Wüste westlich von Ägypten auch noch das Oberhaupt der Senussi auf die Seite der Türkei gestellt.

Dies alles veranlaßte die Verantwortlichen Großbritanniens in London, Kairo und Khartoum, einen Aufstand der Araber gegen die osmanische Herrschaft in Erwägung zu ziehen, und die Augen richteten sich dabei auf die Aschraf, die vom Propheten abstammten, etwa 2000 Familienmitglieder hatten und seit 900 Jahren in der einen oder anderen Form die Geschicke Westarabiens mitbestimmt hatten. Besonders richteten sie sich auf Hussein, den Großscherifen von Mekka. Könnte er nicht Nachfolger der nicht vom Propheten abstammenden und deshalb in den Augen vieler Moslems illegitimen Kalifen aus dem Hause Osman werden? Könnte er nicht einen Aufstand aller Araber gegen das Joch der Türken anführen, wenn man ihm nur einen anständigen Lohn versprach? Der britische Generalgouverneur des Sudan, Sir Reginald Wingate, skizzierte das Bild einer unter britischem Protektorat stehenden haschimitischen Föderation, die vom Suezkanal bis zum Golf reichte. Und die strategischen Planer des Militärs wiesen darauf hin, wie wichtig es sei, die Hedjasbahn als parallele Bedrohung der britischen Seeverbindungen durch das Rote Meer auszuschalten.

Die Frage war allerdings, ob man Hussein dazu bringen konnte, mit dem Sultan zu brechen und den Türken in den Rücken zu fallen. Denn wieder tauchte das Problem auf, daß Moslems an der Seite von Christen gegen Moslems antreten sollten.

Aber die Rahmenbedingungen für das Vorhaben waren dennoch nicht gar so ungünstig, wenn man mit etwas Geld nachhalf. Denn das Hedjas befand sich seit Kriegsausbruch in einer katastrophalen Finanzlage, da die Pilgereinnahmen entfielen und der Handel der Seehäfen zum Erliegen gekommen war.

Den Briten gelang es schließlich tatsächlich, Hussein für sich zu gewinnen. Unter der Zusicherung, daß ganz Arabien nach dem Krieg unter der scherifischen, haschimitischen Herrschaft vereint würde, stellten sich Hussein und seine Söhne offen auf die Seite der Briten und der Aufstand der Araber konnte beginnen. Es war kein Djihäd, denn Hussein konnte schlecht mit christlichen Verbündeten einen heiligen islamischen Krieg gegen seine türkischen Glaubensbrüder und gar gegen den Kalifen führen. Es gab überhaupt keine religiösen Motive, sondern nur das politische Ziel der Befreiung. Dabei war es ohnehin ein Segen für die Engländer, daß Hussein nicht vorher schon dem Djihäd-Aufruf des Sultans und Kalifen in Istambul gefolgt war. Denn wäre der Großscherif als bedeutsamster Nachkomme des Propheten dem Aufruf gefolgt, hätte das umwerfende Auswirkungen auf die gesamte islamische Welt und vor allem auf die zahlreichen muslimischen Untertanen Großbritanniens gehabt: auf 20 Millionen Moslems in Indien, auf 16 Millionen in Ägypten und im Sudan. Und auch 20 Millionen Moslems im französischen Teil Afrikas sowie die Moslems in Südrußland hätten es schwierig gefunden, sich dem Beispiel des Großscherifen entgegenzustellen und in einem »Heiligen Krieg« nicht nur Gegner des Kalifen, sondern auch noch des Hüters der Heiligen Stätten des Islam zu sein. Nicht zu vergessen auch die arabischen Golfstaaten und das Wahabiten-Reich, die in Loyalitätskonflikte geraten wären.

Also scharten sich die Stämme des Hedjas in froher Erwartung auf Beute, dem einzigen Kriegsziel echter Beduinen, das natürlich weit vor dem Ziel der Befreiung rangierte, um Husseins Sohn Faisal und seinen britischen Verbindungsoffizier T. E. L. Lawrence – der eine das Haupt, der andere der Motor des Feldzuges. 8 000 Reguläre unter dem Scherifen Faisal und dazu die Stammeskrieger, die oft nur ein Kamel oder ein Gewehr pro Familie besaßen und deren Söhne sich deshalb ständig im Wehrdienst abwechselten.

Ziel dieses Feldzuges war es, als rechte Flankensicherung der britisch-ägyptischen Armee unter General Allenby, die von Suez über den Sinai und Jerusalem nach Damaskus vorstoßen sollte, von Medina über Ma'an nach Syrien vorzurücken und dabei die Hedjasbahn so zu unterbrechen, daß den Türken im Süden der Atem ausging. Das politische Ziel war, wie gesagt, die Entstehung eines großen arabischen Reiches unter der Herrschaft der Haschimiten, und Hussein ließ sich 1916 schon mal vorsorglich von der Aristokratie von Mekka zum »König der arabischen Länder« (malik bilad el arab) proklamieren und forderte von den anderen arabischen Potentaten die Entrichtung von Steuern. Etwas zu vorsorglich wohl, denn die Briten hatten ihm nur den Titel eines »König des Hedjas« verliehen und Al Saud redete ihn in Briefen mit konstanter Bosheit gar nur als »Scherif von Mekka« an. Auch Loyalität forderte der selbsternannte König der Araber in aller Unschuld und mit der größten Selbstverständlichkeit von allen arabischen Machthabern, und es stellt sich bei dieser Gelegenheit die Frage, wie Hussein wohl gehandelt hätte, wenn er zu diesem Zeitpunkt gewußt hätte, welche Abmachungen die Großmächte des Westens hinter den Kulissen bereits getroffen hatten. Denn ohne sein Wissen hatten die Briten inzwischen mit ihren Alliierten, den Franzosen, 1916 das den Hussein gegebenen Zusagen völlig widersprechende, bereits erwähnte Abkommen über das Schicksal der arabischen Gebiete nach dem Krieg ausgehandelt. Dieses Abkommen, das nach seinen beiden Verfassern, dem britischen Diplomaten Sir Mark Sykes und dessen französischen Kollegen Georges Picot benannt wurde, teilte die arabischen Territorien nördlich der Halbinsel in zwei Einflußsphären auf. Frankreich wurde danach die Oberhoheit über Syrien und den Libanon zugestanden, während Großbritannien einen ähnlichen Status für Mesopotamien (später Irak), Palästina und Transjordanien erhalten sollte. Kurzum, im Gegensatz zu dem, was dem Großscherifen von den Briten versprochen worden war, würden nach dem Krieg nur einige nicht näher bezeichnete Teile der Arabischen Halbinsel scherifisch werden und in den Genuß echter Unabhängigkeit kommen.

Und als ob dies noch nicht genug an Treulosigkeit wäre, schloß Großbritannien dann auch noch mit der Balfour-Deklaration im November 1917 ein noch widersprüchlicheres Abkommen, wonach nunmehr mit Palästina in völlig anderer Weise verfahren werden sollte. Dies erfolgte in Form einer Absichtserklärung, die der britische Außenminister, Sir Arthur Balfour, an Lord Rothschild, einen führenden Vertreter der zionistischen Bewegung, richtete und in der es hieß:»...Die Regierung seiner Majestät befürwortet die Schaffung einer nationalen Heimstätte für das jüdische Volk in Palästina...«. Und auch hier war keine Rede mehr von arabischer Unabhängigkeit und Vorherrschaft des Großscherifen in den befreiten Territorien. Aber eine der Grundlagen für den späteren Nahost-Konflikt war mit der Erklärung gelegt und keiner der selbsternannten »Nahostexperten« der Gegenwart weiß heute noch, wer die Schuld davon trägt.

Aber da der Großscherif von alldem nichts wußte, forderte er zunächst einmal Al Saud, der auch von den Briten dazu gedrängt wurde, auf, sich dem Aufstand anzuschließen. Al Saud war damit einverstanden, den Großscherifen zu unterstützen, schloß aber ein Bündnis mit der Begründung aus, daß Hussein sich ständig in Stammesangelegenheiten des Nedjd und des Kasim einmische. Er mochte wohl auch befürchten, daß der verschlagene Haschimit ihn am Ende überfahren werde und sollte sich darin nicht getäuscht sehen. Denn Hussein ließ ab 18. Januar 1918 den Kalifen, den er in seiner Eigenschaft als Sultan ja bereits bekämpfte, nicht mehr im Freitagsgebet nennen, und es bestand für Al Saud die Gefahr, daß Hussein dieses Amt nun selber anstrebte und sich damit zum Herrn der gesamten arabischen Welt machen würde. Vorsicht war für Al Saud also allemal geboten.

Währenddessen ging der Siegeszug der Allenby-Armee und der arabischen Aufständischen zügig voran. Im Juli 1917 fiel Akaba, im Dezember 1917 Jerusalem, im Oktober 1918 Damaskus. Im März 1920 ließ sich Husseins Sohn Faisal zum König von Syrien proklamieren. Im Sommer des gleichen Jahres wurde er von den Franzosen aus Damaskus vertrieben und wurde später König des Irak.

Nachdem die Situation an den Flanken des Saud-Reiches nunmehr ausreichend beleuchtet ist, sei der Blick wieder auf das Reich selber gerichtet und auf die Frage, welche Rolle es im Ersten Weltkrieg spielte: Es war Ende 1915, als Sir Percy Cox sich in Katif an der Golfküste mit Al Saud traf und beide den bereits erwähnten anglo-saudischen Vertrag, der einem Protektoratsvertrag sehr nahe kam, unterzeichneten. Bei dieser Gelegenheit lud Sir Percy den Wahabitenherrscher zu einem »Durbar« (aus dem Indischen: feierlicher Staatsempfang) nach Kuwait ein, wo ihm und Scheich Djaber von Kuwait in Gegenwart der Beduinenscheichs von Hasa und des Südirak eine hohe britische Auszeichnung verliehen werden sollte. Dieser Durbar fand am 20. November statt und Al Saud wurde KCIE (Knight Comtur of the Indian Empire).

Für die Briten war der Hauptzweck dieses Ereignisses natürlich ein völlig anderer: Sie machten jetzt ernsthafte Anstrengungen, sich der Loyalität der arabischen Fürsten zu versichern und luden dazu Al Saud auch noch nach Basra, an den Sitz des britischen Befehlshabers der Mesopotamien-Front, ein. Al Saud nahm die Einladung an und machte bei dieser Gelegenheit erste Erfahrungen mit der gewaltigen Ausrüstung einer modernen Armee, mit Panzerwagen, Flugzeugen, Telegraphen und ähnlichen Ausrüstungsgegenständen des Invasionskorps.

Und noch eine andere wahrhaft schockierende Erfahrung blieb dem biederen Wüstenfürsten nicht erspart: Das unbefangene Erscheinen einer unverschleierten, klugen und zielbewußten jungen Frau, Gertrude Bell, die mit ihm über Krieg und Frieden verhandelte – in seinen Augen natürlich nur eine Männersache. Aber der seelische Streß dieser Begegnung war nur ein Teil der Verhandlungen, die sich für ihn lohnen sollten. Denn am Ende erhielt Al Saud die Zusage der Engländer für monatliche Subsidien in Höhe von 5 000 Pfund sowie für die Lieferung von vier Maschinengewehren und 3 000 Gewehren mit entsprechender Munition. Wofür er sich verpflichtete, ständig 4 000 Mann für Einsätze gegen die Raschid in Hail bereitzuhalten. Schon vorher hatte Al Saud einige hundert türkische Beutegewehre und etwas Munition erhalten, so daß er jetzt über ein gutes Arsenal verfügte. Der größte Gewinn für Al Saud war aber der von Captain Shakespear entworfene anglo-saudische Vertrag an sich, den er sich in dieser Form gewünscht hatte, und mit dem er sich von seinem Rivalen im Hedjas gründlich unterschied. Denn der Großscherif hatte es versäumt, sich zu Beginn des Arabischen Aufstandes bei den Briten vertraglich abzusichern, was ja das spätere Sykes-Picot-Abkommen und den Verrat der Engländer an der arabischen Sache rechtlich überhaupt erst ermöglichte.

Die Engländer, die es am liebsten gesehen hätten, wenn sich Saud dem Großscherifen untergeordnet und am Arabischen Aufstand teilgenommen hätte, muteten dem Wahabiten-Reich tatsächlich nur eine begrenzte Kriegsrolle zu. Seine Hauptaufgabe sollte es sein, das mit den Türken verbündete Schammar-Reich zu besiegen oder zumindest davon abzuhalten, sowohl die Flanken des Aufstandes im Hedjas wie auch der britischen Truppen in Mesopotamien zu gefährden. Darüber hinaus war es Al Sauds Aufgabe, in seinem Herrschaftsbereich den Transit kriegswichtiger Schmuggelgüter aus der Golfregion in Richtung Damaskus zu unterbinden – eine Aufgabe, für die seine Beduinen bestens geeignet waren und die sie an die glorreichen Raubzüge vergangener Zeiten erinnerte: Nichts blieb an den nächtlichen Lagerfeuern in der Wüste geheim und jederzeit mußten die riesigen Karawanen mit ihren vollbeladenen Kamelen, die sich schwerfällig durch die Wüsten schleppten, damit rechnen, daß am fernen Horizont der Einöden eine Staubwolke auftauchte, die rasch näher kam und vor deren Spitze sich bald schnelle Reitkamele abzeichneten, die von ihren beutehungrigen, verwegenen Reitern zu äußerster Geschwindigkeit angetrieben wurden; desgleichen, daß ihre Lager überfallen wurden, die sie nur während der größten Tageshitze in Senken und in der Nähe von Brunnen bezogen, oder daß sie in einem Wadi hinter einer Krümmung in eine Falle liefen. Widerstand war natürlich meist sinnlos, doch die Überfälle verliefen zumindest verhältnismäßig unblutig, denn niemand in der Wüste, außer den Achwan, tötete seine Gegner sinnlos. Aber die Lasttiere mitsamt ihrem Gepäck wurden entführt und die Kameltreiber wurden buchstäblich bis aufs Hemd ausgeplündert. Beduinen hatten schließlich für alles eine Verwendung und der Rest ließ sich im Suq verkaufen!

Zu mehr als den beschriebenen Aufgaben waren die Wahabiten aber auch kaum in der Lage. Denn trotz der Subsidien fehlte es Al Saud an Geld. Vor allem, da das Hauptgeschäft der Nedjd-Stämme neben dem Pilgertransit, der Kamelverkauf nach Syrien, infolge des Krieges völlig zum Erliegen gekommen war. Und im übrigen war der Herrscher auch weiterhin mit den üblichen Stammesaufständen beschäftigt. So gab es immer wieder Plänkeleien mit den Adjman, die im Scheichtum Kuwait lebten und, obwohl von den Briten ebenfalls finanziell unterstützt, auf Nedjd und Hasa übergriffen. Probleme gab es auch mit den Awasim, die ihr Stammesgebiet ebenfalls in Kuwait hatten, aber trotzdem aufgrund überlieferter Regelungen dem Wahabiten-Reich zur Steuerzahlung verpflichtet waren, sich dieser Pflicht aber zu entziehen versuchten.

Später wurden die Briten gegenüber Al Saud in ihrem Drängen auf Bündnishilfe deutlicher. In einem Brief vom 18. Oktober 1916 erläuterte Cox Al Saud die Ansichten seiner vorgesetzten britisch-indischen Regierung »...wie Sie dem Scherifen am besten helfen können, ob Sie ihm Geld oder Soldaten schicken oder Ibn Raschid angreifen oder auf Ihre Seite ziehen, ist eine Frage, die Sie am besten entscheiden können. Seiner Majestät Regierung möchte auf Sie dabei keinen Druck ausüben, sondern nur betonen, wie wichtig es jetzt ist, den Scherifen zu unterstützen«.

Sieg über das Schammar-Reich

Wieder zogen, während Europa unter den Stahlgewittern des Weltkrieges erzitterte und der Vordere Orient, obwohl Nebenkriegsschauplatz, mehr und mehr unter eine hektische Eigendynamik geriet, Gruppen von Kamelreitern durch die kalte Eintönigkeit und Stille mondbeschienener Wüsten. Einsame Dörfer, deren ärmliche Lehmhütten kaum die Unebenheiten der Wüste überragten und die nur durch ihre vom Flugsand halb verwehten kostbaren Palmen auffielen, wurden bei Tagesanbruch überfallen. Brach das Sonnenlicht dann voll über die Wüste herein, wirkten die endlos weiten Ebenen noch verlassener als während der Nacht, denn die Kamelreiter hatten sich, vor Hitze und Erkennen Schutz suchend, mit den erbeuteten Schafherden in die Mulden der Einöden verkrochen.

Die Reiche der Schammar und der Saud befanden sich in einem aufreibenden Abnutzungskrieg, einem Stellvertreterkrieg zwischen der Türkei und Großbritannien. In einem Krieg, mit dem sich beide gegenseitig neutralisierten: Al Saud konnte sich, wenn er es überhaupt jemals wollte, nicht dem Aufstand des Großscherifen gegen die Türken anschließen; Ibn Raschid konnte nicht, wie die Türken es gewünscht hätten, gegen die Aufständischen des Hedjas unter dem Scherifen-Emir Faisal vorgehen.

Bei den Raschid in Hail waren die Machtverhältnisse in der Herrscherfamilie wirr wie seit eh und je. Auf den 1914 ermordeten Regenten Zamil ibn Sebhan folgten bis zum Untergang des Reiches im Jahr 1921 noch der junge Prinz Saud ibn Abd el Asis, der von seinem Vetter 3. Grades Abdallah ibn Talal während eines gemeinsamen Picknicks heimtückisch erschossen wurde; sein Vetter Abdallah ibn Met'eb, der, um sein Leben fürchtend, zu Al Saud nach Riadh flüchtete, wo er 1944 sterben sollte; und Mohammed ibn Talal, der die blutige Herrschergenealogie mit der Übergabe an Al Saud abschließen sollte. Bis es dazu kam, vergingen aber noch einige Jahre, die ausgefüllt waren mit blutigen Kämpfen zwischen den Schammar und Saud, einem Poker der Engländer in der Hoffnung, das Schammar-Reich auf die Seite der Alliierten zu ziehen und Verrat in der Familie Raschid. Denn dort war der Schwager Ibn Raschids, der Wesir Salah ibn Sebhan, von seinem Herrscher abgefallen und hatte den Engländern seine Dienste angeboten. Und Cox, der britische »resident«, hatte sich schon große Hoffnungen gemacht, daß das Beispiel des Wesirs aus der angesehenen Familie der Sebhan im Schammar-Reich um sich greifen würde. Er hatte sich aber getäuscht und den Einfluß Ibn Sebhans wohl zu hoch eingeschätzt. Dies aber beflügelte ihn und seinen Untergebenen Shakespear, den Druck auf Al Saud noch zu verstärken, Ibn Raschid anzugreifen und die von dort ausgehende Gefahr für Hedjas auszuschalten.

Dies alles war kurz vor dem Durbar von Kuwait und dem vorausgegangenen Übereinkommen zwischen Al Saud und Cox geschehen, und bereits im Januar 1915 war Shakespear nach Riadh gekommen, um den bereits früher erwähnten anglo-saudischen Vertrag zu entwerfen. Diesen Entwurf, den Al Saud billigte, schickte der Captain nach Kuwait zur Genehmigung durch die britischen Behörden und machte sich dann mit dem Herrscher und einer Streitmacht von 6000 Mann zu einem Feldzug gegen Ibn Raschid auf.

Dieser Feldzug sollte in einer Katastrophe enden, die Captain Shakespear nicht überlebte. In vollständiger britischer Offiziersuniform und aufrecht stehend mit seinem Revolver auf die anstürmenden Kamelreiter der Schammar zielend, fiel er, als die saudischen Truppen bereits in ungestümer Flucht davonjagten. Bis zum Schluß hatte der tapfere Offizier das Feuer der einzigen Kanone des Wahabitenheeres, dessen Kanonier später über seinen Tod berichtete, dirigiert. Er gilt noch heute in Saudi-Arabien als Held. Aber wie war es zu der Niederlage gekommen?

In der Provinz Sudair, bei dem Brunnen von Djarrab in der Nähe des Städtchens Az Zilfi, das am Rande der Wüste Nefud lag, war die Armee Al Sauds auf die Truppen der Schammar und ihrer Verbündeten gestoßen. Zu Al Sauds Truppen gehörte ein Kontingent des Stammes der Adjman, mit denen der Saud-Herrscher seit seiner Besetzung von Hasa in einem gespannten Verhältnis stand. Dies rührte daher, daß sich bei den Adjman immer noch Araif, mittlerweile Enkel und Urenkel von Saud ibn Faisal, Al Sauds aufrührerischem Onkel, befanden, Al Saud überdies von den Adjman Steuern ver-

langte und er den Adjman verbot, Zölle von durchziehenden Karawanen zu nehmen.

Al Saud hatte seine Truppen in drei Teile aufgeteilt: Im Zentrum war
seine Infanterie postiert: abgesessene Kamelreiter, barfüßig in langen,
schmutzigen Hemden und karierten Kopftüchern – bewaffnet mit
einem Sammelsurium der verschiedensten Flinten, mit gekreuzten
Patronengurten über der Brust und großen Krummdolchen in den
Gürteln. Links und rechts davon Al Sauds Kavallerie mit rassigen
Araberpferden, die bis unmittelbar vor Schlachtbeginn, um ihre Kraft
zu sparen, ohne Reiter hinter den Kamelen, an deren Schwänze sie
gebunden waren, herzogen. Erst unmittelbar vor der Schlacht wurden sie von den Reitern bestiegen. Sie kannten nicht die Gangart des
Trabes, sondern jagten in schnellstem Galopp auf den Gegner zu,
bäumten sich im Kampf vorne in der Levade auf und schlugen hin-
ten in der Kapriole mit den Hufen feurig aus.

Der Herrscher selbst war es, der die Reiter führte und mit ihnen der
angreifenden raschidischen Infanterie entschlossen in die Flanke
fuhr. Der Sieg schien bereits auf der Seite der Wahabiten, als auch die
Schammar ihre Kavallerie zum Einsatz brachten und unter wildem
»Allahu Akbar«-Geheul und den gellenden Kriegsrufen der Stämme
ein gemischter Pulk durchgehender Reitkamele, galoppierender und
in Panik steigender Pferde sowie wild um sich schießender Stammeskrieger auf die wahabitische Infanterie zuraste.

Araber können im Kampf todesmutig sein, sind aber selten diszipliniert und standhaft. Die wahabitische Front wankte beim Aufprall
des raschidischer Orkans auf das wahabitische Zentrum. Was aber das
Schlimmste war: Plötzlich ergriffen die Adjman die Flucht, fielen
beutegierig über die Lagervorräte und Kamele der saudischen Infanterie her und verbrüderten sich im Handumdrehen mit dem Gegner.

Der ganze Stamm sollte später noch auf die Seite Ibn Raschids treten. Für den Augenblick war aber erst einmal diese große Schlacht
für Al Saud verloren. Der Verrat der Adjman führte bei Al Saud zu
einem Haß auf diesen Stamm, der noch schwerwiegende Folgen
haben sollte. 1916 wollte Al Saud sich für den Verrat rächen. Dabei
aber kam sein Lieblingsbruder Sa'ad ums Leben und er selbst wurde
verwundet. Erst im September des gleichen Jahres konnte Al Saud

den Adjman eine Niederlage zufügen, die aber auch für Al Saud unangenehme Verwicklungen mit sich brachte. Denn die Adjman flüchteten nach Kuwait, wo ihnen Scheich Djaber, beduinischen Geboten folgend, Asyl gewährte. Das führte natürlich zu einer endgültigen Verschlechterung der ohnehin schon gespannten Beziehungen zwischen den einstmals befreundeten Herrscherhäusern der Saud und der Es Sabah.

Inzwischen übten die Briten weiter Druck auf den saudischen Herrscher aus, Ibn Raschid anzugreifen. Denn immer mehr fürchteten sie, daß die Schammar Hedjas angreifen und den Arabischen Aufstand damit zerschlagen könnten. Zögernd gab Al Saud nach und versprach einen Feldzug mit 15 000 Mann unter der Bedingung, daß er zwei Belagerungs- und zwei Feldkanonen sowie 10 000 Gewehre erhalte und die Engländer ihm für die Zeit vom Januar bis Juni 1918, der Zeit, die für den Feldzug erforderlich schien, monatlich 50 000 Pfund Unterstützung zahlten. Vor allem dem britischen Beamten Harry Philby, der inzwischen die diplomatische Bühne der Golfregion betreten hatte, war es zu danken, daß nun ernsthafte Kriegsvorbereitungen in Riadh erfolgten und Al Saud noch 1917 in Kasim 4 000 Mann zusammenzog, die mit kuwaitischen Truppen und Stammeskräften vereinigt werden sollten, um gegen das Schammar-Reich zu ziehen.

Im August 1918 drangen die saudi-kuwaitischen Streitkräfte dann auch in das Schammar-Gebiet ein und erzielten dort einige Erfolge. Aber als sie zum Schluß vor Hail standen, bemerkte Al Saud, daß er diese Stadt nur nach einer starken Artilleriebeschießung nehmen könnte, und dazu fehlten ihm die Geschütze. Folglich brach er die Belagerung ab und zog sich nach Buraida zurück, wo er eine weitere Enttäuschung erlebte. Denn hier eröffneten ihm die Briten, daß sie nunmehr nicht mehr daran interessiert seien, daß das Schammar-Reich bezwungen würde, da das Osmanische Reich ja inzwischen am Boden liege – die großen Entscheidungen des Krieges waren inzwischen gefallen.

Man kann sich vorstellen, wie enttäuscht Al Saud gewesen sein muß: Gerade hatte er einen mühevollen, erfolglosen Feldzug hinter sich und nun mußte er hören, daß ihm die Engländer für die Zukunft jede Unterstützung für einen neuen Krieg gegen die Schammar versagten. Dennoch gab er nicht auf, obwohl ihm in dieser Zeit auch persönliche Schicksalsschläge nicht erspart blieben: Im Winter 1918/19 raffte eine Seuche seinen als Thronfolger vorgesehenen Sohn Turki und zwei weitere Söhne sowie seine Lieblingsfrau Jauhara hinweg.

Bevor es nun zu einer neuen Auseinandersetzung mit Hail kam, hatten die Spannungen mit Kuwait einen neuen Höhepunkt erreicht; es begann sogar ein Grenzkrieg. Nach einer alten britisch-türkischen Übereinkunft von 1913 waren der Herrscherfamilie der Sabah nämlich Steuereinnahmen nur in der Stadt Kuwait und der näheren Umgebung erlaubt. Scheich Djaber aber dehnte seine Einnahmen auch auf Stämme aus, die im Grenzgebiet zum Wahabiten-Reich umherzogen, und von denen der Wahabitenfürst auch Abgaben forderte. Um nun seinen Steueransprüchen wirksam Nachdruck zu verleihen, baute Djaber an der Peripherie seines Machtbereichs, bei dem jetzigen Ort El Jahra, ein Fort. Woraufhin Al Saud dem Scheich der Mutair, Ibn Schukair, 1920 befahl, dieses Fort zu stürmen. Schukair rief daraufhin den Emir der Achwan, Faisal el Duwisch, zu Hilfe, der dann die Kuwaiti in die Flucht schlug. Die Einnahme der Stadt gelang ihm dabei zwar nicht, aber die ganze Angelegenheit hatte Scheich Djaber einen solchen Schreck versetzt, daß er anschließend die Stadt mit einer neuen Mauer versah und sie damit ein für allemal unangreifbar machte.

Nach diesem Intermezzo hatte Al Saud endlich die Hände frei, sich der Eroberung von Hail zu widmen, wo Brudermord, Blutrache und Intrigen weitere Orgien feierten und die Herrschaft über das Land aushöhlten. Im Herbst 1921 besiegten die blutdürstigen Achwan die raschidischen Truppen im Felde, und kurz darauf standen sie unter ihrem gnadenlosen Kommandeur, Faisal el Duwisch, vor Hail. Das verhieß den Einwohnern und den Überlebenden der Familie Raschid nichts Gutes. Fürst Mohammed ibn Talal richtete in dieser aussichtslosen Lage noch eine jammervolle Bitte um Intervention an die Briten im Irak. Diese aber hatten als ehemalige Kriegsgegner des Schammar-Reiches inzwischen jedes Interesse an den Raschids verloren und ließen sich auch durch die Gefahr eines bevorstehenden Massakers zu keinem Eingreifen bewegen.

Glücklicherweise übernahm aber vor der Entscheidung Al Saud selbst das Kommando über die Achwan und stellte auch noch Truppen zum Angriff auf, die nicht den Achwan angehörten. Dann sandte er dem stellvertretenden Kommandanten von Hail eine geheime Nachricht, in der er ihn aufforderte, die Stadt kampflos zu übergeben. Dieser war gewillt, unnötiges Blutvergießen zu vermeiden und hatte sicher auch Angst vor der Rache der Wahabiten. Ohne die Raschids zu informieren, sandte er Al Saud ebenfalls eine Geheimbotschaft mit der Zusage, die Stadt zu übergeben, wenn dafür alle noch lebenden Mitglieder der Fürstenfamilie geschont würden; ebenso auch alle Flüchtlinge aus dem Saud-Reich, die in Hail Asyl gefunden hatten.

Faisal el Duwisch protestierte natürlich gegen diese den blutigen Gepflogenheiten der Achwan widersprechenden Abmachungen, konnte sich aber damit nicht durchsetzen. Und so ließ der stellvertretende Kommandant in der Nacht zum 4. November insgeheim einige Stadttore öffnen und die ersten Kommandos von Al Saud drangen in die Stadt ein und umzingelten den Hauptpalast der Raschid, die sich bald darauf ergaben und denen verabredungsgemäß nichts geschah. Es gab kein Blutvergießen und die Raschids wurden in Riadh ehrenvoll interniert. Unter den Scheichs der Schammar nahmen zukünftig die Al ibn Ali wieder den ersten Rang ein.

Allerdings wäre es nun schon fast ein Wunder gewesen, wenn die Raschids künftig alle in Frieden gestorben wären. Und so gesellte sich Mohammed, der letzte Herrscher, im Februar 1954 gewaltsam dem erlauchten Kreis seiner ermordeten Ahnen zu – ausnahmsweise einmal nicht von einem Verwandten ermordet, sondern von einem seiner Sklaven. Vorher hatte er noch eine seiner Töchter, die zugleich Witwe eines ermordeten Raschid war, an Al Saud verheiratet.

Mit dieser Heirat setzte Al Saud übrigens ein weiteres Zeichen seiner klugen Heiratspolitik, mit der er seine Eroberungen geschickt ergänzte. (Insgesamt soll Al Saud, der die wenig strengen Heirats- und Scheidungsbestimmungen des Islam voll ausschöpfte, mindestens 22 legale Frauen und von diesen 45 legale Söhne gehabt haben. Nach Philby hatte Al Saud 1914 sogar bereits 75 Frauen gehabt).

Mit der Eroberung von Hail hatte der Herrscher, der sich kurz zuvor noch den Titel eines »Sultan von Nedjd« angeeignet hatte und dies von den Briten auch bestätigen ließ, seine Reichsgrenze weit nach

Norden vorgeschoben, was natürlich neue Gefahren in der Region heraufbeschwor. Denn nun war Al Saud nicht mehr nur der Nachbar des haschimitischen Hedjas, sondern sollte als Folge des Ersten Weltkrieges und der völligen Neuordnung des Nahen Ostens im Norden wie von einer Sichel von haschimitischen Staaten umgeben sein – neben dem scherifischen Reich Husseins von dem Emirat Transjordanien und dem Königreich Irak. Neue Herausforderungen taten sich damit auf, die Wüste kam nicht zur Ruhe.

Die Bezwingung des Hedjas

Hungrige Soldaten sind gefährliche Soldaten; fanatische Soldaten sind böse Soldaten. Die Achwan waren beides. Mit ihrer Unterstützung führte Al Saud seine nächsten Feldzüge. Der vorrangige Gegner war jetzt der Großscherif von Mekka, Hussein, der selbsternannte »König der Araber«. Schauplatz des Geschehens waren zunächst zwei Orte östlich von Mekka: Turaba, inmitten von drei Lavawüsten (Harrat Hadan, Harrat Nawasif und Harrat Buqum), die den Übergang vom Asir-Gebirge zu den Einöden Zentralarabiens darstellten. Und nördlich davon gelegen Kurmah, ein Pistenknotenpunkt, der auch nur »el Suq« (der Markt) genannt wurde und in dem alles in allem etwa 4000 Menschen, überwiegend freigelassene Schwarze, wohnten, der aber zur Zeit der Dattelernte durch den Zustrom von Beduinen auf 10000 Bewohner anschwoll.

Die Grundeigentümer gehörten den Stämmen der Subai und der Aschraf, also der verschiedenen Scherifengeschlechter, an, und ein Scherif war es auch, der 1916 unter der Herrschaft des Großscherifen von Mekka, als Emir die Großoase regierte. Aber dieser Scherif, Khaled ibn Manfud ibn Luwai, sympathisierte, wie die meisten Aschraf von Kurmah und fast alle Subai, deren Stammland Nedjd war, mit den Wahabiten. Deshalb beorderte Großscherif Hussein Khaled nach Mekka, wo er ihn unter eine Art Hausarrest stellte. Aber Husseins Sohn Abdullah, der damals noch die von den Türken besetzte Stadt Medina belagerte, gelang es, Khaled in sein Lager zu holen, und später ließ Abdullah Khaled dann sogar nach Kurmah zurückkehren. Aber Khaled war weiterhin ein Anhänger der Wahabiten und bald kam es in Kurmah zu erneuten Unruhen und zu illoyalen Handlungen gegenüber dem Großscherifen. Dieser entsandte deshalb im Mai 1918 800 Beduinen in die Oase und eine Kolonne regulärer scherifischer Soldaten mit zwei alten Feldgeschützen und zwei Maschinengewehren, um Khaled zur Ordnung zu rufen.

Dies aber forderte Al Saud heraus, und er schickte den Emir von Ghatghat, Sultan ibn Bijad, einen der grausamsten Achwanführer, mit seinen Anhängern nach Kurmah, die dort die Truppen des Großscherifen überfielen und niedermachten, wobei sie alle Geschütze und Maschinengewehre eroberten. Dies war der Auftakt eines jahrelangen Krieges, an dessen Ende der Untergang der scherifischen Herrschaft stehen sollte. Der Untergang der scherifischen Herrschaft begann sich also schon zu der Zeit abzuzeichnen, als Al Saud noch das Schammar-Reich bekriegte.

Natürlich waren die Briten über diese Entwicklung bestürzt, und die Drähte zwischen den britischen Repräsentanten in Bagdad und Djidda und zwischen den Oberbehörden in Delhi und London beziehungsweise Kairo liefen heiß. Denn schließlich war auch nach dem Ersten Weltkrieg die Arabische Halbinsel immer noch die Brücke vom Mittelmeerraum nach Indien, und, was die Sache so delikat machte, beide Kontrahenten, Hussein und Al Saud, waren Schützlinge des Empire. Und endlich gewann die Region nun auch noch durch das Aufkommen eines völlig neuen Machtfaktors an Bedeutung: des Erdöls. England schickte deshalb ernste Warnungen an Hussein und Al Saud und kürzte die Subsidien an den Wahabitenstaat um fünfzig Prozent.

Denn für Großbritannien kam der ganze Konflikt denkbar ungelegen, da das Empire im Nahen Osten auch noch von anderen Problemen geplagt war: Im März 1919 brach in Ägypten eine Rebellion aus; im Januar 1920 erhoben sich die Syrer gegen die Abmachungen von San Remo, während im Irak ein weiterer Aufstand losbrach. Wie überall in Asien, erhob sich ein Sturm des Nationalismus, der den Mittleren und Nahen Osten erschütterte.

In Kairo forderte Sir Reginald Wingate, der ehemalige Generalgouverneur im Sudan, der jetzt britischer Hochkommissar für Ägypten war, ein entschiedeneres Vorgehen gegen Al Saud und den Rückzug der Wahabiten aus Kurmah. Aber Philby, der Freund Al Sauds und Vertreter britisch-indischer Interessen, weigerte sich, die Forderungen des Hochkommissars an Al Saud zu übermitteln. Der alte Zwiespalt zwischen Kairo und Delhi trat wieder deutlich zutage. Aber auch im Hedjas fielen die britischen Warnungen auf taube Ohren, zumal sie mehr an Al Saud als an Hussein gerichtet waren, den die Briten zwar für einen rechthaberischen, zänkischen, alten Narren hielten, dem sie sich aber dennoch aufgrund des betrügerisch aufgeschwatzten Arabischen Aufstandes noch moralisch verpflichtet fühlten. Jedenfalls zog nun Abdullah, nachdem die Türken Medina hatten verlassen müssen und er damit seine Kräfte frei hatte, nach Turaba und beabsichtigte, von dort aus Kurmah anzugreifen.

Aber Allah war nicht mit den Seinen und offenbar auch nicht der Emir Khaled, der Abdallah seine Rückkehr nach Kurmah zu verdanken hatte. Denn an der Spitze einer Abteilung der Achwan überfiel der Scherifen-Emir in der Nacht vom 25. auf den 26. Mai das Lager Abdullahs, metzelte dessen 4000 Mann starke Armee völlig nieder und erbeutete alle Geschütze und Maschinengewehre. Gerade noch konnte Abdullah, der später noch der erste König von Jordanien (und Großvater des späteren König Hussein von Jordanien) werden sollte, sich auf dem Rücken eines schnellen Pferdes retten. Aber die Gefahr war damit natürlich nicht gebannt, und es ist bezeugt, daß Al Saud mit 12000 Mann heranrückte und bereits bei Bir es Sakha, auf halbem Weg zwischen Mekka und Riadh gelegen, stand. Und wenig später erschien der Sultan in Kurmah, das er nun auch förmlich seinem Reich einverleibte.

Die ganze Region stand einmal wieder in Flammen. Die fanatischen Achwan mordeten, wo immer sie einen Gegner ihrer religiösen Überzeugungen fanden oder auch nur vermuteten. In Mekka und Djidda brach Panik unter der Bevölkerung aus, die sich bereits den Greueln der Glaubensstreiter ausgesetzt sah, und Tausende von Mekkapilgern sammelten sich im Hafengebiet von Djidda, um sich dort unter den Schutz der Briten zu stellen. Aber Großbritannien war zu diesem Zeitpunkt nicht in der Lage, die benötigten elf Schiffe für eine Evakuierung oder Truppen zum Schutz der Pilger zu entsenden. Den Briten blieb angesichts dieser hektischen Krisenentwicklung nichts anderes übrig, als Al Saud ein schroffes Ultimatum zu stellen: »:..Se. Majestät Regierung ist erstaunt über Berichte, die besagen, daß die Achwan sogar Turaba in Besitz genommen habe. Feierlich warnt sie (den Sultan von Nedjd), daß sie, wenn nicht sofort ein Rückzug aus Hedjas und Kurmah erfolgt, davon ausgeht, daß Al Saud eine feindselige Haltung gegenüber dem Empire einnimmt. In diesem Fall werden alle Subsidien sofort gestrichen, und unwiderruflich entfallen alle Vergünstigungen des Vertrages vom Dezember 1917«. Und um dieser harschen Botschaft Nachdruck zu verleihen, schickte England auch noch, in Containern wohlverpackt, sechs

Flugzeuge nach Djidda, die dort allerdings niemals ausgepackt werden mußten.

Denn der Charme der Wüste, der Zauber beduinischer Kriegführung, dieser Mischung aus Ritterlichkeit und Verschlagenheit, war plötzlich aus der Region verflogen und hatte nüchterner Akzeptanz diplomatischen Drucks Platz gemacht. Al Saud war als Staatsmann inzwischen hinreichend gereift, um die Sache nicht auf die Spitze zu treiben und das bisher Erreichte aufs Spiel zu setzen. Er annektierte Turaba zwar noch förmlich, zog seine Armee danach aber sofort nach Riadh zurück. Auch der Großscherif war gewarnt und mochte über den innerarabischen Sultan von Englands Gnaden klagen; aber England war zufrieden und sah den Frieden erst einmal gerettet. Die britische Regierung lud Al Saud ein, einen Vertreter nach London zu schicken, um die ganze Angelegenheit noch einmal in Ruhe zu besprechen, und der Sultan entsandte seinen damals gerade erst 14-jährigen Sohn Faisal, den späteren König von Saudi-Arabien, zu dieser Mission. Die Engländer fanden das erstaunlich, der junge Prinz aus der Wüste bestaunte die riesige Großstadt, und über Kurmah und Turaba wurde nicht weiter gesprochen. Denn die Briten hatten inzwischen schon wieder andere Sorgen, die mit dem bereits erwähnten Aufstand im Irak zusammenhingen. Denn dort sollte der von den Franzosen nach kurzem Rollenspiel als König von Syrien vertriebene Haschimit Faisal ibn Hussein von den Briten als König des Irak etabliert werden, was erhebliche innere Wirren im Zweistromland zur Folge hatte. Um diese zu glätten, beorderte London 1920 den bewährten Sir Percy Cox, der inzwischen in Teheran Dienst tat, als Hochkommissar beziehungsweise Mandatskommissar wieder nach Bagdad und auf der Seereise nach Basra traf sich Sir Percy im Hafen von Uqair mit Al Saud, um mit dem Sultan alle strittigen Probleme und vor allem die Grenz- und Stammesfragen zwischen dem Irak und dem Saud-Reich zu klären.

Es ging dabei um eine typische Eigenart der Bewohner dieser Wüstengebiete – um den Wandertrieb der Beduinen, die auf der Suche nach Weideplätzen und Brunnen traditionell keine Staatsgrenzen beachteten. Die klassischen Merkmale staatlicher Souveränität, Staatsgebiet und Staatsbürgerschaft, ließen sich in bestimmten Wüstenstrichen zwischen den Herrschaftsgebieten Al Sauds und des Königreichs Irak auch nicht so einfach definieren, und es bedurfte der

Genialität eines Sir Percy Cox, der, im Wüstensand vor seinem Zelt sitzend und nur mit einer Karte, einem Lineal und einem Rotstift ausgestattet, ein auf der ganzen Welt einmaliges, völkerrechtliches Paradoxon schuf, das man noch heute auf jeder Nahostkarte kopfschüttelnd bestaunen kann: die »Neutrale Zone«. Die Verhandlungen, die dahin führten, waren so schwierig und nervenaufreibend und erforderten soviel Detailkenntnis über die Lebens- und Wandergewohnheiten der betroffenen Stämme, daß sie alleine ein ganzes Buch füllen würden. Hier sei aber nur darauf hingewiesen, daß sich mit dem Herrscher und dem Hochkommissar, zwei gerissene Füchse gegenüberstanden, die ihre Kontrahenten nicht schonten und sich dabei so verausgabten, daß ihnen schließlich die Nerven versagten. Jedenfalls fiel der große Herrscher Al Saud, als das »Protokoll von Uqair« endlich unterschrieben war, seinem britischen Gegenüber schluchzend um den Hals und küßte ihn. Wovon der sonst so stocksteife Sir Percy so gerührt war, daß er auch prompt losheulte und sich beide Männer rührselig herzten. Sie begründeten damit eine lebenslange, echte Freundschaft, die sich Politiker der Gegenwart, die gerne mit ihren wahl- und zahllosen Duz- und »Männerfreundschaften« angeben, nur erträumen dürften.

Leidtragender des Protokolls von Uqair war nur Kuwait, das etwa zwei Drittel seines bisherigen Staatsgebietes an die von Cox mit dem Lineal entworfene Neutrale Zone verlor – das Schicksal eines Kleinstaates im Machtpoker der Großen! Aber die Neutrale Zone, ein Wüstengebiet, das weder saudischer noch irakischer oder kuwaitischer Souveränität unterstand, sollte sich als Wandergebiet der Stämme des Grenzgebietes der drei Staaten bis auf den heutigen Tag bewähren. Sie war entmilitarisiert und gab es einmal die üblichen Stammesreibereien, so fuhr die Royal Airforce mit einigen im Irak stationierten Kampfflugzeugen ungerührt dazwischen und demonstrierte, was Großbritannien unter »law and order« verstand und wer der wahre Herr des Orients war.

Auch über die anderen Grenzen des Wahabiten-Reiches wurde in Uqair gesprochen, und es war dem Hochkommissar zu verdanken, daß Al Saud nun dazu überging, sein Herrschaftsgebiet aus einer Stammeskonföderation in einen Nationalstaat mit einem fest umrissenen Staatsgebiet und festen Grenzen umzuwandeln. Auch für die anderen Nachbarstaaten des Wahabiten-Reiches, außer Hedjas, brachten die Verhandlungen von Uqair damit größere territoriale Sicherheit.

Cox bewährte sich im selben Jahr mit ebenso ungewöhnlichen Maßnahmen auch noch an anderer Stelle: Als die Wahabiten 1920 in den Djebel Schammar eindrangen, floh ein Teil der dortigen Stämme auf irakisches Gebiet zu den Aneze. Von dort unternahmen die Auswanderer aber bald Raubzüge gegen die Wahabiten, und da diese Gleiches mit Gleichem beantworteten, drohte ein Grenzkrieg auszubrechen. Da kam Sir Percy auf die Idee, die Schammar über den Euphrat in die Gegend von Hille zu verpflanzen, und diese rigorose Maßnahme, die einer Vertreibung gleichkam, bewirkte in der Tat eine völlige Entspannung und sicherte den Frieden an dieser empfindlichen Grenze.

Doch zurück zum Hedjas: Noch 1920 versuchten die Briten, die beiden Herrscher von Nedjd und Hedjas auf einem britischen Kriegsschiff in Aden zusammenzubringen, um alle strittigen Probleme friedlich zu klären. Diese Absicht scheiterte jedoch an dem immer störrischer werdenden Großscherifen, als dieser von Al Sauds Absicht hörte, einen Pilgerzug nach Mekka anzuführen. Vielleicht zu Recht fürchtete Hussein eine wahabitische Infiltration und wollte in Mekka nur noch eine beschränkte Anzahl zentralarabischer Pilger zulassen. Und diese sollten auch nicht mit den sonst üblichen Karawanen, sondern auf dem Seeweg anreisen, was praktisch undurchführbar war. Im übrigen legte Hussein sich jetzt auch mit den Briten an, von denen er verlangte, daß sie ihm in gleicher Höhe Subsidien zahlen sollten, wie sie einstmals die Hohe Pforte dem Scherifat gewährt hatte.

So kam es zeitweise zwar zu einem Waffenstillstand zwischen Hedjas und Nedjd; eine Grenzregelung im Raum Kurmah/Turaba erfolgte jedoch nicht, und die Problematik wahabitischer Pilgerreisen nach Mekka blieb weiterhin ungeklärt.

Man hatte inzwischen aber auch schon wieder andere Probleme – Probleme, die teilweise wieder auf den ungestümen Expansionsdrang Al Sauds zurückzuführen waren: 1921 begannen die Wahabiten nämlich, Hussein auch im Süden das Leben schwer zu machen. Im Bergland von Asir hatte sich nach dem Abzug der Türken ein gewisser Ibn

A'id, der Sproß einer in der ersten wahabitischen Periode emporge-
kommenen Familie, selbständig gemacht. Während dieser Emporkömmling zu Hussein hielt, trat ein Teil seiner Stämme, vor allem der
Kahtan und Sahran, mit Al Saud in Verbindung. Die aus dieser Allianz entstehende Krise versuchte der Sultan dadurch zu lösen, daß er
im Sommer 1921 die Asir-Hauptstadt Ebha durch seine Wahabiten
einnehmen ließ. Aber die Provinz ging bald darauf den Wahabiten
wieder durch einen von Hussein angezettelten Aufstand verloren und
Al Saud sah sich genötigt, Ebha im Sommer 1922 ein zweites Mal
durch die Kahtan und Sahran einnehmen zu lassen. Eine vom Großscherifen in das Asirgebiet entsandte Armee wurde von den Wahabiten geschlagen, und auch ein dritter Versuch Husseins im Frühjahr
1923 scheiterte nach anfänglichen Erfolgen.

Etwa zur gleichen Zeit prallten weiter im Norden die Interessen des
Großscherifen, des Sultans von Nedjd, des Emirs von Transjordani-
en sowie des einflußreichen, von Frankreich zum Emir ernannten
Ruwala-Stammesfürsten Nuri ibn Scha'lan zusammen und veränderten in mehreren Teilen dieser Region die Landkarte. Denn zunächst gab es zwischen dem scherifischen »König der Araber« und seinem Sohn, Emir Abdullah von Transjordanien, eine etwas wirre Auseinandersetzung um den zukünftigen Besitz der Städte Aqaba und
Ma'an – eine Auseinandersetzung, die natürlich auch bei Al Saud sogleich ein begehrliches Interesse weckte, ohne allerdings sein Eingreifen zu bewirken. Denn etwa zur gleichen Zeit brodelte es im Djof
und im Wadi Sirhan, also in Gebieten, die nach dem Untergang der
Raschids herrenlos geworden waren. Dort strebte Nuri ibn Scha'lan,
dessen Stammesföderation der Ruwala bis weit nach Syrien hineinreichte und durch das Sykes-Picot-Abkommen und die Mandats-
grenzen zerrissen worden war, zur Macht.

Die einheimische Bevölkerung hing überwiegend der wahabitischen
Lehre an, und so war es für Al Saud ein Leichtes, den Djof und das
Wadi Sirhan für sein Reich zu vereinnahmen. Ihm schloß sich hier
auch der legendäre Howeitat-Scheich Auda an, dem Lawrence in seinem Buch über den Arabischen Aufstand »Die sieben Säulen der
Weisheit« ein grandioses Denkmal gesetzt hat und der sich inzwischen mit Abdallah verfeindet hatte (für die rasch wechselnden Beziehungen der arabischen Aristokratie mag es bezeichnend sein, daß
ein mit dem Autor gut bekannter Auda-Nachkomme bei Abdullahs

Enkel Hussein ein wichtiges Amt im auswärtigen Dienst innehatte).

Als die Achwan nun aber mordend das Wadi Sirhan weiter nach Norden bis zu dem Städtchen Kaf aufrollten und bald drei- bis viertausend Wahabiten zwanzig Kilometer südlich von Amman auftauchten, geriet das junge Emirat Transjordanien in allerhöchste Gefahr. Die Lage wurde noch dadurch verkompliziert, daß Nuri ibn Scha'lan zwar saudischer Statthalter im Djof war, zugleich aber Oberscheich der Ruwala im englisch kontrollierten Transjordanien und im französisch kontrollierten Syrien, womit auch die beiden Mandatsmächte herausgefordert waren.

Aber die Briten zögerten nicht lange, ihrem Schützling Abdullah von Transjordanien zur Seite zu springen, griffen die Wahabiten südlich von Amman bei dem Weiler Umm el Ahmad mit Kampfwagen und Flugzeugen an und vernichteten sie völlig. Emir Nuri's Rolle blieb danach weiter die eines supranationalen, mächtigen Oberscheichs, der später seinen Wohnsitz in Damaskus nahm und sich von dort aus bemühte, die Stammesbindungen der Ruwala zwischen den sich zeitweise befeindenden drei Heimatstaaten des Stammes aufrecht zu erhalten.

Auch in der Frage Aqaba und Ma'an sprachen die Briten ein Machtwort und schlugen beide Gebiete Abdullah von Transjordanien zu. Al Saud entschädigte sich bei all diesen atemlosen und teilweise gewaltsamen Schachzügen dadurch, daß er kurzerhand die schon früher erwähnten, nördlich von Medina gelegenen Oasen Kaibar und Taima, die dem Großscherifen gehörten, eroberte und seinem Reich einverleibte.

Alles in allem war die Lage also wieder einmal höchst explosiv und die Briten stöhnten unter der Bürde der Völkerbundsmandate, die sie nach dem Weltkrieg so eifrig angestrebt hatten. Sie wußten zu dieser Zeit ja auch nicht, welche »Freude« ihnen das Mandat über Palästina erst noch nach dem Zweiten Weltkrieg bereiten würde! Sie gedachten, alle Probleme der Region in einer großen Konferenz aller Beteiligten lösen zu können. Vor allem mit den Haschimiten von Hedjas, Transjordanien und Irak, durch die sich Al Saud und die Sabah von Kuwait halb eingekreist und bedroht fühlten und mit dem Sultan des Nedjd, der Hedjas und Transjordanien einen Nadelstich nach dem anderen versetzte.

Unter diesen Umständen luden die Briten alle Betroffenen zu einer Konferenz im November 1923 unter dem Vorsitz von Cox nach Kuwait ein. Aber während Al Saud und König Faisal von Irak zusagten, lehnte der Großscherif seine Teilnahme ab und erklärte Abdullah von Transjordanien, daß er nur teilnehme, wenn sein großscherifischer Vater nach Kuwait komme. Das Scheitern war damit vorprogrammiert und die teilnehmenden Araber hatten nur noch Gelegenheit, bis zum März 1924 ihre in der Geschichte schon so oft unter Beweis gestellte Uneinigkeit erneut zu bestätigen. Für den Hauptquerulanten, Hussein, war seine Weigerung vermutlich die letzte vertane Chance.

Aber es war nicht sein einziger Mißgriff in dieser spannungsgeladenen Zeit. Er beging eine noch größere Torheit: 1924, als die türkische, republikanische Regierung sich schon zwei Jahre zuvor endgültig von der Vergangenheit gelöst und die Abschaffung des osmanischen Kalifats verkündet hatte, griff der Mittsiebziger begierig nach dem Mantel des geistlichen Oberhauptes der gesamten islamischen Welt – und hatte diese sofort gegen sich. Zwar hatte er den Segen des Exkalifen Mehmed VI., der im letzten Kriegsjahr 1918 gekrönt worden war und 1922 aus Istanbul nach Mekka geflüchtet und von dort nach San Remo gezogen war. Aber niemand sonst in der Welt der Moslems wollte jetzt den Kalifenthron, um den sich der König von Ägypten und der Herrscher von Marokko schon vergeblich bemüht hatten, wieder aufgerichtet sehen. Am wenigsten natürlich Al Saud, der hinsichtlich Husseins Zukunft weit weniger freundliche Absichten hegte und der seinem Widersacher nach der Selbsterhöhung zum »König der Araber« nicht auch noch die Anmaßung des Kalifenamtes durchgehen lassen wollte. Ohnehin schon drängten seine Achwan nun immer stärker darauf, mit dem Spuk des »obersten Götzenanbeters« des Islam endlich Schluß zu machen. Und auch die Briten zogen ihre schützende Hand von dem störrischen Potentaten immer deutlicher zurück.

Offenbar war Hussein auch in anderer Hinsicht nicht mehr in der Lage, noch rechtzeitig die Zeichen der Zeit zu erkennen. Denn 1923 war nicht nur das Jahr der Kuwait-Konferenz, sondern auch das Jahr, in dem ein Neuseeländer namens Holmes sich in Ostarabien um Ölschürfrechte bemühte. Und es war ein Jahr später, daß Al Saud auf Vorschlag seines Freundes Cox dem »Eastern General Syndicate« für die zunächst noch sehr bescheidene Pacht von 2000 Pfund pro Jahr die erste Ölkonzession für das gesamte östliche Arabien gewährte. Sofern Hussein überhaupt davon wußte, bemerkte er nicht, daß das Interesse des Empire sich stetig dem »Schwarzen Gold« der Wüste, dem Erdöl, und damit dem Sultan zuwandte. Der alte Mann war zunehmend verbittert über die Engländer und eifersüchtig auf Al Saud, der in seinen Augen ein Emporkömmling war. In der arabischen Welt verlor Hussein auch an Ansehen, weil er die Pilger zu den Heiligen Stätten finanziell schröpfte und sie anschließend auch noch durch die Beduinen des besonders räuberischen Stammes Harb ausrauben ließ. Auch der Adel von Mekka und Medina, durchweg Aschraf, und die Notabeln von Djidda schüttelten nur noch den Kopf über den eigensinnigen Souverän. Der Zusammenbruch seiner Herrschaft und des scherifischen Reiches Hedjas erfolgte jetzt in atemberaubender Dramatik und Geschwindigkeit: In der ersten Jahreshälfte 1924 erfolgte ein groß angelegter Aufmarsch aller wahabitischen Truppen. Während kleinere Abteilungen Raids in Richtung Transjordanien und Irak, ins Wadi Sirhan und gegen die Hedjasbahn richteten, um die saudischen Flanken abzusichern, rückte die Hauptmacht der saudischen Kräfte auf Kurmah und Turaba vor. Ihr erstes Ziel war die gut befestigte Sommerresidenz des Großscherifen in Taif.

Taif sollte von scherifischen Truppen unter Husseins jüngstem Sohn Ali verteidigt werden. Aber Ali gab die Stadt schon nach kurzer Gegenwehr auf und flüchtete zur Küste. Darüber in Panik geraten, schloß sich die Zivilbevölkerung den Truppen an, und es kam an den Hängen des Asir-Gebirges und noch vor der ersten scherifischen Auffangstellung in Hadda zu einem heillosen Durcheinander. In dieses Chaos fuhren nun die 300 Kamelreiter der Achwan unter Sultan ibn Bijad und Khaled ibn Luwai, die schon in Taif jeden erschlagen oder erstochen hatten, den sie hatten erwischen können.

Nach diesem Massaker und der unrühmlichen Flucht Alis lag Mekka ungeschützt in Reichweite der Achwan, die sogleich zum Angriff ansetzten. Auch hier, ebenso wie in Djidda, brach unter der Bevölkerung Panik aus. Der Großscherif alleine war bereit und willens zur Verteidigung. Aber er wurde nach 16-jähriger Herrschaft, davon die Hälfte in relativer Unabhängigkeit, von den Würdenträgern der Stadt zugunsten seines Sohnes Ali zum Rücktritt gezwungen. Schon am folgenden Tag reiste er nach Djidda und von dort per Schiff nach

Aqaba. Mekka fiel noch im gleichen Monat in die Hand der Wahabiten.

Am 4. Oktober ließ sich Ali in Djidda zum König krönen – nicht mehr allerdings zum Kalifen. Er begann sofort, die Verteidigung der Hafenstadt, die von Stacheldrahtverhauen und Minenfeldern umgeben war, zu organisieren. Währenddessen leitete sein Vater mit Hilfe von Abdullah, dem Emir von Transjordanien, aus Aqaba den Nachschub für die Stadt Djidda, die vom 6. Januar 1925 an von den Wahabiten belagert wurde. Aber Hussein wurde auf Druck Al Sauds durch die Engländer gezwungen, Aqaba zu verlassen. Ein britisches Kriegsschiff brachte ihn nach Zypern, wo er sich bis 1930 aufhielt. Verbittert starb er 1931 in Amman, wo ihm sein Sohn Abdullah eine letzte Heimat geboten hatte.

Ali konnte sich noch ein Jahr in Djidda halten; dann war auch dort die Lage aussichtslos geworden, zumal er seine palästinensischen und afrikanischen Söldner nicht mehr entlohnen konnte, und viele einheimische Stammessoldaten zu den Wahabiten überliefen. Vorher waren schon die Hafenstadt Janbu und die zweite Heilige Stadt des Islam, Medina, unter dem Scherifen Schehat, einem Angehörigen des kleinen schiitischen Zweiges des Aschraf, in die Hände der Wahabiten gefallen. Am 18. Dezember erklärte auch Ali auf Drängen seiner Berater und der Briten seinen Rücktritt, und die Briten organisierten einen reibungslosen Machtübergang auf die Wahabiten. Am 22. Dezember begab sich der vormalige König zu Schiff zu seinem Bruder Faisal in den Irak.

Am 23. Dezember 1925 rückte Al Saud als Sieger in die letzte besiegte Stadt seiner Gegner ein, die schon von seinen Vorfahren seit Jahrhunderten bekämpft worden waren. Anfang des Monats hatte er bereits im Pilgergewand Mekka betreten.

Das Königreich Saudi-Arabien

Schon an anderer Stelle ist erwähnt worden, daß Djidda, was das Stadtbild anbelangt, heute eine Stadt der Kontraste ist. Auf der einen Seite findet man im Norden der Stadt extravaganten Luxus, auf der anderen Seite im Süden die behäbige Baukultur reicher, ehemaliger Handelsherren und mehrerer europäischer Konsuln der Jahrhundertwende. Fügt man dem Bild, das man beim Durchwandern von »Asch Scham«, der Altstadt, in sich aufnimmt, die lebendigen Beschreibungen von Lawrence und Philby, sowie die Betrachtung einiger seltener Stadtphotos aus den 20er Jahren hinzu, kann man sich eine einigermaßen genaue Vorstellung von der Stadt machen, in die Al Saud nun einzog.

Auch damals war Djidda schon eine Stadt der Kontraste. Eine typisch orientalische Stadt aus Tausendundeiner Nacht und zugleich eine seit Öffnung des Suezkanals an Bedeutung gewinnende Seestadt. Eine Stadt mit den aus Korallenstein erbauten Palästen reicher Handelsherren, deren bis zu fünf Stockwerke hohe, weiße Mauern mit zahlreichen kunstvoll geschnitzten hölzernen Balkons und mit grün bemalten Galerien, mit holzvergitterten Bogenfenstern aus buntem Glas und mit Türen voller geometrischen Schnitzereien versehen waren. Dazwischen aber auch Baugruben und Ruinen, elende Lehmhütten und die ärmlichen Läden der Suqs, deren Gassen nur teilweise mit Segeltuchplanen, Wellblech, Brettern und Palmenzweigen gegen die Sonne geschützt waren – ziellos durch die Stadt führende Gassen, die keinerlei System erkennen ließen und es den kleinen, bisweilen recht einfachen Moscheen mit ihren spitzen Minaretten, den öffentlichen Brunnen, den Bädern (Hammams) und den geräumigen Khans (Herbergen, auch Karawansarayen) überließen, als Orientierungshilfe zu dienen.

Djidda befand sich inmitten einer ausgedehnten Bucht, die zur See hin von zahlreichen gefährlichen Korallenriffs geschützt war, auf der Landseite von einer aus Lehmziegeln gebauten primitiven Mauer. Diese Befestigung war von einigen Toren unterbrochen, von denen die wichtigsten das mit zwei kleinen Rundtürmen und drei Durchgängen versehene Mekkator war, sowie das Medinator, in dessen Nähe sich die meisten ausländischen Konsulate niedergelassen hatten. Nach Norden wurde Djidda auch noch von einer übel riechenden Lagune geschützt, in deren Nähe sich die Kasernen der ehemals scherifischen Truppen befanden, die dort die türkischen Besatzungstruppen abgelöst hatten. Auch im Süden der Stadt gab es einige Salzseen, in denen Flamingos das Bild bleiernen Dunstes etwas belebten. Und rund um die Mauern, bisweilen auch innerhalb derselben, befanden sich, wie in allen orientalischen Städten dieser Zeit, riesige Abfallhalden, in denen die Ärmsten der Stadt und verwilderte Hunde auf der Suche nach noch Verwertbarem wetteiferten.

Djidda war mit ihrer extrem hohen Luftfeuchtigkeit eine stets schwüle und ungesunde Stadt. Deswegen wohl hatte der Großscherif hier auch keinen Palast gehabt, sondern bei seinen seltenen Aufenthalten im »Bayt il Hukuma«, dem Regierungsgebäude, einem eher unbedeutenden Haus, residiert. Von größerer Bedeutung war sicher der Hafen und darin besonders der Pilgerhafen, der ständig mit an- und abreisenden Pilgern aus aller Herren Länder überfüllt war, weswegen er auch ständiger behördlicher und polizeilicher Überwachung bedurfte. Hier befanden sich auch die Lagerplätze für die ärmeren Pilger, die hier gottergeben zwischen ihren Kleider- und Teppichballen auf irgendeine Möglichkeit zum Weitertransport warteten und zum Lebenserhalt einen Teil ihrer Mitbringsel verkauften.

Einige kleine Fischerdörfer, vor denen auf reglosem Wasser und mit schlaffen Segeln die Dhaus in der Hitze des Roten Meers vor sich hindümpelten und einige schmutzige Siedlungen von Nomaden ohne Stammesbindung, die ihr Glück in Djidda suchten und außerhalb der Mauern hausten, rundeten das Bild der Stadt ab, in deren Innerem sich Araber, Schwarze, Beduinen und indische Seeleute, Levantiner und einige Europäer neben Kamelen, Pferden und Mauleseln, neben den ersten Automobilen in den viel zu engen Gassen unter ohrenbetäubendem Lärm drängten. Djidda war eine völlig andere Stadt als Riadh oder Mekka. Es ähnelte eher Kairo und war kosmopolitischer, aber auch verkommener, als die Städte des Landesinneren. Auch die Menschen waren urbaner als die Stammesangehörigen des Nedjd und des übrigen Hedjas. Sie nahmen den Machtwechsel gelassen hin und leisteten dem neuen Herrn keinen Widerstand.

Am Freitag, den 8. Januar 1926 war Al Saud schon wieder in Mekka, wo er sich nach dem Freitagsgebet in der Großen Moschee mit den traditionellen islamischen Zeremonien zum »König von Hedjas« proklamieren ließ. Es war dies ein religiöser Akt und zugleich eine Herausforderung an die internationale Welt.

Innerhalb der nächsten drei Monate wurde er von Großbritannien, der Sowjetunion, Frankreich und den Niederlanden, also den größten nichtmuslimischen Staaten, die über Moslems herrschten, als »König des Hedjas und Sultan des Nedjd mit seinen angegliederten Gebieten« international anerkannt. Später änderte Al Saud auch den Sultanstitel von Nedjd in den Titel eines Königs von Nedjd und viel später, 1932, sollte er die beiden Reiche der Doppelmonarchie zum »Königreich Saudi-Arabien« zusammenfassen. Dieses umfaßte fünf Provinzen: Nedjd, das Vizekönigreich Hedjas (unter Prinz Faisal als erstem Vizekönig) sowie die Emirate Asir, Nedjran und Hasa.

Zunächst stellte sich aber die Aufgabe, die Lage im Hedjas zu konsolidieren. Deshalb unternahm der König einige Expeditionen, um den stets unruhigen und an osmanischen und scherifischen Schlendrian gewöhnten Stämmen des Hedjas einige harte Lektionen zu erteilen und ein für allemal alle Zweifel zu beseitigen, daß wahabitische Zucht und Ordnung nichts mit dem Chaos haschimitischer Zeiten zu tun hatte. Auf diese Weise diszipliniert, blieb Hedjas künftig im großen und ganzen ruhig und gehorsam. Von zwei Ausnahmen abgesehen: 1932 kam es im Norden zu einem Aufstand der emigrierten Scheichs der Howeitat, also Verwandten des legendären Scheichs und Lawrence-Helden Auda, sowie der Bili, eines Stammes, dessen Streifgebiete auch im nördliche Sinai lagen. Und 1940 putschten sogar einige Mitglieder der früheren haschimitischen Herrscherfamilie. Beide Rebellionen wurden von Al Saud erstickt. Abenteuerliche Thesen, daß der 1999 verstorbene König Hussein von Jordanien, der sich angeblich mit den Stämmen des Hedjas »gut verstehe«, plante, Jordanien den Palästinensern zu überlassen (!) und selbst »Scherif von Mekka und Medina« werden wollte, beruhen ausschließlich auf den Spekulationen der eingangs erwähnten »Arabienexperten«, ohne daß es dafür nachprüfbare Hinweise in Saudi-Arabien oder Jordanien gäbe.

Doch zurück zu den Disziplinierungsmaßnahmen Al Sauds im Jahr 1926: Zu einem größeren Feldzug schickte der Monarch seinen Sohn Faisal, der zu diesem Zeitpunkt immer noch eher ein Jüngling als

Mann war, mit einer Armee in das Hochland von Asir, um in dieser in der Vergangenheit stets unruhigen Provinz die Ordnung herzustellen und die Grenze seines Machtanspruches gegenüber dem Jemen festzulegen. Das Resultat war, daß noch 1926 in Mekka ein Protektoratsvertrag mit dem halbsouveränen Emirat geschlossen wurde und Asir 1930 seine innere und äußere Soveränität vollständig zugunsten Al Sauds aufgab. Das ganze Gebiet, Asir und Nedjran, sollten dennoch künftig noch weiter reichlich Konfliktstoff liefern:

Im Jemen war der Imam der Zaiditen nach dem Ersten Weltkrieg König des nördlichen Landesteils geworden, und 1934 kam es zu einem Krieg gegen Saudi-Arabien. Saudische Truppen rückten dabei in die Tihama, eine Tiefebene am Roten Meer, ein und der jemenitische Herrscher erhob nun im Gegenzug Ansprüche auf die Provinz Asir. Schließlich schloß man aber wieder Frieden, und dabei wurde vereinbart, daß Asir für 20 Jahre unter saudischer Souveränität bleiben solle. 1954 wurde diese Abmachung um weitere zwei Jahrzehnte verlängert, seit 1974 ist die Lage weiter unverändert, die Frage ist jedoch einer der akuten Streitpunkte zwischen beiden Staaten. 1962 wurde der König des Jemen gestürzt, und in dem folgenden 7-jährigen Bürgerkrieg unterstützte Saudi-Arabien die Royalisten.

Was ereignete sich aber nun in der saudischen Doppelmonarchie?

Unter dem maßvollen Einfluß des Königs gewöhnte sich die Bevölkerung des Hedjas schnell an die strenge wahabitische Herrschaft. Nur die fanatischen Achwan stießen fast überall auf Ablehnung. Ungebärdig, wie sie waren, begannen sie auch, dem Herrscher Schwierigkeiten zu bereiten, und fast hätten sie 1926 einen Krieg mit Ägypten provoziert. Während der Hauptpilgerzeit, der »Hadj«, brachen sie nämlich in Mekka einen völlig sinnlosen Streit mit ägyptischen Pilgern vom Zaun, als diese, einer alten Tradition folgend, die »Kiswa«, ein in Ägypten hergestelltes kostbares Tuch für die Ka'aba, unter ägyptischer militärischer Begleitung und lautstarker Militärmusik herbeibrachten. Letzteres war für die freudlosen und musikfeindlichen Achwan wohl eine allzu große Zumutung: Wutentbrannt stürzten sie sich auf die Ägypter, deren mißtönende Musik nach einem kurzen entsetzten Schweigen durch das nicht minder mißtönende Wutgeschrei vieler Gläubigen abgelöst wurde. Es gab Tote und Verletzte. Gerade noch konnte Prinz Faisal eingreifen und Schlimmeres verhindern. Aber der Schaden war auch so schon groß genug – die islamische Welt war entsetzt und mit Ägypten kam es zu einem Bruch, der zehn Jahre anhalten sollte.

Die Achwan waren nun das nächste Problem für Al Saud, denn sie wurden immer aggressiver gegenüber denjenigen, die sie als Feinde des Islam ansahen. Der König schien machtlos, sie zu mäßigen, denn viele Beduinen billigten immer noch ihr gewalttätiges Vorgehen. Ihre Angriffe richteten sich nun vor allem gegen den Irak, und im Sommer 1927 kam es hier zu neuen Zwischenfällen: Im Herbst und Winter dieses Jahres führte Faisal ibn Duwisch die Achwan gegen den Willen des Königs dreimal zu Einfällen in den Irak über die Grenze, und jedesmal antwortete die Royal Air Force mit Bombenangriffen auf die Kamelreiter. Al Saud wollte sich durch diese unsinnigen Eigenmächtigkeiten nicht in einen Krieg hineinziehen lassen, und eine Zeit lang gelang es ihm, die Achwan mit der Aussicht auf erfolgreiche Verhandlungen mit England zu beruhigen. Aber die Briten fühlten sich natürlich vor allem König Faisal von Irak, ihrem Mandatsschützling, verpflichtet, und die Verhandlungen schleppten sich hin.

Nun aber ließen sich die beiden Hitzköpfe Faisal ibn Duwisch und Sultan ibn Bijad nicht mehr halten, und sie kündigten dem Herrscher den Gehorsam auf, den sie ihm ohnehin zuletzt kaum noch gezeigt hatten. Zwei Jahre wurde das ganze Land nun von innerer Unsicherheit und Gewalttätigkeit geplagt, währenddessen die Achwan fortfuhren, mit Mord und Totschlag über die Grenze in die Neutrale Zone und in den Irak einzudringen. Die Briten schlugen regelmäßig zurück und begannen, sicher zu Unrecht, Al Saud zu mißtrauen. Dessen Autorität litt natürlich unter dieser anhaltenden Krise, und er trug sich bereits mit dem Gedanken, abzudanken.

Da aber fand 1928 in Riadh ein Kongreß statt, an dem 10 000 Beduinen teilnahmen – eine echt beduinische Stammesversammlung. Und hier besannen sich die Stämme auf die Loyalität zu ihrem Herrscher, der sich die Unterstützung seines Volkes gegen die Achwan zusichern ließ. Das durch die Achwan ernstlich gespaltene Land stand danach wieder fest auf der Seite der Herrscherfamilie. Und hinzu kam, daß die aufrührerischen Fanatiker jetzt einen großen Fehler begingen. Denn Sultan ibn Bidjad plante im Februar 1929 einen erneuten Einfall in den Irak. Als er aber mit seinem Heer von 3000 Mann im Grenzgebiet eintraf, erhielt er Informationen, daß die Briten bereitstanden, ihn mit Panzern und Flugzeugen abzufangen. Wenn auch ein »Heiliger Krieg« ausgerufen war, schienen der Märtyrertod und die Verlockungen des Paradieses auch den ärgsten Glaubenskämpfern das voraussehbare Gemetzel nicht zu rechtfertigen.

Der Verzicht auf den religiös motivierten Feldzug mußte allerdings nicht einem Verzicht auf Beute gleichkommen. Dies war auch bei den Achwan stets ein zweites Kriegsziel und Sultan ibn Bidjad fiel nun über friedliche saudische Stämme in der Provinz Hasa her. Das aber ging nun auch denjenigen Beduinen, die immer noch mit den Achwan sympathisiert hatten, zu weit: Die Gotteskämpfer waren offenbar zu einfachen Beutemachern geworden, die die unter Al Saud schon totgesagten Ghasawat früherer Zeiten wieder aufleben ließen. Was sicher ganz ehrenvoll war, aber keine besondere Verehrung von Glaubensmärtyrern erforderte.

Jedenfalls konnte der König jetzt zum Gegenschlag ausholen. Er begab sich nach Kasim und stellte dort eine Armee aus loyalen Stadtbewohnern und Angehörigen des Stammes der Ataiba auf, mit der er in die Gegend von Artawiyah zog. Dort hatte sich inzwischen Sultan ibn Bidjad mit Faisal ibn Duwisch vereinigt und beide Armeen lagen sich nun in ihren Lagern gegenüber.

In dieser angespannten Situation besuchte der Emir und frühere Gefolgsmann des Königs Ibn Duwisch den Herrscher und diskutierte mit diesem die ganze Nacht in dessen Zelt. Und es scheint so, daß Al Saud den Aufrührer überzeugte, sich wieder der Botmäßigkeit des Königs zu unterwerfen. Doch Al Saud mochte ahnen, was solche Zusagen auf Dauer bedeuteten. Jedenfalls ließ er noch im Morgengrauen seine Banner entrollen und seine Berittenen auf Pferden und Kamelen auf das Achwan-Lager zustürzen. Mit vier Formationen unter seinen Brüdern Abdullah und Mohammed und zwei Söhnen, den späteren Königen Saud und Faisal, griff er unter »Allahu Akbar«-Geschrei das Lager der Gottesstreiter bei dem Weiler Sbele an. Die Achwan waren völlig konsterniert und ihr Anführer Faisal ibn Duwisch wurde beim Frühstück überrascht und schwer verwundet. Es war die letzte große Beduinenschlacht. Wieder wurden keine Gefangenen gemacht, und die Vernichtung der Achwan schien vollkommen zu sein.

Al Saud erlaubte deshalb dem verwundeten Scheich der Mutair, nach Artawiyah zurückzukehren und dort in Frieden zu sterben.

Zu früh hatte er aber Milde gezeigt, denn der alte Mann erholte sich wieder von seiner Verwundung, und im Sommer brach der Aufstand von neuem los. Diesmal bei den nie ganz unterworfenen Adjman in Hasa. Und auch die Mutair und die Ataiba rührten sich von neuem. Aber nach einem längeren Kleinkrieg wurden auch die letzten Rebellen am Jahresende an der Dreiländergrenze zersprengt.

Vorher hatte Faisal ibn Duwisch noch versucht, Kuwait gegen die Zusage der Rückgabe der einstmals von Cox ausgehandelten ehemals kuwaitischen Gebiete der Neutralen Zone auf seine Seite zu ziehen. Am Ende suchte er aber nur noch mit einem Häuflein Versprengter Zuflucht in dem Emirat und begab sich von dort aus in britische Schutzhaft. Die Engländer lieferten ihn unter der Zusicherung, daß sein Leben geschont werde, an Al Saud aus, der seinen alten Gefolgsmann aufnahm; nach 1 ½ Jahren starb er dann friedlich.

Sein unbeugsamer Gefährte Sultan ibn Bidjad hingegen wurde in einen ehemaligen türkischen Kerker in Hofuf eingesperrt, wo sich seine Spur verlor.

Waren mit der Vernichtung der Achwan endlich alle Gewalttätigkeiten um die Entstehung und Konsolidierung Saudi-Arabiens beendet? Waren nach außen seine Grenzen international anerkannt und gesichert?

Keineswegs! Die Staatsgrenzen des saudischen Reiches waren nur gegenüber dem Irak, der Neutralen Zone, Kuwait und Katar genau festgelegt, was bei vier weiteren Nachbarstaaten den Weg für weitere Grenzstreitigkeiten öffnete, und es sollte noch bis 1993 dauern, bis alle Grenzen durch bilaterale Verträge fixiert waren, wobei die Grenzen zu Oman und Jemen, soweit sie durch die große Wüste Rub el Khali führen, nicht markiert sind. So gaben Konflikte im Südosten 1934 den Anlaß für ernste Spannungen zwischen Saudi-Arabien und der südostarabischen Patronatsmacht England, d. h. zwischen legalistischen und traditionellen Ansprüchen der Saudi und dem Beharren auf alten turko-britischen Abmachungen, nach denen England Oman und die Golfemirate nach außen vertreten durfte. Genau gesagt ging es um historisch begründete Ansprüche Saudi-Arabiens, Omans und Abu Dhabis auf die Großoase Buraimi, die schon so oft umkämpft worden war. Ihre Bewohner waren seit 1853 gegenüber den Saud tributpflichtig gewesen. Natürlich hätte Saudi-Arabien auch schmerzlos auf diese Oase verzichten können, wenn dort nicht plötzlich Erdöl vermutet worden wäre. Die Krise spitzte sich noch etwas zu, als Saudi-Arabien 1953 ohne Vorwarnung einen Teil der Oase besetzte. Später kam es jedoch zu einem diplomatischen Ausgleich, und am Ende blieb das Oasengebiet unter Oman und Abu Dhabi aufgeteilt. Bis auf die mit dem Jemen nicht gelösten Fragen um Asir und Nedjran gab es somit keinerlei territoriale Probleme mehr.

Schon seit der Zusammenführung des Sultanats Nedjd mit dem Königreich Hedjas und der Niederschlagung der Achwan war das Reich Al Sauds nach innen und außen souverän geworden, und die Schilderung der 200-jährigen Geschichte des Aufstiegs der Königsfamilie Saud und der Wahabiten hat damit ihr Ende erreicht. Dieser Aufstieg war das Werk einer ganzen Reihe von außergewöhnlichen Herrscherpersönlichkeiten, deren letzte, Abdul Asis Al Saud, auch noch den Übergang zur Regionalmacht und die Umwandlung in ein modernes Staatswesen, die seine Söhne als Herrscher fortsetzen sollten, einleitete, bevor er am 9. November 1953 in Tais nach längerer Krankheit starb.

Er war vermutlich die herausragende Persönlichkeit unter den Herrschern seiner Familie und Männer, die ihn persönlich kannten, wie Philby und Cox, beschreiben ihn einerseits als eine autokratische Führerpersönlichkeit, der den Staat, den er sogar mit seinem Namen verbunden hat, in echter Stammestradition wie ein Stammesoberhaupt führte und dem er, bis in die Gegenwart spürbar, seinen Stempel aufgedrückt hat. Andererseits war er ein diplomatisch handelnder Staatsmann, der als ein gerissener Fuchs galt, dem man aber trotzdem stets vertraute. Der Staat war in seinen Augen ein großes Familienunternehmen, dessen Schlüsselstellen er ausschließlich mit Familienmitgliedern besetzte; selbst wenn diese, wie im Fall der Araif, einmal seine Feinde gewesen waren. Denn Al Saud konnte, und hierin unterschied er sich vom typischen Araber, verzeihen. So war niemand als er geeigneter, das Unwesen der Blutrache in seinem Herrschaftsbereich auszumerzen, und er war es auch, der in seiner Generation das Grundübel arabischer Herrscherfamilien, das auch unter seinen Vorfahren manche Krise ausgelöst hatte, den Brudermord, abzuschaffen. Die Familie galt ihm alles, und Philby berichtet anschaulich, wie der Herrscher in seinem Palast mit seinen Geschwistern herumzualbern pflegte und sich gerne zu Ehren seiner Lieblingsschwester mit »Achu Nura« (Bruder von Nura) anreden ließ. Er war ein überzeugter Wahabit und galt als unerbittlich in Glaubensfragen. Aber der Fanatismus der Achwan und der Fremdenhaß von Teilen der Ulema lagen ihm fern – beides war in seinen Augen nie das Ziel des Religionsgründers Abd el Wahab gewesen. Getrude Bell, deren Erscheinen ihn einmal fast aus dem Gleichgewicht gebracht hatte, beschreibt ihn anschaulich als einen sehr großen und gut aussehenden Mann, der sich mit der Haltung eines Menschen bewegte, der über natürliche Autorität und Würde verfügte und zu befehlen gewohnt war.

Wie es häufig bei befehlsgewohnten Menschen der Fall ist, wurde Al Saud in hohem Alter kränkelnd, und als er schließlich an einen Rollstuhl gefesselt war, sogar eigensinnig, ungeduldig und unnahbar. Immer aber blieb er, nicht nur dem Titel nach, sondern in seinem ganzen Wesen, eine Majestät.

Der Sprung in die Moderne

Die Entwicklung Saudi-Arabiens zu einem modernen Staat des ausgehenden 20. Jahrhunderts ist nicht das Thema dieses Buches und ist bereits in zahlreichen zeitgenössischen Beschreibungen dargelegt. Nur als Ausklang sollen in den folgenden beiden Kapiteln deshalb die wichtigsten Marksteine auf dem Weg zur modernen Regionalmacht umrissen sowie die äußere und innere Sicherheit des Werkes der Herrscherfamilie Saud um die Jahrtausendwende beurteilt werden.

Das stärkste Zugpferd, Saudi-Arabien in den Rang einer Regionalmacht zu befördern, war zweifellos das Erdöl, dessen Fördermengen in wenigen Jahren vervielfacht wurden. Vom Kriegsende bis 1950 steigerte Saudi-Arabien seine Fördermenge von ca. 150000 Barrel pro Jahr auf ca. 500000 Barrel. Es erreichte nach zähen, langen Verhandlungen eine Gewinnbeteiligung von fünfzig Prozent und war in der Lage, im Palästinakonflikt sogenannten »Frontstaaten« wie Syrien, einen Teil ihrer militärischen Rüstung unentgeltlich zu finanzieren. Saudi-Arabien bestimmte auch, meist sehr maßvoll, den Erdölpreis der Welt. Das Königreich war aber auch, wie z. B. ab 1973 im Fall der Weltölkrise, in der Lage, die Industrienationen das Fürchten zu lehren.

Fast zwangsläufig geriet Saudi-Arabien durch seine regionale Machtstellung mit einer anderen Vormacht, Ägypten unter der Herrschaft Gamal Abd el Nassers, in Konflikt. Es war ein Konflikt, bei dem es um die Führungsrolle in der Arabischen Welt ging und der sich 1962 in einen siebenjährigen Stellvertreterkrieg im Jemen entlud. Saudi-Arabien bestand diesen Konflikt als Regionalmacht, auch wenn es eine gesamtarabische Führungsrolle nicht erreichte.

Zur Regionalmacht wurde Saudi-Arabien auch durch seine Vorkämpferrolle für einen konservativen Panislamismus, mit dem die wahabitischen Saud die Bestrebungen der osmanischen Herrscher aufgriffen. Sie hoben die Welt damit zwar nicht aus den Fugen, wurden aber unter den Sunniten teilweise als islamische Führungsmacht anerkannt. Eine stärkere Rolle in der Gemeinschaft der Muslime, deren Zahl 1999 etwa – mit zunehmender Tendenz – bei 1,3 Milliarden lag, wird von Saudi-Arabien nicht angestrebt. Als Hüterin der Heiligen Stätten kommt der Königsfamilie zwar in konservativen, islamischen Gesellschaften eine gewisse Bedeutung zu, die auch noch durch großzügige religiöse Stiftungen für andere Staaten in der Vergangenheit gestärkt wurde und die sich in einer bedeutenden Stellung in der Islamischen Konferenz (OIC) äußert. Die Anmaßung beispielsweise des Kalifenamtes nach dem Beispiel des letzten Großscherifen kommt aber alleine schon wegen der fehlenden Abstammung vom Propheten nicht in Frage, und auch jeder andere Versuch, mehr Führungsansprüche zu zeigen, würde unweigerlich an den Widersprüchen zwischen der großen Masse der Sunniten und den Schiiten (etwa 15%) sowie an der unterschiedlichen gesellschaftlichen Ausrichtung der muslimischen Staaten scheitern. Dem radikalen, militanten Islamismus steht Saudi-Arabien, das selbst als im positiven Sinn religiös »fundamentalistisch« einzuordnen ist, scharf ablehnend gegenüber. Religiöser Rigorismus zielt nur nach innen und ist nicht auf Expansion und nicht einmal mehr auf »äußere Mission« gerichtet.

Bereits ab 1937 griff Saudi-Arabien, wenn auch zögernd, aber durchaus aktiv, in den Palästinakonflikt ein – zeigte sich dabei aber maßvoll. Während des Zweiten Weltkrieges hielt sich das Land, wie schon im Ersten Weltkrieg, wieder vorsichtig bedeckt und erklärte erst zum Schluß den Achsenmächten den Krieg, um als »Siegermacht« an der Neuordnung der Welt und des Nahen und Mittleren Ostens mitwirken zu können. 1945 ließ sich der König durch Besuche Roosevelts und Churchills aufwerten. Von dieser Zeit an waren auch die USA und nicht mehr Großbritannien der bevorzugte westliche Verbündete des Landes.

Das ehemals gespannte Verhältnis zu Transjordanien beziehungsweise Jordanien verwandelte sich ab 1957 in eine verläßliche konservative Interessengemeinschaft. Dies war die Folge einer sozialistisch-nationalistischen Bewegung, die damals die Arabische Welt erschütterte. Nur mit dem Jemen blieben die Beziehungen gespannt und verschlechterten sich noch, als Jemen im zweiten Golfkrieg die Partei des Irak ergriff.

Im ersten Golfkrieg hatte Saudi-Arabien eine indifferente Rolle eingenommen. Offiziell stand es zwar auf der Seite der arabischen »Brüder« des Irak; für jeden Beobachter im Nahen Osten war es aber deutlich, daß Saudi-Arabien insgeheim wünschte, daß beide, der sozialistisch-nationalistische Irak und der religiös-fanatische Iran, ausbluten mögen und Saudi-Arabien dies den Weg zur Golf-Vormacht ebne. Im zweiten Golfkrieg stand Saudi-Arabien dann auf der Seite der siegreichen Gegner des Irak und ist seitdem Regionalmacht geblieben. Eine Teilung des Irak als Kriegsfolge in einen kurdischen Norden, eine sunnitische Mitte und einen schiitischen Süden wäre aus saudischer Sicht ein Alptraum gewesen. Denn die Fragmentierung des Zweistromlandes mit einem unabhängigen, schiitischen Süden hätte unweigerlich die Ausdehnung iranischen Einflusses bis an die kuwaitisch-saudische Grenze mit sich gebracht. Die Beziehungen zu Jordanien verschlechterten sich vorübergehend als Folge des zweiten Golfkrieges, weil König Hussein die Partei des Irak ergriff.

In welchem Maße ist nun die innere Formierung Saudi-Arabiens dem Weg zur Regionalmacht gefolgt?

Am 29. August 1926 erließ Al Saud ein Grundgesetz für das Königreich Hedjas. Für Nedjd gab es zu dieser Zeit noch nichts Vergleichbares. Am 18. September wurden die Königreiche Hedjas und Nedjd vereinigt, jedoch behielten beide Reiche ihre unterschiedlichen Herrschaftsstrukturen, und es kam nur zu einer allmählichen Anpassung, die mit der Vereinheitlichung des islamischen Rechts, der Außen- und der Verteidigungspolitik begann. Erst 1939 wurde ein Gesetz erlassen, das für das gesamte Land eine einheitliche Verwaltung vorsah. Saudi-Arabien war danach eine absolutistische Monarchie, in der nur der engeren Familie der Saud sowie der Ulema, der Geistlichkeit, ein begrenzter Einfluß, vor allem bei Fragen der Thronfolge, zugebilligt wurde. Dies führte in den Jahren von 1958 bis 1962 zu Spannungen innerhalb der Königsfamilie, und eine Gruppe nasseristisch beeinflußter »Freier Prinzen« strebte eine konstitutionelle Monarchie an. Aber die »Freien Prinzen« konnten sich nicht durchsetzen und mußten das Land verlassen.

1958 erließ der König ein »Gesetz über den Ministerrat«, das für die Spitze der Administration eine gewisse gesetzliche Ordnung schuf. 1962 wurde in Saudi-Arabien offiziell die Sklaverei abgeschafft und erst am 03.03.1992 wurde für Saudi-Arabien in Anlehnung an das Grundgesetz des Hedjas für das gesamte Reich ein »Grundgesetz der Herrschaft« (siehe Anhang) erlassen. Dieses fixierte erstmals die Grundlagen und Prinzipien des Regierungssystems.

Danach wurden Gesellschaft und Herrschaft gänzlich dem Islam untergeordnet und der Koran und die Sunna galten als die Verfassung des Landes – so, wie es die wahabitische Ulema von Anfang an gefordert hatte.

Die Macht kann nach diesem Grundgesetz nur von Nachkommen des Gründerkönigs ausgeübt werden. Sie geht bei einer Thronfolge automatisch auf den Kronprinzen über, den der König vorher ohne Beachtung der Generation, eines Majorats oder Seniorats, zu bestimmen hatte.

Der König ist in letzter Instanz maßgebliche Autorität für alle Staatsgewalten. Er besitzt legislative, exekutive und judikative Machtbefugnisse. Die exekutiven Befugnisse entsprechen denen eines Staatsoberhauptes in einem Präsidialregime. Besonders erwähnenswert ist seine Vollmacht, im Falle der Gefährdung des Königreiches ohne einschränkende Konsultationen, Sofortmaßnahmen zu ergreifen.

Ausdrücklich wird fixiert, daß der König der Vorsitzende des Ministerrates ist. Besonders ausgeprägt sind seine Ernennungsbefugnisse. Festgeschrieben wurde das traditionelle Institut der Audienzen beim König und Kronprinzen. Danach hat jeder Bürger das verbriefte Recht, ihnen seine Beschwerden vorzutragen und Rat zu erhalten.

Das Gesetz erlegt dem Staat bestimmte Funktionen auf. Besonders hervorgehoben wird seine Rolle als Garant der Einheit des Landes, als Bewahrer und Befolger des islamischen Glaubens, als Hüter der beiden Heiligen Stätten und Beschützer der Pilger.

Als Grundpfeiler der Wirtschafts- und Sozialordnung werden Eigentum, Kapital und Arbeit genannt. Ihnen wird als individuellen Rechten eine soziale Funktion zugeschrieben. Der Staat garantiert das Privateigentum. Alle Naturschätze bleiben in der Hand des Staates. Die ökonomische und soziale Entwicklung fußt entsprechend den Erfahrungen der letzten Jahrzehnte auf einem »gerechten wissenschaftlichen Plan«, der stets ein Fünfjahresplan war. Damit wird sichtbar, daß ein Wirtschaftssystem angestrebt wird, das nicht allein den Kräften des Marktes unterworfen ist, sondern – Bedürfnissen eines Entwicklungslandes folgend – sozial ausgewogen und planmäßig gestaltet werden soll.

Eine der fünf Grundpflichten des Muslims, die Entrichtung des Zakat, d. h. der Almosensteuer, findet in diesem Gesetz ihren Niederschlag.

Die Grundrechte der Bürger werden aus der Schari'a abgeleitet und unter den Schutz des Staates gestellt. Im einzelnen werden garantiert: das Recht auf persönliche Sicherheit und Freizügigkeit, auf soziale Befreiung, Bildung und gesundheitliche Betreuung, auf Schutz der Wohnung und Wahrung des Brief- und Telefongeheimnisses mit gesetzlichen Ausnahmen, auf politisches Asyl (sofern es im staatlichen Interesse liegt) sowie das Recht auf Privateigentum, auf Kapitalbesitz und auf Arbeit.

Es fehlen jedoch solche wesentlichen demokratischen Grundrechte wie das Recht auf freie Meinungsäußerung und Information, auf Bildung von Vereinigungen, Gewerkschaften oder Parteien und das Streik- und Demonstrationsrecht. Die Gründung politischer Parteien sowie Demonstrationen jeder Art sind verboten.

Quelle des Rechts sind der Koran und die Sunna. Es gilt die islamische Rechtsprechung, die Schari'a. Da zunehmend Rechtsfragen entstehen, die nicht mehr auf diese originären geistlichen Quellen zurückzuführen sind, läßt das Grundgesetz entsprechend bereits vorhandener Rechtspraxis weltliche Gesetzgebung zu. Ihr entspringen vor allem die vom König erlassenen Gesetze, die jedoch nicht dem Koran und der Sunna widersprechen dürfen.

Das Grundgesetz geht von drei dem König untergeordneten staatlichen Gewalten aus: der judikativen, der exekutiven und der regulativen Gewalt. Zur judikativen Gewalt zählen klassische geistliche Institute wie die Groß-Ulema und deren Rat, die Gerichte und staatliche Institutionen wie der Oberste Justizrat und das Appellationsgericht. Die Richterschaft gilt gemäß Justizgesetz von 1975 als unabhängige Instanz.

Die exekutive Gewalt wird auf zentraler Ebene dem Ministerrat übertragen.

Näher bestimmt werden die Vollmachten des Königs. Anknüpfend
an das Ministerratsgesetz, wird eine »regulative Gewalt« festgeschrieben, der die Ausarbeitung von Gesetzen und Verordnungen auf der
Grundlage des Grundgesetzes, des Gesetzes über den Ministerrat
und des Gesetzes über den Konsultativrat übertragen wird. Das bedeutet, daß diese quasi-legislative Gewalt nicht an eine Institution
geknüpft ist, sondern als Resultante des Wirkens von König, Ministerrat und Konsultativrat zu verstehen ist.

Der Konsultativrat besteht aus dem Vorsitzenden und 60 vom König zu ernennenden Mitgliedern. Dabei handelt es sich zu einem
großen Teil um die Führer angesehener Stämme bzw. deren Repräsentanten, wodurch dieses Gremium ein beachtliches politisches Ge-
wicht erhält. Der Konsultativrat erhält ein Mitspracherecht bei der
Ausarbeitung der Entwicklungspläne, der Gesetze, Verordnungen
und internationalen Abkommen sowie bei der Auswertung der Jah-
resberichte der Regierungsinstanzen. Seine Beschlüsse sind an den
Ministerrat zur Erörterung zu überweisen. Stimmt die Ansicht beider Räte überein, kann der König den Beschluß erlassen. Gibt es Dif-
ferenzen zwischen ihnen, obliegt dem König die Entscheidung.

Ein Minimum von zehn Mitgliedern des Konsultativrates hat das
Recht, Vorschläge für neue Gesetze bzw. für Gesetzesänderungen ein-
zubringen die vom Vorsitzenden des Konsultativrates dem König
zugeleitet werden.

Aus dem Dargestellten ergibt sich, daß dem Rat vor allem beratende
und empfehlende Funktionen zukommen. Dennoch eröffnet er erstmalig Kreisen außerhalb des inneren Machtzirkels ein – wenn auch
eingeschränktes – politisches Mitspracherecht.

Das Gesetz über die Regionen regelt die örtliche Verwaltung. Es fußt
auf mehreren vorausgegangenen normativen Akten, vor allem den
Gesetzen von 1939 und von 1963. Das Gesetz legt nicht fest, in wie-
viel Regionen das Land aufzuteilen ist und welches ihre Verwal-
tungszentren sein sollen. Das bleibt einem Königlichen Erlaß vorbehalten.

Höchste administrative und exekutive Autorität der Region ist der vom König ernannte Emir, der den Rang eines Ministers hat. Er hat einen vom König ernannten Stellvertreter. In der Region agieren zugleich vom Ministerrat eingesetzte Bevollmächtigte (Wakils). Die Regionalräte bestehen aus dem Emir, seinem Stellvertreter, dem Bevollmächtigten sowie aus den Leitern der staatlichen Ämter und zehn örtlichen Persönlichkeiten, die alle vom Vorsitzenden des Ministerrates zu ernennen sind. Die Tätigkeit der Regionalräte steht unter Kontrolle des Innenministers, der in der Regel ein Bruder des Königs ist. Der Innenminister selbst hat das Recht, den Rat einzuberufen und ihm vorzustehen. Aufgelöst werden kann der Rat nur durch den Vorsitzenden des Ministerrates, also den König. Bei allen gegebenen Möglichkeiten der Beeinflussung der örtlichen Angelegenheiten durch die Emire und Regionalräte bleibt damit ein erheblicher Einfluß der Zentralgewalt bestehen.

Insgesamt läßt sich das »Grundgesetz der Herrschaft« natürlich nicht als eine moderne Verfassung bezeichnen oder gar in eine Beziehung zur Menschenrechtscharta der Vereinten Nationen setzen. Bedenkt man aber, wie stark der Islam mit seiner religiösen Rechtsordnung das Land geprägt hat, daß erst 1962 die Sklaverei abgeschafft wurde und bis vor wenigen Jahrzehnten in den Stämmen noch das Wort des Scheichs »das Gesetz« war, muß man eingestehen, daß Saudi-Arabien mit einem riesigen Schritt erfolgreich gleich mehrere Jahrhunderte zu überspringen versucht hat. Wäre es dabei noch weiter gesprungen, hätte es sich wahrscheinlich mit unabsehbaren Folgen überfordert und seine Existenz und Sicherheit aufs Spiel gesetzt.

Dies führt zu der abschließenden Frage, wie sicher Saudi-Arabien heute eigentlich nach außen und innen ist und wie weit die Unkenrufe der am Anfang dieses Buches schon mal erwähnten »Nahostexperten« des Fernsehens und der Arabien-Literatur, die der Monarchie schon seit Jahrzehnten den baldigen Untergang voraussagen, berechtigt sind.

Das Königreich und seine Sicherheit

Besonders schrill erschallten diese Rufe, als es 1954 einmal zu einer isolierten Armeemeuterei kam und als im Dezember 1979 schiitische Fanatiker die Große Moschee in Mekka besetzten. Und auch, als im Vorfeld des zweiten Golfkriegs irakische Truppen in Kuwait einmarschierten, sahen diese »Nahostexperten«, von denen ein Großteil niemals frei im Lande reisen durfte und sich ersatzweise ohne Quellenangaben auf Sekundärliteratur stützte, auch schon Saudi-Arabiens letztes Stündlein schlagen.

Aber wer sich einmal die Karte der Arabischen Halbinsel ansieht, wer die geologischen Besonderheiten der Region kennt, wer ein Gefühl für die Ausdehnung und die Entfernungen des saudischen Rie senreichs hat und wer sich mit der saudischen Wehrstruktur befaßt hat, weiß, daß Saudi-Arabien aus keiner Richtung militärisch einfach überrannt werden kann und im übrigen vor einer solchen Entwicklung auch durch seine Freunde, vor allem die USA, geschützt würde.

Wie kaum in einem anderen Land lehnt sich die Wehrkonzeption in Saudi-Arabien an die geostrategische Lage der arabischen Halbinsel an. Diese wird von mehreren bedeutsamen Faktoren gekennzeichnet: der Tatsache, daß 60% des besiedelungsdünnen Landes aus Wüsten und unüberwindlichen Lavaflächen bestehen, den riesigen Entfernungen des Landes und der schwachen Infrastruktur.

Was die geographische Gliederung anbelangt, so sind drei große Barrieren von besonderer Bedeutung, die den geographischen Kern Saudi-Arabiens wie ein Dreieck einschließen: im Westen die zum Roten Meer parallel verlaufenden, schwer überwindlichen Küstengebirge, von Norden nach Osten die Wüste Nefud und die sich anschließende Halbwüste Dahna und von Südosten nach Südwesten die Weite der Wüste Rub Al Khali. Dieses Dreieck schließt die Hauptstadt Riadh ein, läßt an seiner Peripherie jedoch das wegen seiner Hafenanlagen und Heiligen Stätten wichtige Städtedreieck Djidda-Mekka-

Medina sowie die wirtschaftlich bedeutenden Ölfelder am Persischen Golf ungeschützt. Außerdem weist dieses Dreieck mehrere Lücken auf, gut passierbare Brücken, die auf den Golf von Akaba, zum Irak und nach Jemen führen.

Saudi-Arabien konzentriert seine militärischen Kräfte insbesondere auf diese Landbrücken, die es durch starke Garnisonen überwachen und schützen läßt: An der Landbrücke zu Jordanien und Israel befindet sich die Militärstadt Tabuk; im Nordosten gegen Irak/Iran befindet sich die moderne Garnisonstadt Hafr el Batn, die auch zur Aufnahme von Verstärkungen geeignet ist, und im Südwesten an der Grenze zum Jemen gibt es die Garnisonen von Khamis Muschait und Scharaura. Auf diese drei Punkte ist fast das ganze saudische Heer verteilt, das insgesamt allerdings zahlenmäßig eher schwach ist. Verhältnismäßig ungeschützt ist nur die Golfküste, die aber wiederum von allen westlichen Golfanliegern, die sich in einem Verteidigungsbündnis, dem »Golf-Kooperationsrat«, zusammengeschlossen haben, gemeinsam verteidigt würde.

Aber wann immer es einem potentiellen Gegner gelingen sollte, eines dieser Hindernisse zu überwinden, würde er mit dem Wechsel von Sand-, Lava-, Geröll- und Gebirgswüsten auf Geländegegebenheiten stoßen, die in der Vergangenheit zwar von Kamelreitern, in der Gegenwart jedoch nicht von modernen, motorisierten Armeeeinheiten überwunden werden könnten. Jeder Angreifer würde in diesem Gelände, das sich westliche Militärs kaum richtig vorstellen können, stecken bleiben. Und jeder Angreifer sähe sich im übrigen im Hinterland dieses unpassierbaren Wüstenlandes auch noch den Truppen der hochmotivierten, von den Stämmen aufgebotenen Nationalgarde »Harris Watani« (Wächter der Nation) gegenüber.

Viele »Nahostexperten« sehen Saudi-Arabien aber vor allem von innen her gefährdet. Deshalb soll auch dieser Aspekt kurz untersucht werden:

Die innere Sicherheit beruht auf der Loyalität der Bevölkerung unter Einschluß der Gastarbeiter sowie dem Zusammenspiel des Kräftedreiecks Stämme – Religion – Herrscherfamilie. Dieses Dreieck bildet eine der wesentlichsten Grundlagen für die innere Sicherheit des Königreichs.

Die Stämme lassen sich im wesentlichen in drei große Gruppierungen unterteilen:
- die Stämme des Nedjd, die noch am meisten der Beduinentradition verhaftet sind, reines Araberblut aufweisen und als konservativ einzustufen sind.
- die Stämme des Hedjas, bei denen es sich überwiegend um Städter handelt, die durch manche Pilger und Sklaven, die sich dort angesiedelt haben, nicht mehr als reinblütig arabisch bezeichnet werden können, am meisten westlichen Einflüssen ausgesetzt sind und liberaler als die Nedjd-Araber sind.
- Die Stämme der Provinz Hasa, bei denen es sich teilweise um Schiiten, eine klerikal-reaktionäre, fanatische Minderheit handelt, die von den Wahabiten (Sunna) als Häretiker angesehen werden.

Die tiefverwurzelte Stammesstruktur Saudi-Arabiens bildet zur Zeit noch das gesellschaftliche Skelett der Gesellschaft, die Stammesoberhäupter (Scheichs) mit Ausnahme vielleicht der Schiiten, garantieren Loyalität sowohl gegenüber dem Herrscherhaus als auch gegenüber der Religion, solange sie vor keine Alternative gestellt werden. Die weniger privilegierten Angehörigen der Stämme, die Beduinen, erhalten Subsidien des Staates.

Durch die wachsende Mobilität der Bewohner Saudi-Arabiens und durch die zunehmende Verstädterung verwischen sich zwar die Stammesstrukturen zunehmend – mehr und mehr Saudis entziehen sich ganz der Stammesordnung. Dennoch werden die Stämme noch einige Jahrzehnte das Leben der Saudi-Araber mitbestimmen.

Den stärksten geistigen Einfluß übt immer noch die Religion (Ulema) aus. Ihre weltliche Macht erhält sie durch die engen Bindungen an die Stämme und an Mitglieder der Herrscherfamilie. Am stärksten ist ihr Einfluß im Nedjd. Die Religion zeigt ein starres Beharrungsvermögen, das zunehmend in Widerspruch zu den technischen Erfordernissen der Neuzeit, aber auch zum gesteigerten Luxusanspruch der Oberschicht gerät. Diese Oberschicht versteht sich zwar noch als Vorkämpfer für den Glauben, weite Teile von ihr setzen sich jedoch über die strengen Gebote des Wahabitismus zunehmend hinweg. Bei dieser Oberschicht handelt es sich vor allem um die Herrscherfamilie der Saud, der Tausende der Bewohner des Landes angehören, sowie die wichtigsten und mit den Al Saud verwandtschaftlich verbundenen Familien, wie die Sudairi, Scheichu (Nachkommen von Wahab) und Schueibi. Diese bilden die Spitzen der Regierung, Verwaltung, Wirtschaft und bewaffneten Kräften. Ihnen gehören als Emire auch sämtliche Provinzgouverneure an, sie kontrollieren lückenlos den Staat.

Ihr Verhältnis zum Klerus ist gut, solange sie sich in den Augen der fortschrittsfeindlichen Ulema als prinzipientreue Vorkämpfer des Wahabitismus darstellen. Ihr Verhältnis zu den Stämmen ist eng, solange diese nicht gezwungen sind, zwischen Dynastie und Klerus zu entscheiden.

Natürlich gibt es aber in einem so konservativen Land wie Saudi-Arabien auch Unzufriedenheit und Gegnerschaft zur Regierung.

Die inneren Gegner des Staates lassen sich dabei in drei Gruppen zusammenfassen:
– junge Leute, die im Ausland studiert haben (deren Kritik an Staat und Gesellschaft nach der Rückkehr aus dem Ausland und der Eingliederung in den Prozeß des Geldverdienens und -ausgebens im allgemeinen aber schnell erlahmt);
– Kommunisten/Sozialisten und
– Nationalisten/Nasseristen.
Alle diese Gruppen verfügen über nur sehr geringe Anhängerschaft und werden von der Bevölkerung weitgehend abgelehnt.

Ernsthafter ist der gelegentliche Widerstand der Schiiten. Er ist jedoch lokal begrenzt auf den Nordosten des Landes, und nach den Ereignissen in Mekka, die die saudischen Sicherheitsbehörden alarmiert und zu weiteren Sicherheitsvorkehrungen veranlaßt hatten, unter Kontrolle.

Die Palästinenser in Saudi-Arabien, die in der Vergangenheit gelegentlich als eine Art fünfte Kolonne im Auftrag Syriens oder der PLO dargestellt wurden, haben aufgrund des Eintretens der PLO für den Irak während des zweiten Golfkrieges an Ansehen verloren. Soweit sie nicht ausgewiesen wurden, sind sie vollständig in den Staat, nicht jedoch in Armee und Sicherheitsorgane, integriert. Aufgrund ihrer Tüchtigkeit gehören sie zu den arrivierten Schichten, die an keiner wesentlichen Veränderung der derzeitigen Verhältnisse interessiert sind.

Die zahlreichen Gastarbeiter stellen ebenfalls keine Gefahr dar. Da allgemein unterprivilegiert und durch ihre zeitlich begrenzten Aufenthaltsgenehmigungen leicht kontrollier- und steuerbar, finden sie kaum Möglichkeiten, sich zu organisieren. Ihr Ziel ist es, Saudi-Arabien eines Tages mit möglichst hohen Ersparnissen zu verlassen.

In den Streitkräften ist es in der Vergangenheit gelegentlich mit den verschiedensten Zielsetzungen zu aufrührerischen Bewegungen gekommen, ohne daß diese aber weite Verbreitung finden konnten. Für einen tiefverwurzelten Widerstand fehlt ohnehin jeder Boden: Die Offiziere sind gegenüber der Königsfamilie im großen und ganzen loyal; mit einträglichen Nebenverdiensten (aus Zweitberufen) nehmen sie am Wohlstand des Staates durchaus teil.

Schiiten haben ebenso wie andere Nicht-Wahabiten keinen Zugang zu den Streitkräften.

Sollte ein Staatsstreich gegenwärtig Erfolg haben, so müßte die Ulema ihn gutheißen, ein Umsturz in den drei isolierten Machtzentren Riad, Djidda und El Hasa zur selben Zeit erfolgen, die Nationalgarde und von den regulären Streitkräften zumindest die Luftwaffe müßten den Umsturz billigen, und die Häupter der königlichen Familie einschließlich sämtlicher Provinzgouverneure müßten schlagartig entmachtet werden. Würde nur ein einziger Gouverneur aus der Saud-Familie an der Macht bleiben, so würde seine Provinz zum Ausgangspunkt einer wahrscheinlich erfolgreichen Gegenaktion werden.

Gefahr besteht für das Königreich nur, wenn das Zusammenspiel des Kräftedreiecks Stämme – Religion – Herrscherfamilie einmal nicht funktionieren sollte. Dies könnte z. B. der Fall sein, wenn ein fortschrittlicher König für die starr-konservative und kaum entwicklungsfähige Ulema untragbar würde. In einem solchen Fall würde die dritte Komponente, würden die Stämme vor eine Zerreißprobe gestellt; die Haltung der bewaffneten Kräfte einschließlich der Nationalgarde wäre in diesem Fall nicht voraussehbar.

Abschließend läßt sich also sagen, daß es in der jüngeren Geschichte Saudi-Arabiens zwar wiederholt lokal begrenzte Komplotte und Aufstände gegeben hat. Der Bestand der Monarchie, des Staates und der Dynastie waren dadurch aber in keinem einzigen Fall ernstlich gefährdet.

Auch zukünftig lassen sich lokal begrenzte Putschversuche natürlich nicht ausschließen. Kurzfristig stellen jedoch die personelle Durchdringung des Staates durch die Mitglieder der Familie Saud sowie die straffe Kontrolle des Landes durch die Nationalgarde Ruhe und Ordnung sicher.

Mittelfristig, d. h. nach Abtreten des letzten der zur Machtübernahme bereitstehenden Brüder aus der zweiten Generation der königlichen Familie, kann es dann zu Erschütterungen kommen, wenn das aus Königsfamilie, Stämmen und Ulema gebildete Machtdreieck zerbricht, weil ein Herrscher revolutionäre Reformen herbeizuführen versucht. Er würde damit unweigerlich auf den Widerstand der völlig verkrusteten Kirche stoßen und die Stämme in einen Loyalitätskonflikt reißen.

Langfristig wird allerdings mit großen inneren Problemen allgemein zu dem Zeitpunkt gerechnet, in dem die Erdölreserven verbraucht sind. Ein weiteres bedeutendes Problemfeld ist dagegen noch wenig ins allgemeine Bewußtsein gerückt. Denn besondere Zukunftsgefahren erwachsen Saudi-Arabien vermutlich auch noch aus seiner Wasserarmut: 1995 standen für 18 Millionen Einwohner noch 249 Kubikmeter pro Kopf und Jahr zur Verfügung. Nach Schätzung der deutschen »Stiftung Weltbevölkerung« werden im Jahr 2050 für 60 Millionen Einwohner nur noch 76 Kubikmeter pro Einwohner verbraucht werden können, womit das Land nach Libyen, Kuwait, Katar und Malta zu den fünf wasserärmsten Ländern der Welt zählen wird.

Anhang

Das »Grundgesetz der Herrschaft«

Im Namen Allahs, des Erbarmers und des Barmherzigen:

Kapitel I: Grundprinzipien

Art. 1. Das Saudi-Arabische Königreich ist ein souveräner arabischer, islamischer Staat dessen Religion der Islam und dessen Verfassung das Buch Allahs des Erhabenen, und die Sunna seines Propheten sind. Seine Sprache ist Arabisch, seine Hauptstadt Ar-Riyad.
Art. 2. Staatsfeiertage sind der 'Id al-Fitr und der 'Id al-Adha. Es gilt die islamische Zeitrechnung.
Art. 3. Die Staatsflagge hat folgendes Aussehen :
a) Ihre Farbe ist Grün.
b) Die Breite beträgt ein Drittel ihrer Länge.
c) Der Satz »Es gibt keinen Gott außer Allah, und Mohammed ist sein Prophet« steht in der Mitte, darunter befindet sich ein gezücktes Schwert. Die Flagge darf niemals auf halbmast gesetzt werden. Das Gesetz legt die entsprechenden Durchführungsbestimmungen fest.
Art. 4. Das Staatswappen besteht aus zwei gekreuzten Schwertern, über deren Kreuzungspunkt eine Palme steht. Das Gesetz bestimmt die Nationalhymne und die staatlichen Auszeichnungen.

Kapitel II: Die Herrschaftsform

Art. 5.
a) Das Herrschaftssystem des Saudi-Arabischen Königreiches ist die Monarchie.
b) Die Monarchie wird verkörpert von den Söhnen des Gründerkönigs Abd al-Aziz Bin Abd ar-Rahman al-Faisal Aal Saud und dessen Kindeskindern. Der für die Macht geeignetste unter ihnen wird, geleitet vom Buch Allahs, des Erhabenen, und der Sunna seines Propheten zum König ernannt.

c) Der König bestimmt durch Königliche Verordnung den Kronprinzen und entläßt ihn.

d) Der Kronprinz widmet sich ausschließlich der Kronprinzenschaft sowie den Aufgaben, mit denen ihn der König beauftragt.

e) Im Falle des Ablebens des Königs übernimmt der Kronprinz bis zur Inthronisierung die Machtbefugnisse des Königs.

Art. 6. Die Bürger bekunden dem König auf der Grundlage des Buches Allahs, des Erhabenen, und der Sunna seines Propheten sowie entsprechend dem Prinzip »Ich höre und gehorche, im Guten wie im Bösen, in Armut wie im Wohlstand« die Treue.

Art. 7. Die Herrschaft im Saudi-Arabischen Königreich beruht auf dem Buche Allahs, des Erhabenen, und der Sunna seines Propheten. Beide sind das Bestimmende für dieses Gesetz und für alle Gesetze des Staates.

Art. 8. Die Herrschaft im Saudi-Arabischen Königreich fußt auf Gerechtigkeit, Beratung und Gleichheit entsprechend der islamischen Schari'a.

Kapitel III: Die Grundelemente der saudischen Gesellschaft

Art. 9. Die Familie ist der Kern der saudischen Gesellschaft. Ihre Mitglieder entwickeln sich auf der Grundlage der islamischen Glaubenslehre und der Loyalität und dem Gehorsam gegenüber Allah und seinem Propheten sowie gegenüber dem Herrscher und auf der Grundlage der Achtung vor dem Gesetz, der Liebe zum und des Stolzes auf das Vaterland und auf seine ruhmreiche Geschichte.

Art. 10. Der Staat strebt danach, die Familienbande zu festigen, ihre arabischen und islamischen Werte zu wahren, alle ihre Mitglieder in seine Obhut zu nehmen und die entsprechenden Bedingungen für die Entwicklung ihrer Fähigkeiten und Talente zu verbessern.

Art. 11. Die saudische Gesellschaft beruht auf der Ergebenheit ihrer Mitglieder gegenüber Allah und ihrem Zusammenwirken für Rechtschaffenheit, Religiosität, Solidarität und Einheit.

Art. 12. Die Festigung der nationalen Einheit ist Pflicht. Der Staat unterbindet alles, was Spaltung, Zwietracht und Sezession hervorruft.

Art. 13. Ziel der Bildung ist es, den islamischen Glauben in die Seele der jungen Generation zu pflanzen, ihr Wissen und ihr Fähigkeiten zu vermitteln und sie so vorzubereiten, nützliche Akteure bei der Gestaltung ihrer Gesellschaft zu sein, ihr Vaterland zu lieben und auf dessen Geschichte stolz zu sein.

Kapitel IV: Die ökonomischen Grundlagen

Art. 14. Alle Ressourcen, die Allah in und auf der Erde, in den Territorialgewässern und im Festlandsockel geschaffen hat und die unter die Zuständigkeit des Staates fallen, sowie alle Einkünfte aus diesen Ressourcen sind entsprechend den Bestimmungen des Gesetzes Eigentum des Staates. Das Gesetz definiert die Mittel der Nutzung dieser Ressourcen, ihres Schutzes und ihrer Entwicklung im Interesse des Staates, seiner Sicherheit und seiner Wirtschaft.

Art. 15. Es ist nicht gestattet, eine Konzession zu gewähren oder öffentliche Ressourcen des Landes auszubeuten außer auf der Grundlage des Gesetzes.

Art. 16. Öffentliches Vermögen ist unantastbar. Dem Staat obliegt sein Schutz, und alle Staatsbürger und im Lande Ansässigen sind verpflichtet, es vor Schaden zu bewahren.

Art. 17. Eigentum, Kapital und Arbeit sind Grundpfeiler der Wirtschafts- und Sozialordnung des Königreiches. Sie stellen individuelle Rechte mit sozialer Funktion entsprechend der islamischen Schari'a dar.

Art. 18. Der Staat gewährleistet die Freiheit des Privateigentums und dessen Unantastbarkeit. Enteignungen sind unzulässig, es sei denn, sie erfolgen im öffentlichen Interesse und unter der Voraussetzung, daß der Eigentümer eine gerechte Entschädigung erhält.

Art. 19. Die Konfiszierung von Eigentum ist verboten. Individuelle Enteignung als Strafe ist unzulässig, es sei denn, es liegt ein Gerichtsurteil vor.

Art. 20. Steuern und Abgaben dürfen nur bei Bedarf und auf gerechter Grundlage erhoben werden. Sie dürfen nicht erhoben, geändert, aufgehoben und einzelnen erlassen werden außer in Übereinstimmung mit dem Gesetz.

Art. 21. Die Almosensteuer (Zakat) ist zu entrichten und entsprechend der islamischen Schari'a zu verwenden.

Art. 22. Die ökonomische und soziale Entwicklung erfolgt entsprechend einem gerechten wissenschaftlichen Plan.

Kapitel V: Die Rechte und Pflichten

Art. 23. Der Staat schützt den islamischen Glauben. Er wendet die islamische Schari'a an, herrscht mit Güte und unterbindet Grausamkeit. Er wahrt dabei seine Pflicht zur Anrufung Allahs.

Art. 24. Der Staat trägt Sorge für die beiden Heiligen Stätten und deren Nutzung. Er gewährleistet die Sicherheit und die Betreuung ihrer Besucher, so daß sie die Hadsch, die 'Umra und den Besuch angenehm und unbehelligt durchführen können.

Art. 25. Der Staat ist bestrebt, die Hoffnungen der arabischen und islamischen Gemeinschaft in Solidarität und geistigem Zusammenhalt zu verwirklichen. Er stärkt seine Beziehungen zu den befreundeten Staaten.

Art. 26. Der Staat schützt die Menschenrechte in Übereinstimmung mit der islamischen Schari'a.

Art. 27. Der Staat gewährleistet die Rechte des Bürgers und seiner Familie in Ausnahmesituationen, bei Krankheit, Arbeitsunfähigkeit und im Alter. Er unterstützt das Sozialversicherungssystem und ermutigt Einrichtungen und Personen, sich an karitativen Aktivitäten zu beteiligen.

Art. 28. Der Staat erleichtert es jedem, der zu arbeiten vermag, eine Arbeit zu finden. Er erläßt Gesetze, die Arbeiter wie Unternehmer schützen.

Art. 29. Der Staat widmet seine Aufmerksamkeit der Wissenschaft, Kunst und Kultur. Er fördert die wissenschaftliche Forschung, wahrt das islamische und arabische Erbe und leistet seinen Beitrag zur arabischen, islamischen und menschlichen Zivilisation.

Art. 30. Der Staat gewährt Zugang zur Allgemeinbildung. Er trägt zum Kampf gegen das Analphabetentum bei.

Art. 31. Der Staat gewährleistet die öffentliche Gesundheit. Er gewährt allen Bürgern gesundheitliche Betreuung.

Art. 32. Der Staat sorgt für die Erhaltung der Umwelt, ihren Schutz und ihre Entwicklung und verhindert ihre Verschmutzung.

Art. 33. Der Staat stellt Streitkräfte auf und befähigt sie, ihrer Verantwortung für die Verteidigung des islamischen Glaubens, der beiden Heiligen Stätten, der Gesellschaft und des Vaterlandes gerecht zu werden.

Art. 34. Die Verteidigung des islamischen Glaubens, der Gesellschaft und des Vaterlandes ist Pflicht jedes Bürgers. Das Gesetz bestimmt die Vorschriften des Militärdienstes.

Art. 35. Das Gesetz regelt die Grundsätze der saudi-arabischen Staatsangehörigkeit.

Art. 36. Der Staat garantiert allen Bürgern und den auf seinem Territorium Ansässigen Sicherheit. Die Einschränkung der Freizügigkeit des einzelnen, seine Festnahme oder Inhaftierung sind außerhalb des Gesetzes nicht statthaft.

Art. 37. Die Wohnung ist unverletzlich. Ihr Betreten und ihre Durchsuchung ohne Zustimmung ihres Besitzers ist unzulässig außer in Fällen, die das Gesetz bestimmt.

Art. 38. Die Strafe ist personengebunden. Verbrechen und Strafen werden ausschließlich durch den Text der Schari'a oder den Text des Gesetzes bestimmt. Es gibt nur Strafen, die den Bestimmungen des Gesetzestextes entsprechen.

Art. 39. Alle Medien der Information, Publikation und Kommunikation sind einer wohlwollenden Sprache und den Regeln des Staates verpflichtet. Sie tragen zur Kultur der Nation und zur Stärkung ihrer Einheit bei. Verboten ist alles, was zu Zwietracht und Spaltung führt, die Sicherheit des Staates und die öffentlichen Beziehungen beeinträchtigt oder die Würde des Menschen und seine Rechte verletzt. Die Einzelheiten werden durch Gesetz geregelt.

Art. 40. Der Brief und Telegraphieverkehr, die Telefonverbindungen und andere Kommunikationsmittel sind geschützt. Ihre Beschlagnahme, Behinderung sowie die Einsichtnahme bzw. das Abhören sind unzulässig außer in Fällen, die das Gesetz festlegt.

Art. 41. Personen, die sich im Saudi-Arabischen Königreich aufhalten, sind an seine Gesetze gebunden. Sie haben die Pflicht, die Werte der saudischen Gesellschaft und deren Traditionen und Gefühle zu achten.

Art. 42. Der Staat gewährt politisches Asyl, wenn es das öffentliche Interesse erfordert. Gesetze und internationale Vereinbarungen bestimmen die Grundsätze und Maßnahmen der Auslieferung von gewöhnlichen Kriminellen.

Art. 43. Der Rat des Königs und der Rat des Kronprinzen stehen jedem Bürger und jedem, der eine Beschwerde hat oder dem eine Ungerechtigkeit widerfahren ist, offen. Jeder hat das Recht, seine Klagen, Beschwerden und sonstige Angelegenheiten den Behörden vorzutragen.

Kapitel VI: Die staatlichen Gewalten

Art. 44. Die Gewalten im Staate sind:
– die Judikative;
– die Exekutive;
– die Regulative.
Die Gewalten wirken zusammen bei der Wahrnehmung ihrer Aufgaben auf der Grundlage dieses und anderer Gesetze. Der König ist in letzter Instanz maßgebende Autorität dieser Gewalten.
Art. 45. Quelle der islamischen Rechtsetzung im Saudi-Arabischen Königreich sind das Buch Allahs, des Erhabenen, und die Sunna seines Propheten. Das Gesetz bestimmt die Zusammensetzung des Instituts der Groß-Ulema, die Modalitäten seiner Forschungstätigkeit und seiner Beratung sowie seine Kompetenzen.
Art. 46. Die Richterschaft ist eine unabhängige Gewalt. Es gibt keine Gewalten über den Richtern in ihrer Rechtsprechung außer der islamischen Schari'a.
Art. 47. Alle Bürger und alle im Königreich Ansässigen haben auf der Grundlage der Gleichheit das Recht auf Anrufung der Gerichtsbarkeit. Das Gesetz legt die hierfür notwendigen Ausführungsbestimmungen fest.
Art. 48. Die Gerichte wenden auf die ihnen übertragenen Fälle die Regeln der islamischen Schari'a in Übereinstimmung mit dem Heiligen Buch und der Sunna sowie die Gesetze, die der Herrscher erläßt und die nicht dem Heiligen Buch und der Sunna widersprechen, an.
Art. 49. Vorbehaltlich der Festlegungen des Art. 53 dieses Gesetzes werden die Gerichte entsprechend den zu verhandelnden Streitfällen und Verbrechen spezialisiert.
Art. 50. Der König oder sein Vertreter sind für die Ausführung der Gerichtsurteile verantwortlich.
Art. 51. Das Gesetz bestimmt die Zusammensetzung des Obersten Justizrates und seine Kompetenzen. Ebenso legt es die Organisation der Gerichte und ihre Kompetenzen fest.
Art. 52. Die Ernennung und Abberufung der Richter erfolgt durch Königliche Verordnung auf Grundlage des Vorschlages des Obersten Justizrates und entsprechend den Bestimmungen des Gesetzes.
Art. 53. Das Gesetz bestimmt die Organisation des Appellationsgerichtes und seine Kompetenzen.
Art. 54. Das Gesetz regelt das Zusammenwirken der Untersuchungs-

organe und der Staatsanwaltschaft sowie ihre Organisation und Kompetenzen.

Art. 55. Der König regiert die Nation mit einer auf Recht gegründeten Politik entsprechend den Regeln des Islam. Er kontrolliert die Anwendung der islamischen Schari'a, die allgemeine Politik des Staates, den Schutz des Landes und dessen Verteidigung.

Art. 56. Der König ist der Vorsitzende des Ministerrates. Bei der Wahrnehmung seiner Aufgaben unterstützen ihn die Mitglieder des Ministerrates entsprechend den Bestimmungen dieses Gesetzes und anderer Gesetze. Das Gesetz über den Ministerrat bestimmt die Vollmachten des Rates hinsichtlich der inneren und äußeren Angelegenheiten, der Organisation der Regierungsbehörden und koordiniert deren Zusammenwirken. Es bestimmt die Anforderungen an die Ausübung eines Ministeramtes, die Kompetenzen der Minister, das Verfahren ihrer Rechenschaftslegung sowie alle übrigen Angelegenheiten, die ihr Amt betreffen. Das Gesetz über den Ministerrat und seine Bestimmungen werden entsprechend diesem Gesetz modifiziert.

Art. 57. a) Der König ernennt die Stellvertreter des Vorsitzenden des Ministerrates und die dem Ministerrat angehörenden Minister und entläßt sie durch Königliche Verordnung.

b) Die Stellvertreter des Vorsitzenden des Ministerrates und die dem Ministerrat angehörenden Minister sind dem König für die Umsetzung der islamischen Schari'a, der Gesetze und der allgemeinen Politik des Staates verantwortlich.

c) Der König hat das Recht, den Ministerrat aufzulösen und neu zu bilden.

Art. 58. Der König ernennt die Minister, deren Stellvertreter sowie die höchsten Beamten und entläßt sie aus ihren Ämtern durch Königliche Verordnung entsprechend den Bestimmungen dieses Gesetzes.
Die Minister und Leiter unabhängiger Behörden sind dem Vorsitzenden des Ministerrates für ihre jeweiligen Ministerien und Behörden verantwortlich.

Art. 59. Das Gesetz regelt die Bestimmungen des öffentlichen Dienstes einschließlich der Gehälter, Gratifikationen, Entschädigungen, Vergünstigungen und Pensionen.

Art. 60. Der König ist der Oberbefehlshaber aller Streitkräfte. Er ernennt und entläßt die Offiziere entsprechend dem Gesetz.

Art. 61. Der König verkündet den Ausnahmezustand, die allgemeine Mobilmachung und den Kriegszustand. Das Gesetz bestimmt hierfür die entsprechenden Regelungen.

Art. 62. Im Falle des Entstehens einer Gefahr, die die Integrität des Königreiches oder die Einheit seines Territoriums, die Sicherheit seines Volkes und dessen Interessen bedroht oder die Staatsorgane bei der Ausübung ihrer Aufgaben behindert, ergreift der König Sofortmaßnahmen, um dieser Gefahr zuverlässig zu begegnen. Ist der König der Auffassung, daß diese Maßnahmen für längere Zeit in Kraft bleiben sollen, trifft er Entscheidungen entsprechend dem Gesetz.

Art. 63. Der König empfängt die Könige und Oberhäupter der Staaten, ernennt seine Vertreter in anderen Staaten und akkreditiert die Vertreter anderer Staaten.

Art. 64. Der König verleiht Orden gemäß den Festlegungen des Gesetzes.

Art. 65. Der König hat das Recht, bestimmte Vollmachten dem Kronprinzen durch Königliche Verordnung zu übertragen.

Art. 66. Bei Auslandsaufenthalten ergeht vom König eine Königliche Verordnung, durch die der Kronprinz mit der Wahrnehmung der laufenden Staatsgeschäfte und der Wahrung der Interessen des Volkes entsprechend der Königlichen Verordnung beauftragt wird.

Art. 67. Die regulative Gewalt ist zuständig für die Ausarbeitung der Gesetze und Regelungen, die entsprechend den Grundsätzen der islamischen Schari'a in den Angelegenheiten des Staates das Gute befördern und Schlechtes verhindern. Sie übt ihre Vollmachten entsprechend diesem Gesetz, dem Gesetz über den Ministerrat und dem Gesetz über den Konsultativrat aus.

Art. 68. Es wird ein Konsultativrat gebildet. Das ihn betreffende Gesetz regelt seine Bildung, die Art und Weise seines Wirkens, seine Kompetenzen und die Auswahl seiner Mitglieder.
Der König hat das Recht, den Konsultativrat aufzulösen und neu zu bilden.

Art. 69. Der König hat das Recht, den Konsultativrat und den Ministerrat zu einer gemeinsamen Sitzung einzuberufen. Er hat das Recht, Personen seiner Wahl zu diesen Sitzungen einzuladen und Angelegenheiten seiner Wahl zur Diskussion zu stellen.

Art. 70. Gesetze, Verträge, internationale Abkommen und Konzessionen werden durch Königliche Verordnung in Kraft gesetzt und geändert.

Art. 71. Die Gesetze werden im Gesetzblatt veröffentlicht und sind, sofern nicht ein anderes Datum festgelegt ist, vom Tag ihrer Veröffentlichung an in Kraft.

Kapitel VII: Die Finanzangelegenheiten

Art. 72. a) Das Gesetz bestimmt die Regelungen für die Einnahmen des Staates und deren Überführung in die Staatskasse.

b) Die Einnahmen und ihre Verwendung sind an die durch Gesetz festgelegten Grundsätze gebunden.

Art. 73. Verpflichtungen zur Zahlung von Geldern aus der Staatskasse sind nur auf Grundlage der Bestimmungen des Staatshaushaltes erlaubt. Wenn hierfür die Bestimmungen des Staatshaushaltes nicht ausreichen, muß eine Königliche Verordnung die Grundlage schaffen.

Art. 74. Der Verkauf oder der Verleih von Staatseigentum oder die Verfügung darüber sind nur auf Grundlage des Gesetzes zulässig.

Art. 75. Die Gesetze legen die Vorschriften für das Geld- und Bankwesen, für die Maße, Standards und Gewichte fest.

Art. 76. Das Gesetz legt das Haushaltsjahr des Staates fest. Der Staatshaushalt wird durch Königlichen Erlaß verabschiedet. Er umfaßt die Einnahmen und Ausgaben für das Jahr. Das geschieht mindestens einen Monat vor Beginn des Haushaltsjahres. Sollten außergewöhnliche Umstände seine Verabschiedung vor Beginn des neuen Haushaltsjahres verhindern, ist bis zur Verabschiedung des neuen Haushaltes nach dem Haushalt des vergangenen Haushaltsjahres zu verfahren.

Art. 77. Die zuständige Behörde erarbeitet den Haushaltsabschluß des Staates für das vergangene Haushaltsjahr und übermittelt sie dem Vorsitzenden des Ministerrates.

Art. 78. Für die Etats und Abschlüsse öffentlicher juristischer Personen gelten die gleichen Regelungen wie für den Staatshaushalt und den Haushaltsabschluß.

Kapitel VIII: Die Kontrollorgane

Art. 79. Alle Einnahmen und Ausgaben des Staates, die fixen und mobilen Vermögenswerte des Staates werden kontrolliert, und es wird ihre ordnungsgemäße Verwendung gewährleistet. Darüber wird dem Vorsitzenden des Ministerrates ein Jahresbericht vorgelegt. Das Gesetz bestimmt das dafür zuständige Kontrollorgan, dessen Unterstellung und Kompetenzen.

Art. 80. Es erfolgt die Kontrolle der Regierungsbehörden, um ihre ordnungsgemäße Tätigkeit und die Anwendung der Gesetze zu gewährleisten. Bei finanziellen und administrativen Verfehlungen werden Untersuchungen eingeleitet. Darüber wird dem Vorsitzenden des Ministerrates ein Jahresbericht vorgelegt. Das Gesetz bestimmt das dafür zuständige Kontrollorgan, seine Unterstellung und Kompetenzen.

Kapitel IX: Allgemeine Bestimmungen

Art. 81. Die Durchführung dieses Gesetzes darf in keiner Weise die Verpflichtungen des Saudi-Arabischen Königreiches aus den Verträgen und Abkommen mit anderen Staaten, internationalen Organisationen und Institutionen verletzen.

Art. 82. Unbeschadet der Festlegungen des Art. 7 dieses Gesetzes darf in keinem Falle eine Bestimmung dieses Gesetzes außer Kraft gesetzt werden außer als zeitweilige Maßnahme in Kriegszeiten oder während des Ausnahmezustandes in Übereinstimmung mit dem Gesetz.

Art. 83. Eine Änderung dieses Gesetzes ist nicht zulässig außer auf die Art und Weise, auf die es erlassen wurde.

Genealogien

Stammbaum der Al Saud
(Herrscher eingerahmt und nummeriert)

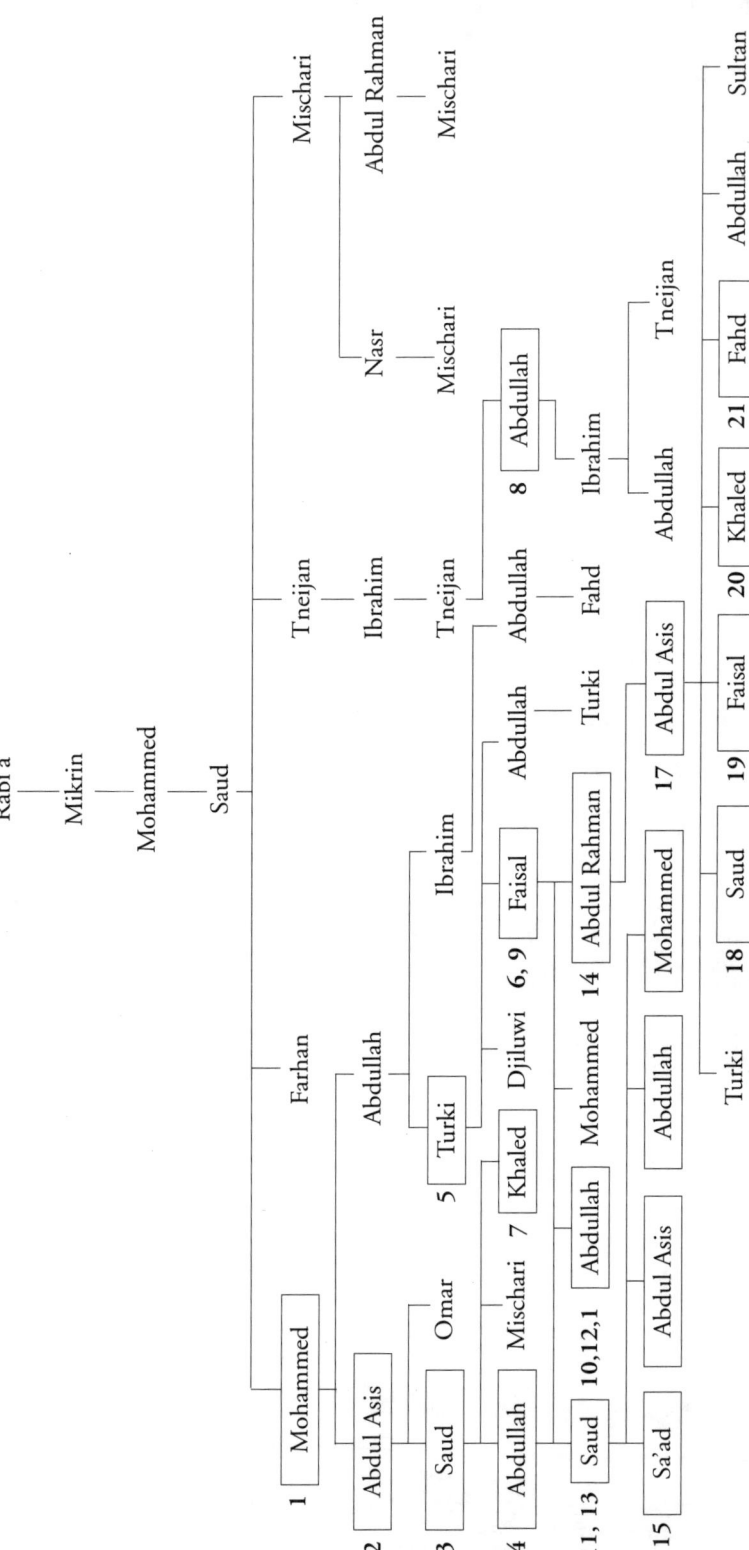

Stammbaum der Ibn Ali und Ibn Raschid
(Herrscher eingerahmt und nummeriert)

Die Ibn Ali

Die Ibn Raschid

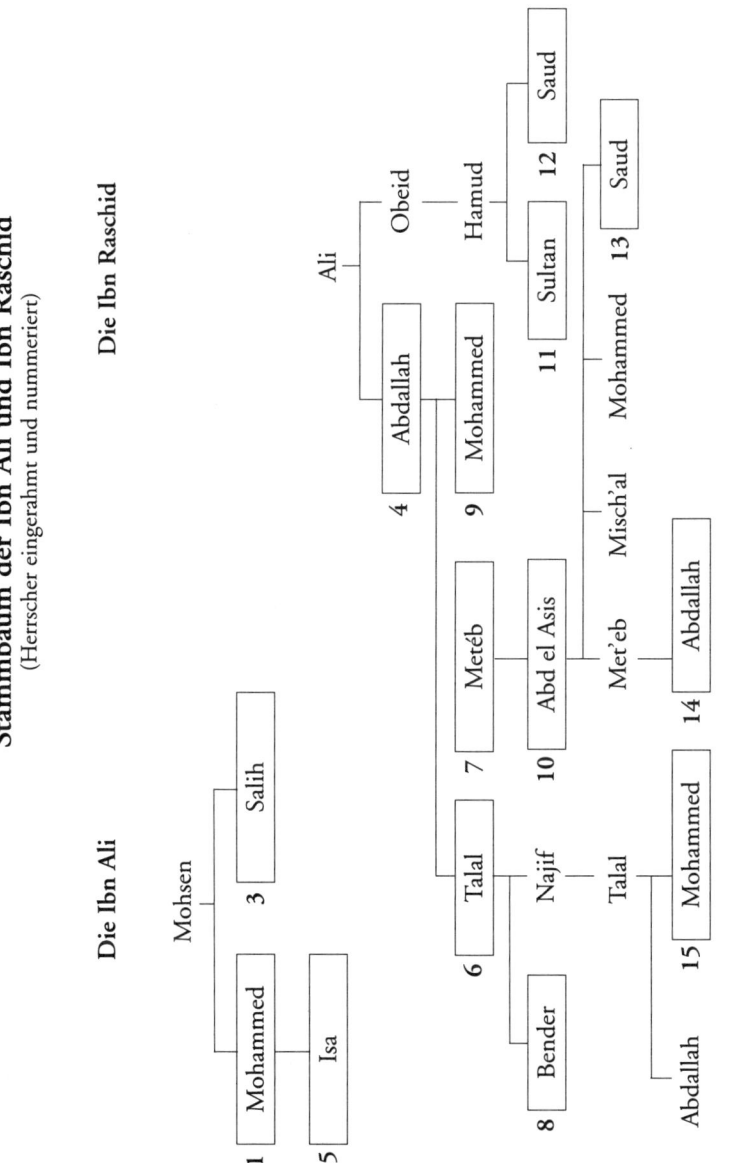

Stammbaum der Al Bu Said

(Herrschernamen eingeklammert; Muskat mit Zahlen der Reihenfolge,
Sansibar mit entspr. Klammerzahlen versehen)

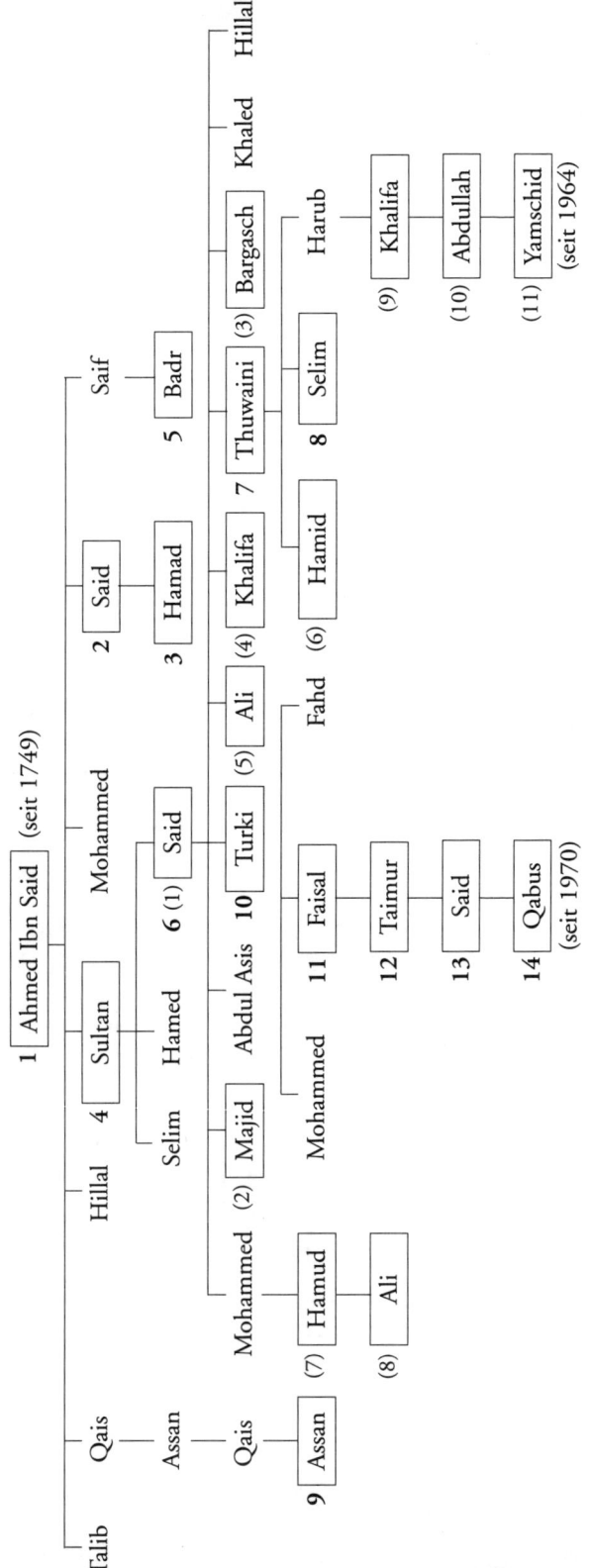

Herrscherfolge der Al Nahiyan (Abu Dhabi)

vmtl. Nahiyan
Isa ibn Nahiyan
Diab ibn Isa
Schachbut ibn Diab (seit 1793)
Mohammed ibn Schachbut
Tahnun ibn Schachbut
Khalifa ibn Schachbut
Said ibn Tahnun
Saiyid ibn Khalifa
Tahnun ibn Saiyid
Hamdan ibn Saiyid
Sultan ibn Saiyid
Saqr ibn Saiyid
Schachbut ibn Sultan
Saiyid ibn Sultan (seit 1966 Emir, seit 1971 auch Präsident der
Vereinigten Arabischen Emirate)

Karten

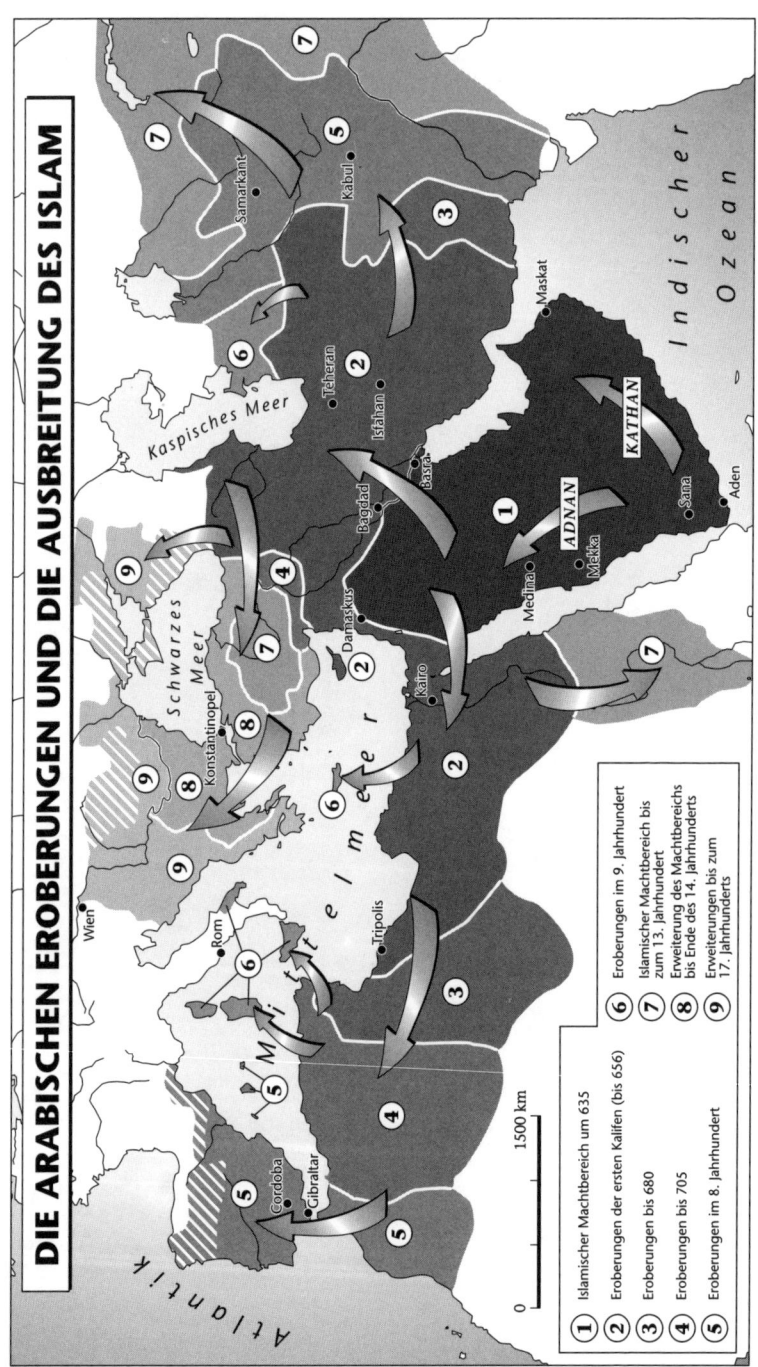

DIE ARABISCHEN EROBERUNGEN UND DIE AUSBREITUNG DES ISLAM

Indischer Ozean

Maskat

KATHAN

ADNAN

Sana

Aden

Medina

Makka

Basra

Bagdad

Teheran

Isfahan

Kaspisches Meer

Samarkant

Kabul

Damaskus

Kairo

Schwarzes Meer

Konstantinopel

Tripolis

Mittelmeer

Wien

Rom

Cordoba

Gibraltar

Atlantik

1 Islamischer Machtbereich um 635

2 Eroberungen der ersten Kalifen (bis 656)

3 Eroberungen bis 680

4 Eroberungen bis 705

5 Eroberungen im 8. Jahrhundert

6 Eroberungen im 9. Jahrhundert

7 Islamischer Machtbereich bis zum 13. Jahrhundert

8 Erweiterung des Machtbereichs bis Ende des 14. Jahrhunderts

9 Erweiterungen bis zum 17. Jahrhunderts

0   1500 km

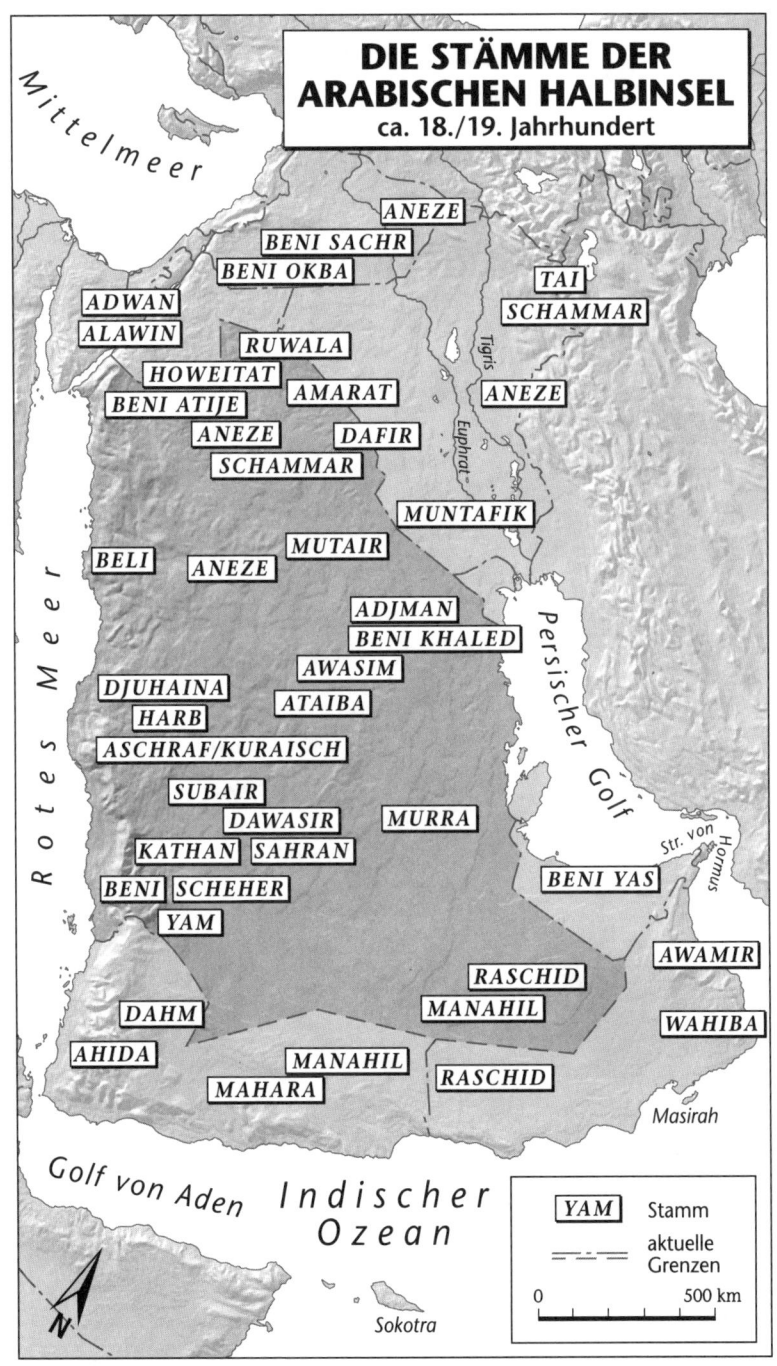

DIE STÄMME DER
ARABISCHEN HALBINSEL
ca. 18./19. Jahrhundert

Mittelmeer

ANEZE
BENI SACHR
BENI OKBA
TAI
ADWAN
SCHAMMAR
ALAWIN
RUWALA
HOWEITAT
AMARAT
ANEZE
BENI ATIJE
ANEZE
DAFIR
SCHAMMAR
MUNTAFIK
Tigris
Euphrat

MUTAIR
BELI
ANEZE

ADJMAN
BENI KHALED
AWASIM
DJUHAINA
ATAIBA
HARB
ASCHRAF/KURAISCH
SUBAIR
DAWASIR
MURRA
KATHAN SAHRAN
BENI SCHEHER
YAM

Persischer Golf

Rotes Meer

Str. von Hormus

BENI YAS
AWAMIR
RASCHID
MANAHIL
WAHIBA
DAHM
AHIDA
MANAHIL
RASCHID
MAHARA

Masirah

Golf von Aden
Indischer Ozean

N

Sokotra

YAM Stamm
--- aktuelle Grenzen
0   500 km

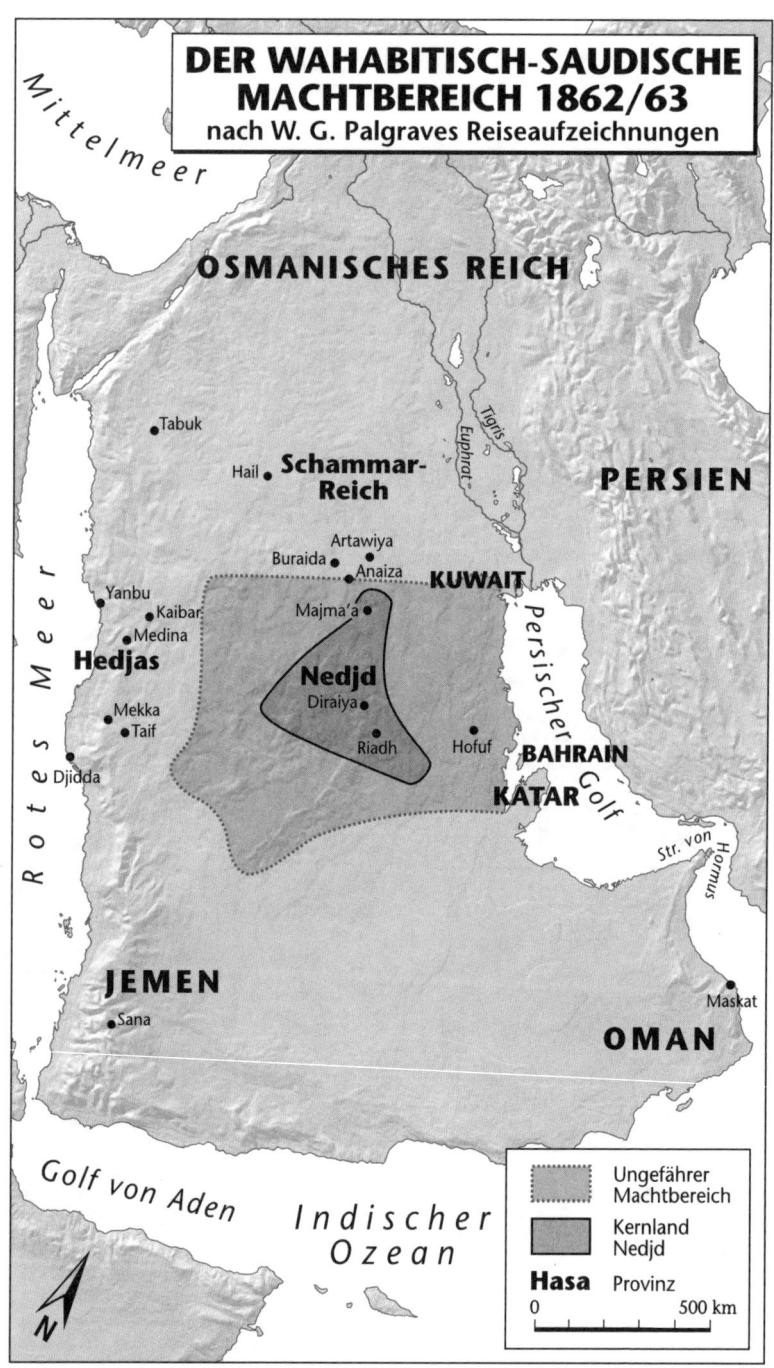

DER WAHABITISCH-SAUDISCHE MACHTBEREICH 1862/63
nach W. G. Palgraves Reiseaufzeichnungen

Mittelmeer

OSMANISCHES REICH

PERSIEN

Tigris
Euphrat

Tabuk

Hail • Schammar-Reich

Artawiya
Buraida • • Anaiza
KUWAIT

Yanbu
Kaibar
Medina

Majma'a •

Persischer Golf

Hedjas

Nedjd
Diraiya •

Mekka
Taif

Riadh • Hofuf •
BAHRAIN

Rotes Meer

Djidda •

KATAR

Str. von Hormus

JEMEN

Sana •

Maskat •

OMAN

Golf von Aden

Indischer Ozean

Ungefährer Machtbereich

Kernland Nedjd

Hasa Provinz

0   500 km

N

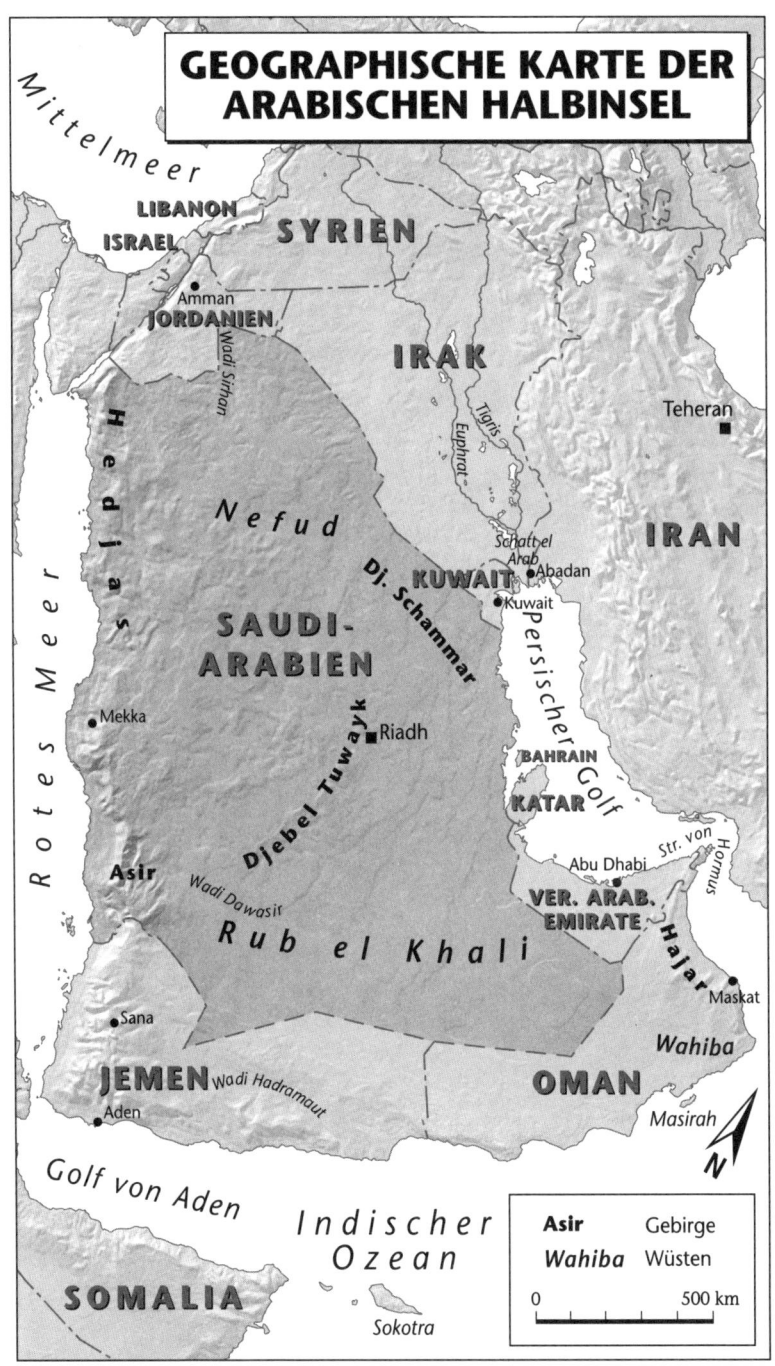

GEOGRAPHISCHE KARTE DER ARABISCHEN HALBINSEL

Mittelmeer

LIBANON
ISRAEL
SYRIEN
Amman
JORDANIEN
Wadi Sirhan
IRAK
Tigris
Euphrat
Teheran

Hedjas
Nefud
Schatt el Arab
Abadan
IRAN

Rotes Meer
Dj. Schammar
KUWAIT
Kuwait

SAUDI-ARABIEN
Persischer Golf

Mekka
Djebel Tuwayk
Riadh
BAHRAIN
KATAR

Asir
Wadi Dawasir
Str. von Hormus
Abu Dhabi
VER. ARAB. EMIRATE
Maskat

Rub el Khali
Hajar
Wahiba

Sana
JEMEN
Wadi Hadramaut
OMAN

Aden
Masirah
N

Golf von Aden
Indischer Ozean

SOMALIA
Sokotra

| **Asir** | Gebirge |
| *Wahiba* | Wüsten |

0   500 km

Personenregister

Jörg-Dieter Brandes

Die Mameluken

Aufstieg und Fall einer Sklavendespotie

340 S., 3 Abb., 14 x 23 cm, Leinen
DM 48,–; sFr 44,50; öS 350,–
ISBN 3-7995-0090-1

250 Jahre lang wurde der östliche Mittelmeerraum durch eine in der Weltgeschichte einmalige Sklavendespotie, das Mamelukenreich, beherrscht, deren Sultane sich durch Gewalt, List, Intrige, aber auch als Meister einer durchorganisierten Verwaltung und als glänzende Feldherrn behaupteten. Die Mameluken waren es auch, die die Kreuzritterstaaten zerschlugen und als Bollwerk den Mittelmeerraum, und damit vermutlich ganz Europa, vor dem mehrfachen Ansturm der Mongolen bewahrten. Während sie aber dem reinen Arabertum in der Region, vor allem in Ägypten, durch Ausrottung der Wüstenstämme und Überfremdung der Städte seine Identität nahmen, waren sie zugleich in bewegter Zeit die stärkste Stütze des Islam.

»Jörg-Dieter Brandes verliert sich nicht in Details, sondern zeichnet in runden Bögen die Geschichte eines fast vergessenen Staates nach.«

Die Welt

»Brandes schreibt spannend und versteht es, die Atmosphäre des Orients literarisch einzufangen.« Dresdner Neueste Nachrichten

»Spannend und plastisch erzählt, historisch korrekt, aber keineswegs trocken, läßt der Autor die historische Kulisse von 1001 Nacht wiedererstehen.«

Mainpresse

»Wir leben heute in einer Welt sich gegenseitig befruchtender Kulturen, aber auch im Widerstreit mißbrauchter kultureller und religiöser Wertvorstellungen, die hemmungslosem Absolutismus nicht gerade abhold sind. Vorurteile kann man am besten durch sich sachkundig machen verhindern und vermeiden. Dazu leistet Brandes einen nicht zu unterschätzenden Beitrag.«

Hohenzollerische Zeitung

Jan Thorbecke Verlag Stuttgart

Jörg-Dieter Brandes

Korsaren Christi

Johanniter & Malteser. Die Herren des Mittelmeers

308 S., 17 Abb., 14 x 23 cm, Leinen
DM 48,–; sFr 44,50; öS 350,–
ISBN 3-7995-0091-X

Im Abwehrkampf des Abendlandes gegen den Ansturm des Islam spielte der Johanniterorden nach seiner Vertreibung aus Palästina eine herausragende Rolle. Die »Korsaren Christi« sorgten nämlich als mediterrane Seemacht nicht nur für die Sicherheit der christlichen Seefahrt, sondern verhinderten in ihren heroischen Kämpfen um Rhodos und Malta, bei denen immerhin das gesamte Osmanische Reich ihr Gegner war, ein Ausgreifen des Islam auf Südeuropa…

»Blutige Zeiten schildert Brandes in seiner Abhandlung, spannend und souverän, mit Gespür für die Dramatik der Geschehnisse.«

Dresdner Neueste Nachrichten

Wilfried Westphal

Sturm über dem Nil

Der Mahdi Aufstand
Aus den Anfängen des islamischen Fundamentalismus

424 S., 23 Abb., 3 Karten, 14 x 23 cm, gebunden
DM 48,–; sFr 44,50; öS 350,–
ISBN 3-7995-0092-8

Welches sind die Wurzeln des islamischen Fundamentalismus? Eine brennend aktuelle Frage. Der Autor geht ihr nach in seiner Geschichte des Mahdi-Aufstandes Ende des 19. Jahrhunderts im Sudan, in dem sich in der legendären Gestalt seines Führeres, des Mahdi, das Ideal eines Freiheitskämpfers gegen die englischen Kolonialherren mit dem Totalitarismus des islamischen Fundamentalismus verband.

Jan Thorbecke Verlag Stuttgart